L'HOMME ET SON ANGE

Prochains titres à paraître
dans la même collection :

Azizoddin NASAFI, *Le livre de l'homme parfait,* traduit par Isabelle de Gastines.

A l'origine, et dans l'esprit de Jacques Masui son fondateur, la collection « Documents spirituels » avait pour objet de réunir les *documents* attestant la réalité d'une expérience spirituelle hors du commun. Elle s'est ouverte ensuite à des textes divers, émanant d'autres horizons culturels, et de nature à rendre vie à des traditions perdues. Un *espace* différent de la réalité intérieure s'est ainsi peu à peu dessiné, dont elle reste le cadre. D'où le nouveau titre adopté, qui nous paraît plus conforme à sa véritable intention.

R.M.

Voir en fin de volume, la liste des ouvrages déjà parus dans la collection.

L'espace intérieur 29

Collection dirigée par Roger Munier

DU MÊME AUTEUR

Histoire de la Philosophie islamique (coll. « Idées). Ire partie : « Des origines jusqu'à la mort d'Averroës (1198) », Gallimard 1964. – IIe partie : « Depuis la mort d'Averroës jusqu'à nos jours ». Encyclopédie de la Pléiade, Histoire de la philosophie III, Gallimard 1974.

En Islam iranien : Aspects spirituels et philosophiques (Bibliothèque des Idées), 4 vol., Gallimard 1971-1972 (rééd. 1978).

L'imagination créatrice dans le soufisme d'Ibn 'Arâbî, Flammarion, 2e édition, 1977.

Temple et contemplation, Flammarion 1981.

L'Archange empourpré. Quinze traités et récits mystiques de Sohravardî, traduit du persan et de l'arabe. Fayard 1976.

Corps spirituel et terre céleste : de l'Iran mazdéen à l'Iran shî'ite, Buchet-Chastel, 2e édition, 1979.

Philosophie iranienne et philosophie comparée, Buchet-Chastel 1978.

La philosophie iranienne islamique aux XVIIe et XVIIIe siècles, Buchet-Chastel 1981.

Le paradoxe du monothéisme, éd. de l'Herne 1981.

Trilogie ismaélienne (Bibl. iranienne, n° 9), Adrien Maisonneuse 1961.

Mollâ Sadrâ Shîrâzî. *Le Livre des Pénétrations métaphysiques*, éd. et trad. (Bibl. iranienne n° 10), *ibid.*, 1964.

Avicenne et le Récit visionnaire, Berg International, 2e édition, 1979.

Temps cyclique et gnose ismaélienne, Berg International 1982.

Face de Dieu, Face de l'homme, Flammarion 1983.

L'Homme de Lumière dans le soufisme iranien, nouvelle édition en préparation.

HENRY CORBIN

L'HOMME ET SON ANGE

Initiation et chevalerie spirituelle

Avant-propos de Roger Munier

Ouvrage publié avec le concours
du Centre National des Lettres

Fayard

Les textes réunis en ce volume sont des conférences prononcées au Cercle Eranos en 1949, 1970, 1976, et publiées dans le Eranos-Jahrbuch.

Pour la première étude qui date de 1949 nous n'avons apporté que de rares modifications faites par H. Corbin sur son exemplaire de travail. Dans les notes quelques références bibliographiques ont été ajoutées, elles sont alors entre crochets.

Avant-propos

Les trois études qu'on va lire reprennent le texte de conférences prononcées dans le cadre des Rencontres Eranos, en 1949, 1970 et 1976. Leur espacement dans le temps témoigne, chez Henry Corbin, d'une continuité dans la recherche qui en fait à nos yeux l'unité. D'où le titre adopté pour leur ensemble, tiré d'une expression de Corbin lui-même : L'Homme et son Ange.

*C'est le thème explicite de la première conférence. Dans la doctrine sohravardienne de l'*Ishrâq, *l' « Ange » est le Double céleste de la Psyché terrestre. Être de Lumière qui la fonde dans sa réalité d'âme, l' « Ange » est le Principe transcendant de son individualité. Il la transcende certes, mais d'une manière qui, loin de mettre en péril cette individualité, pour ainsi dire se consomme en elle. Le destin de l'homme est unique et voué à l'Unique. Mais à un Unique qui n'est bien tel que pour chacun. Du même coup, à la formule pour nous traditionnelle de : l'homme et son âme, il convient, nous dit Corbin, de substituer celle plus riche et ontologique, de : l'homme et son Ange. Elle affirme, au niveau du* *destin, non la juxtaposition de deux réalités distinctes ou la résorption éventuelle de l'une dans l'autre au sein de l'union mystique ou dans la mort, mais bien le mystère ontologique de Deux, qui restent pourtant Deux, en un Unique.*

L'âme humaine est venue d'ailleurs. Bien des traditions l'enseignent, depuis Platon. Mais alors que, pour le platonisme, l'âme s'est en quelque sorte enlisée dans l'exil de la chair, « il y a, nous rappelle Corbin, un type de descente de l'âme, disons gnostico-iranien, tel que cette descente résulte du dédoublement, de la déchirure d'un Tout primordial ». En s'engageant dans la chair, elle s'est pour un temps seulement séparée de son « Ange ». Part intégrante, comme âme, d'un « Tout dyadique » qui la commande au plus intime, elle est, dès ici-bas, en référence constante à son Double céleste. C'est lui qu'elle doit rejoindre à la mort. Mais qu'elle peut aussi perdre à jamais si, durant sa vie terrestre, elle a été infidèle à ce compagnonnage permanent avec cette autre moitié d'elle-même, qui seule peut lui rendre un jour son unité perdue.

Une telle conception, qui remonte sans doute au passé le plus lointain de l'Iran, n'est pas aussi étrangère qu'on pourrait croire à notre tradition spirituelle. Corbin fait remarquer qu'on en retrouve les traces dans un courant souterrain qui parcourt notre histoire, des Cathares néo-manichéens à Novalis, en passant par Jacob Boehme. Qu'est-ce que l'« Ange » en effet, sinon le monde vrai de l'homme, sa Nature Parfaite qui l'attend, mais dont la permanence céleste, acquise déjà, continûment le porte et soutient au temps de son exil? L'« Ange » est, au fond, son essence accomplie. « Ce n'est, souligne Corbin, ni l'Abîme divin impersonnel et insondable, ni le Dieu extracosmique, à la fois transcendant et personnel, d'un *monothéisme abstrait ou purement formel. Mais dès que l'*unio mystica *avec l'Ange se précise comme réunion de l'âme à* son *Ange, la recherche se trouve orientée vers une notion de l'Unique qui ne soit pas celle d'une unité arithmétique, mais plutôt celle de l'Unité archétypique,* unifique, *qui « monadise » tous les « uniques ». L'expérience qui réalise ce « chaque fois unique » de l'être retournant à son Unité, présuppose alors un* kath'éna, *quelque chose comme un kathénothéisme mystique. »* *C'est là sans doute la plus profonde originalité du thème de l' « Ange » dans la mystique iranienne. Elle est bien d'ordre ontologique, en ce qu'elle affirme, presque contradictoirement, une polarité dans l'Unité, autant qu'une Unité dans la polarité maintenue des deux termes : l'homme* et *son Ange – l'homme et* son *Ange. Cette Unité duelle est d'abord effective : ce qui* fait *l'Unité, alors que nous ne concevons d'ordinaire l'Unité que comme Substance qui n'appellerait que fusion anonyme en soi. Il reste encore à découvrir les multiples implications de cette vue, et jusqu'en des domaines apparemment très éloignés de l'expérience religieuse. C'est finalement une autre conception de l'homme et de son destin qui est ici en jeu. Sur le fond d'une autre approche, non dialectique ou méta-dialectique de l'Être.*

Mais cette vérité, dont un Sohravardî témoigna jusqu'au martyre, ne s'inscrit pas dans le droit fil de l'orthodoxie religieuse de l'Islam, telle qu'elle résulte de l'interprétation courante des textes. Elle suppose la redécouverte d'une « Parole perdue », cachée sous le sens littéral des Écritures. C'est d'elle que nous entretient la seconde conférence. Dans les trois grandes « religions du Livre » issues de la tradition abrahamique : Judaïsme, Christianisme et Islam, le Livre commande. Il est Parole *révélée, Écriture sainte. Mais si le sens profond de ce Livre se dissimule sous la littéralité des mots, dès l'instant qu'on s'en tient à cette littéralité, on mutile l'intégralité de la Parole. Le drame de la « Parole perdue » qui s'ouvre alors prend d'innombrables formes. Il se résume dans la tension qui oppose, au niveau de l'initiation, les tenants de la religion ésotérique, attachée au sens spirituel et intérieur du texte, à ceux de la religion exotérique, qui veut être celle de tous, « égalitaire et littérale ». Corbin reprend les données de ce conflit toujours actuel à partir du commentaire d'un roman initiatique ismaélien du Xe siècle, à ce jour encore inédit :* Le Livre du Sage et du Disciple.

Enfin – et c'est le thème de la troisième étude – la Parole intérieure ainsi reçue fait de l'initié, de par son exigence même, un « chevalier spirituel ». Vivre en accord et communication avec le monde supérieur du Malakût, *le monde de l'« Ange », c'est le fait de ces « chevaliers », des* javânmardân. *Le persan* javân *a même racine indo-européenne que le latin* juvenis. *Le* javânmard *est celui qui a retrouvé sa pleine juvénilité en accédant à l'homme intérieur, à l'homme vrai. C'est, en somme, l'homme et son Ange, dès ici-bas. L'homme réuni à son vrai Moi ou en route vers cette réunion transformante.*

Car de quoi s'agit-il en fait, dans ces récits d'initiation que nous propose, en faisant largement place aux textes, le présent volume, sinon d'une aventure religieuse du Moi profond? L'« Ange », on l'a vu, n'est pas seulement un Autre tutélaire, mais le Double céleste de l'âme, la contrepartie transcendante du moi terrestre. Ou disons qu'il est autre et non autre à la fois. Quelque chose comme un « Moi à la seconde personne », dit admirablement Corbin. Pour bien l'entendre, il faut se reporter à la *théorie de l'« Imagination active », dont l'initiateur fut le philosophe iranien Mollâ Ṣadrâ Shîrâzî, qui vécut au XVIIe siècle (mort en 1640, soit au départ du cartésianisme en Europe). Selon Mollâ Ṣadrâ, l'Imagination est une faculté humaine transcendante, sensible et non sensible, ou plutôt dont l'essence consiste à échapper justement à cette dichotomie, « en quelque sorte le corps subtil, le véhicule subtil de l'âme ». Si l'on s'en tient donc à nos schèmes, on dira que l'ordre qui lui correspond est intermédiaire entre le sensible et l'intelligible. Ce n'est en rien le monde imaginaire, tel que nous avons coutume de l'entendre en Occident, car l'imaginaire est irréel, mais un monde vrai, celui de la réalité plénière, et que Corbin, pour cette raison, qualifie d'*imaginal : mundus imaginalis, ‘âlam al-mithâl. *Ce serait, toujours selon nos schèmes, comme un troisième état du réel, où toutes les forces physiques et psychiques se rassemblent, l'élément même de leur conjonction, le « milieu », en tous les sens du terme, de leur rayonnement préalable. Le monde imaginal est, en un mot, le monde même, atteint dans son indivision, antérieurement à nos approches fractionnantes, simplifiantes, le monde en sa gloire première, où se situent les visions, où le réel se transfigure. Sa reconquête, nous dit Corbin, est « l'enjeu et le lieu du combat des javânmardân ». Dans l'ordre imaginal, par essence unitaire, le corps n'est plus l'opposé de l'esprit. Son état est, lui aussi, intermédiaire, subtil. Le corps imaginal* (jism mithâli) *est le corps absolument propre, le corps concret et singulier, en quelque sorte devenu spirituel. Il est bien corps, mais rénové, rendu à une nouvelle jeunesse – corps plénier et auroral, ouvert à la richesse indivisible du monde créé. Comme immergé dans un réel désormais unitaire, où les concepts antagonistes d'« esprit » et de « matière » n'ont plus cours. Dans le* *monde imaginal peut s'opérer la rencontre attendue de l'homme et de son « Ange », du Moi et de son Autre. Non du Moi et d'un Toi toujours séparateur, mais du Moi propre et d'un Autre qui reste un Moi, d'un « Moi à la seconde personne » qui est sa véritable essence. Car l'« Ange » est comme la plénitude du monde imaginal, sa dimension achevée, venue à terme. Mais cela pour* chacun *de nous, il faut y insister, dans une relation et un échange qui est et qui demeure d'Unique à unique.*

*Sur le comment de cette métamorphose, le livre qu'on va lire apporte un éclairage de haute mais toujours fervente érudition. Par la brèche qu'il opère dans nos conceptions et le champ nouveau qu'il explore, il a plus qu'aucun autre sa place dans cette collection ouverte à toutes les composantes de l'*Espace intérieur *différent qui se cherche. Comment ne serions-nous pas atteints par cette vérité de fond que notre solitude au sein du monde où nous avons à nous faire n'est pas un destin sans issue, qu'elle est de soi essentielle « dualitude », pour reprendre le beau mot de Corbin? Une autre part de nous-mêmes, une part transcendante, qui est nous-mêmes et non nous-mêmes, existe aussi, existe « ailleurs » – pour autant que ce dernier mot garde encore un sens dans la perspective du monde imaginal. Elle peut nous soutenir dès ici-bas, si nous savons entendre son appel transformant au cœur de notre vie la plus singulière. Elle nous attend.*

Roger MUNIER

1

Le récit d'initiation et l'hermétisme en Iran

(Recherche angélologique) [1]

I. Le Récit de l'Exil occidental

1. – *Le récit d'initiation dans l'œuvre de Sohravardî* (ob. 587/1191). – Une grande figure et une œuvre imposante dominent, à côté de la personne d'Avicenne, la pensée spirituelle de l'Iran islamisé : celles du Shaykh Shihâboddîn Yaḥyâ Sohravardî, mort martyr à Alep en la fleur de sa jeunesse (il avait à peine 38 ans), sur l'ordre de Salâḥeddîn. Cependant, si le nom d'Avicenne, ayant bénéficié de l'œuvre des traducteurs latins au moyen-âge et connu non moins comme médecin que comme philosophe, est resté célèbre dans les annales philosophiques de l'Occident, l'œuvre de Sohravardî, partageant le destin de tant d'autres penseurs orientaux, est restée longtemps à peu près ignorée. Son influence en Orient n'en fut pas moins durable et profonde dans toute l'aire de culture touchée par l'influence iranienne,

1. Centrés sur le motif de l'Ange, ces exposés ont essentiellement le caractère d'une recherche, d'un jalonnement provisoire; notre propos reste d'en préciser le tracé et les vicissitudes.

c'est-à-dire en Iran même et dans l'Inde, en milieu islamique comme en milieu zoroastrien. C'est sur son nom et sur celui d'Avicenne (Ibn Sînâ) que se départagent les deux grands courants spéculatifs qui se donnent réciproquement comme celui des Péripatéticiens et celui des Ishrâqîyûn ou « Illuminatifs », ainsi que l'on traduit parfois en ne retenant que l'un des aspects du concept d'*Ishrâq*. Au début de la période Safavide (XVIe siècle) la pensée sohravardienne a été l'objet de puissantes amplifications dans l'œuvre des maîtres de l'École d'Ispahan, tels que Mîr Dâmâd et Mollâ Ṣadrâ. Elle concourut, en se conjuguant avec la théosophie d'Ibn'Arabî, à la formation de la gnose proprement shî'ite duodécimaine dès avant cette période (Ibn Abî Jomhûr, Ḥaidar Âmolî, Dawwânî et ses élèves, tels que Maibodî dans son long prologue au Dîwân du 1er Imâm). Elle ne cessa d'agir au XIXe siècle chez les penseurs de l'époque Qâjâr (Mollâ Zonûzî, Mollâ Hâdî Sabzavârî) ; d'être présente dans l'œuvre de Shaykh Aḥmad Aḥsa'î, le fondateur de l'École Shaykhî qui depuis la fin du XVIIIe siècle représente l'effort de création spirituelle le plus original au sein du shî'isme moderne.

Telle est à grands traits l'influence exercée depuis le VIe/XIIe siècle par cette pensée et cette œuvre d'où nous voudrions principalement dégager ici la signification de moments caractéristiques, ceux qui sont à désigner comme « récits d'initiation ». En conjoignant cette dernière expression à celle d'« hermétisme », nous en faisons par là même ressortir un caractère fondamental, et nous évoquons l'œuvre de Sohravardî comme étant la palingénésie ou la « répétition » persane d'un « archétype » spirituel à la manifestation duquel concouraient déjà, quelque dix ou douze siècles plus tôt, de décisifs facteurs iraniens. Il s'agira d'une tradition dont n'ont jamais cessé d'être au cours des siècles les témoins nostalgiques et indomptables, ces membres d'une même famille spirituelle qui n'ont abdiqué ni devant les sarcasmes ou dénonciations des docteurs officiels, ni devant les persécutions du pouvoir. J'ai essayé ailleurs en donnant l'édition d'un premier volume de ses œuvres, de dégager les intentions fondamentales de Sohravardî [1], mais les détails de structure de sa doctrine ne pourront apparaître qu'après l'achèvement de l'édition. Trois grands noms exaltés par elle comme ceux de ses prophètes, guident son inspiration : Hermès, Zarathoustra, Platon. Cette conjonction sous laquelle se détermine l'aspect angélologique, extatique, théurgique, de la pensée sohravardienne, fait donc d'elle en pleine période islamique, le témoin de cette même gnose de langue grecque dont les noms de Zozime l'alchimiste, d'Ostanès le mage perse, de l'Hermès du *Corpus* hermétique, restent les noms symboliques.

Avant toutes choses, et pour délimiter ce qu'il convient d'entendre en propre ici par « récit d'initiation », rappelons le triple aspect que les textes majeurs de Sohravardî nous permettent de cerner dans le concept d'*Ishrâq*. C'est en premier lieu une illumination, un photisme; sous cet aspect la doctrine est une philosophie de la lumière pour laquelle Sohravardî revendique une filiation remontant à la théologie perse pré-islamique, et à laquelle il doit son surnom de *Shaykh al-Ishrâq*. Mais en un sens plus précis, le terme réfère à la splendeur des premiers feux de l'aurore, à la direction de l'horizon d'où elle se lève. L'adjectif *ishrâqî* prendra alors

1. [Shihâboddin Yaḥiâ Sohravardî, *Œuvres philosophiques et mystiques* I, texte arabe avec *Prolégomènes* en français, Bibliotheca Islamica, 16, Istanbul 1945; réédition anastatique Téhéran 1977; abrév. ici *Prolégomènes I*].

l'acception d' « oriental », et le pluriel *ishrâqîyûn*, alternant avec *mashrîqîyûn*, désignera non point les Orientaux en général, mais les Sages de l'ancienne Perse, les Sages *khosravânîyûn*. C'est sur ce point que Sohravardî se sépare le plus nettement d'Avicenne, à qui il reproche d'avoir fait valoir le projet d'une « philosophie orientale », alors qu'Avicenne, ignorant les sources de l'ancienne Perse, allait fatalement à l'échec. Enfin de façon plus précise encore, le terme désigne le *mode* et le *moment* d'une connaissance qui n'est pas une connaissance parmi d'autres, mais qui est orientale parce qu'elle est elle-même l'Orient de la Connaissance [1]. C'est la *cognitio matutina* qui dans l'expérience mystique s'annoncera comme une eschatologie individuelle. Finalement donc, en tenant compte que le terme arabe *Ḥikmat* n'est exactement traduit ni par « philosophie » ni par « théologie » et que d'autre part *Ḥakîm Ilâhî* est la traduction exacte du grec Θεόσοφος, peut-être la meilleure traduction de *Ḥikmat al-Ishrâq* serait-elle « théosophie orientale ». Le petit récit que nous allons analyser tout à l'heure est intitulé *Récit de l'Exil occidental*. Nous avons là ainsi typifiés les deux pôles de la pensée sohravardienne.

Cette pensée ne se donne nullement elle-même comme une « novatrice », elle est ('Ilm Ḥoḍûrî), *Scientia praesentialis*, compréhension « au présent » d'une perpétuelle Présence. Ou plutôt, Sohravardî éprouve ici l'innovation comme constituée par sa personne même,

1. *Ibid.*, p. XXXII et notre opuscule sur *Les motifs zoroastriens dans la philosophie de Sohravardî*, Téhéran 1946, pp. 26-28; [abrév. ici *Motifs*. Le texte de cet opuscule a été repris en grande partie dans *En Islam iranien : aspects spirituels et philosophiques*, t. II *Sohravardî et les platoniciens de Perse*, Paris, Gallimard 1972/1978; abrév. ici *En Islam iranien...* Pour Avicenne voir *Avicenne et le Récit visionnaire*, nouvelle édition Paris, Berg International 1979; abrév. ici *Avicenne*.]

son enthousiasme assez fort pour rassembler et cohérer en elle-même la présence d'autres âmes dispersées par les vicissitudes des temps. Le schéma de sa généalogie spirituelle, il l'a tracé en lignes très fermes dans l'un de ses grands traités, où nous voyons la doctrine issue d'Hermès se ramifier entre la tradition grecque et la tradition perse, jusqu'à ce que se rejoignent finalement l'une et l'autre dans l'Ordre des *Ishrâqîyûn* [1]. Essayons d'oublier la trop facile catégorie de « syncrétisme »; les personnages figurant dans ce schéma d'une pure *histoire* spirituelle ne représentent ni des facteurs d' « évolution historique » ni des problèmes d' « influence ». Ils sont pour l'auteur les exemples et manifestations d'une *theosophia perennis,* invitant à répéter un même archétype, et par là même à perpétuer une invisible Église des Sages. Il est significatif que dans son schéma, la théosophie sohravardienne incorpore la tradition alchimique (Akhî Akhmîn, Dhû'l-Nûn Miṣrî) [2]; il y a là en effet une invite à découvrir dans ses « récits d'initiation » un sens plus profond que celui proposé par le scolastique et anonyme commentateur. Enfin d'autres auteurs mentionnant les *Ishrâqîyûn,* en font remonter la filiation à une catégorie de prêtres égyptiens qui se donnaient comme les enfants de la sœur d'Hermès, ou bien leur donnent comme prophète Seth, le fils d'Adam, ce qui fixe leur connexion au moins idéale avec les Sabéens de Ḥarrân comme avec les gnostiques Séthiens, lesquels, on le sait, identifiaient Seth soit avec Christ soit avec Zarathoustra [3]. Quant au projet personnel de Sohra-

1. Cf. *Prolégomènes I* p. XLII, et *Motifs* p. 23 [*En Islam iranien...* t. II, pp. 19 ss.]
2. Cf. *Fihrist* éd. Flügel, p. 359, et Yâkût, *Irshâd* s.v.
3. Cf. ref. in *Prolégomènes I* p. XLIX, et *Motifs* p. 18; [*En Islam iranien...* t. II, pp. 24 ss.]

vardî, il est énoncé sans équivoque en de multiples déclarations. Faisant allusion aux anciens Perses, il écrira : « C'est leur haute, leur lumineuse sagesse, celle dont témoigne également l'expérience mystique de Platon et de ses prédécesseurs, que nous avons *ressuscitée* dans notre *Livre de la Théosophie orientale*, sans avoir eu nous-même de devancier en un pareil projet[1]. »

La totalité de ce projet personnel est enclose en une œuvre aux proportions imposantes. Elle comprend des traités étendus discutant ou éliminant les thèmes de la philosophie des Péripatéticiens, et devant servir de propédeutique au livre majeur de la *Théosophie orientale*. Mais ce dernier se propose à un mode de compréhension tout autre. Comme Sohravardî le proclame en un paragraphe pathétique du *Livre des Entretiens* (§ 111) : « Il ne suffit pas de lire des livres pour devenir un membre de la famille des Sages. Il faut entrer réellement dans la Voie sacro-sainte menant à la vision des Purs êtres de Lumière. » Il ne suffit donc pas de la compréhension purement intellectuelle d'un texte, menant discursivement à une pure évidence de raison. La gnose proposée au Sage n'est pas un pur savoir, elle est une Voie; et le commencement de la Sagesse est l'entrée effective dans cette Voie. Aucun texte didactique si parfaitement élucidé soit-il, ne peut par la seule évidence dont il est prégnant, provoquer ce Départ. Il faut alors un autre mode de présentation, où le sens vrai soit enveloppé sous une apparence extérieure telle que par son étrangeté, son irrationnalité, elle commence par heurter avec violence toute la faculté de Comprendre. De ce heurt doit naître l'ébranlement total de l'âme qui

1. Voir le texte in *Motifs*, p. 24, n. 20; [*En Islam iranien*... t. II, pp. 29 ss.]

opère dans sa compréhension un exhaussement, une anaphore, traduisible certes en une exégèse ésotérique du sens caché, mais exégèse qui à son tour demeurerait, comme telle, au niveau d'une pure évidence intellectuelle. L'Événement réel, le Départ dont Sohravardî écrit : « Malheur à toi, si lorsqu'on te dit : Retourne! tu t'imagines qu'il s'agit de Damas, Baghdad ou quelque autre cité de ce monde », – bref le *pèlerinage* intérieur vers l'Orient échappe en son effectivité à cette traduction exégétique. Sa vérité n'est jamais transmissible que sous le voile du récit d'un songe, ou d'une figure, mythe ou parabole, parce que cette présentation conserve perpétuellement, elle, la puissance de provoquer le heurt décisif. C'est au souci de cette discipline imprescriptible que répond cette partie de l'œuvre de Sohravardî que nous désignons comme « récits d'initiation ». Il existe des manuscrits d'une dizaine d'entre eux; ils sont presque tous écrits en persan.

Je voudrais cependant distinguer dans leur groupe ceux qui répondent à un caractère plus précis encore que l'exposé d'une similitude ou d'un mythe invitant à la compréhension d'un sens intérieur. À défaut d'une thématisation ainsi délimitée, je crois bien que la majeure partie de la littérature persane, le plus grand nombre de ses poèmes romancés d'amour mystique, devraient rentrer dans le cadre de cet entretien. Ils s'y rattachent indéniablement, mais leur analyse excéderait ici notre dessein. Je proposerai donc d'entendre essentiellement un récit à la 1re personne, récit d'une vision ou d'une expérience *personnellement* vécue; *expérience* qui conduise le mystique par cette Imagination active qui constitue son être le plus personnel, à la révélation de son origine; *révélation initiale* qui l'initie à son existence vraie et provoque avec l'entrée dans la Voie, une *succession d'étapes* que parcourt l'Imagination active vers le lieu du Retour (*ma'âd*) qui est aussi le lieu de l'Origine (*mabdâ'*). C'est donc un récit qui exprime et embrasse le temps propre de la vie de l'âme, et permet de mesurer l'*âge propre* de l'être humain d'après le point où il est parvenu de son Retour. Car il en est qui n'arriveront jamais à l'existence de leur âme; il en est dont l'âme ne grandit jamais. Mais aussi, parce que cette durée est une *réascension* vers l'Origine, la mesure de cet âge renverse (et inverse) l'ordre de durée du devenir sensible progressant et vieillissant vers un terme indéfini. L'initiation est la naissance de ce qu'exprime le thème mythique du *Puer aeternus,* mais la « naissance » de ce *Puer aeternus* marque justement l'avènement céleste de la maturité spirituelle. Il y a de tout cela une série de fines insinuations dans le récit que Sohravardî intitule *Epître sur l'état d'enfance* [1]. C'est cela même aussi qu'ont expérimenté nombre de mystiques au sein du christianisme; cela dont le paradoxe est inscrit dans la liturgie traditionnelle de l'Archange Michel, comportant la péricope évangélique : « Si vous ne devenez comme des enfants, vous n'entrerez pas dans le royaume. » (Math. 18:1.) Et c'est cela encore qui est insinué dans la résurrection de Faust comme *Puer aeternus.*

Les conditions ainsi requises déterminent dans la structure du « récit d'initiation » un double motif. Il y a

1. Entre autres pour la symbolique du rêve. Comme ce que l'âme contemple en songe se passe dans le « monde de là-bas », si elle voit par exemple qu'un enfant est devenu un être, cela veut dire que quelqu'un est mort à ce monde-ci; et si elle voit que quelqu'un est en train de mourir, cela signifie la naissance et la croissance de quelqu'un au monde terrestre (éd. Bayânî pp. 10-11). [Voir : l'*Archange empourpré, quinze traités et récits mystiques,* traduit du persan et de l'arabe, présenté et annoté par H. Corbin, Paris, Fayard 1976; abrév. ici l'*Archange empourpré.*]

la rencontre d'une entité divine ou angélique qui initie l'aspirant mystique, et une suite de visions marquant les étapes mythiques de la « Queste » dans laquelle est engagé l'initié. Dans l'œuvre de Sohravardî, quatre opuscules parvenus jusqu'à nous répondent particulièrement à ce type. Ils sont respectivement intitulés : *Epître sur l'état d'enfance; Le Bruissement de l'Aile de Gabriel; L'Archange empourpré; Le Récit de l'Exil occidental* [1]. Par leur structure, ces opuscules s'apparentent aux visions des textes hermétistes ou de l'alchimiste Zozime, ainsi qu'aux récits iraniens de révélation antérieurs à l'Islam. À rechercher les modèles que Sohravardî put avoir sous les yeux, il faudrait nommer les petits romans composés par Avicenne lui-même. Le prélude de l'*Exil occidental* réfère à son récit de *Ḥayy ibn Yaqzân* [2], et Sohravardî déclare expressément ce qui ne le satisfaisait pas dans la composition avicennienne. À vrai dire il y a entre le didactisme de celle-ci et le développement dramatique, l'émotion contenue du récit sohravardien, toute la distance qui sépare la conception que se faisaient respectivement les deux maîtres, de leur « philosophie orientale ». Il faudrait nommer aussi le récit de *Salâmân et Absâl*, qui nous est parvenu dans la version arabe d'un texte grec perdu [3]. Il conviendrait

1. [On trouvera la traduction française de tous les récits mystiques de Sohravardî dans l'*Archange empourpré*. Le texte arabe du *Récit de l'exil occidental* avec paraphrase en persan figure dans le tome II des *Œuvres philosophiques et mystiques* de Sohravardî (rééd. anastatique de l'éd. de 1952, Bibliothèque Iranienne, Téhéran-Paris 1977. Voir aussi la traduction plus amplement commentée dans *En Islam iranien*... t. II.]

2. Publié par M.F.A. Mehren, Leyde 1889. [Voir *Avicenne*, pp. 138-165.]

3. Version arabe due au traducteur Ḥonain ibn Isḥaq. Naṣîroddin Ṭûsî a donné deux recensions différentes de cette « histoire » dans son commentaire des *Ishârât* d'Avicenne. L'une a connu une

enfin de ne pas omettre le grand poète iranien de Herat, Ḥakîm Sanâ'î (mort en 545 H. quelques années avant la naissance de Sohravardî), qui sous le titre de *Voyage des âmes vers le lieu de leur Retour* [1] composa un poème en forme de récit à la 1re personne. Il y décrit un voyage à travers le cosmos néoplatonicien sous la conduite de l'Intelligence manifestée en forme personnelle. Mais il apparaît bien que les récits sohravardiens d'initiation en *prose,* restent quelque chose d'unique dans la littérature persane.

Essayons maintenant de dégager les traits communs aux quatre récits. L'*Epître sur l'état d'enfance,* comme les autres, situe la scène dans la campagne solitaire (traduisons simplement par « désert » en songeant aux magnifiques solitudes du haut plateau iranien). À la différence des trois autres récits cependant, elle ne précise pas la qualité du Sage idéal qui est l'initiateur. La série de paraboles marquant les étapes de l'initiation, s'achève en dévoilant le sens des manifestations d'extase que provoque l'audition musicale (*samâ'*).

Le récit qui prélude au *Bruissement de l'Aile de Gabriel* nous montre l'Enfant qui est l'homme céleste, se dégageant des liens dont on entrave ces enfants que sont les hommes de la Terre, c'est-à-dire des entraves de la connaissance sensible qui asservissent les Terrestres, plongés dans le sommeil de la mort de leur âme. C'est donc la nuit des sens : toute liberté est laissée à

grande fortune littéraire, Mollâ Jâmî (XVe siècle) l'ayant orchestrée en un long poème persan. L'autre rappellerait peut-être certains traits de la légende de Prométhée et Épiméthée interprétée par Zozime. [Voir *Avicenne,* pp. 221-260.]

1. Cf. H. Ritter *Philologika VIII,* pp. 100 sq. (Der Islam, XXII, 1934). Saïd Naficy en a donné une édition, Téhéran 1937.

l'Imagination active. Au lever de l'aurore mystique (à l'heure de l'*Ishrâq*), le Voyant ouvre la porte du *Khângâh* (« couvent ») c'est-à-dire, au seuil de sa conscience la plus intime, la porte secrète qui donne sur le désert inexploré : c'est l'entrée du monde du Mystère, le principe de la Voie qui conduit au monde spirituel et angélique. Il aperçoit aussitôt Dix Sages d'une beauté éclatante, rangés en une hiérarchie de degrés. Avec une crainte respectueuse, il aborde le plus proche et l'initiation commence. Toute la première partie de l'entretien est un voyage mental à travers les Sphères célestes de la cosmologie. La seconde partie expose les mystères de l'angélologie, les trois ordres d'Anges : les *Karûbîyûn*, chérubins, *Logoi* ou Paroles majeures absolument transcendantes; les *Logoi* intermédiaires qui sont les régents des Sphères; finalement ces *Logoi* mineurs que sont les humains, anges *ou* démons en puissance. La première partie ne nous laisse aucun doute sur la personne de l'initiateur : c'est l'Ange Gabriel ou Esprit-Saint, Dixième dans l'ordre archangélique; il est pour les humains l'herméneute de ce monde archangélique supérieur qui, étant au-delà de leurs limites, ne leur offrirait qu'un éternel silence [1]. Dans la seconde partie, l'initiateur semble parler de Gabriel comme d'un autre que lui-même. La vision n'en accentue pas moins ses traits. Gabriel l'Ange a deux ailes : celle de droite qui est lumière pure et absolue; celle de gauche sur laquelle s'étend une empreinte ténébreuse pareille au brunissement rougeâtre qui obscurcit la surface de la Lune [2]. Le monde de l'illusion est une ombre projetée de l'aile gauche de l'Ange; les âmes de Lumière proviennent de

1. [Cf. l'*Archange empourpré* pp. 221-264.]
2. *Ibid.*, pp. 236 ss.

son aile droite [1]. Cette provenance même nous invitera à une interrogation pressante sur ce rôle de Gabriel comme Ange de l'Humanité, sur l'horizon ainsi ouvert à une conception du Soi supérieur, horizon de la « sur-existence » [2] humaine. Lorsque de nouveau se lève le Jour des sens, la vision cesse.

Le récit de l'*Archange empourpré* met en scène, avec quelques variantes, la même rencontre. Le Voyant réussit à se glisser hors des ténèbres où les chasseurs Destin et Destinée l'ont jeté enchaîné et aveuglé, et tout en boitillant avec ses liens il se dirige vers la « campagne ». De loin il voit s'approcher une silhouette; il distingue bientôt un être d'une extrême beauté et dont la jeunesse empourpre le visage [3]. En guise de salut il lui demande : « Ô jouvenceau, d'où viens-tu ? » La réponse coupe court : « Comment ? je suis, moi, le Premier-Né du Créateur et tu m'appelles jouvenceau ? » – « Mais alors, demande le pèlerin intimidé, d'où vient l'éclat de cette rougeur juvénile ? » Avec la réponse commence l'initiation : contemple le crépuscule du matin et le crépuscule du soir; ce n'est encore, ou bien ce n'est plus, ni le jour ni la nuit, et c'est le mélange de ténèbres qui donne à l'aurore comme au crépuscule vespéral leur éclat empourpré. Ainsi en est-il de la Lune rougeoyante à son lever : une face vers le Jour et l'autre vers la Nuit. De même la beauté de cet Ange, que le Voyant n'avait pas reconnu, est en soi toute lumière et blancheur; mais celui-là qui a jeté son mystique interlocuteur terrestre comme une proie aux geôliers des sens, l'a lui-même depuis longtemps jeté dans le puits obscur. C'est là sans

1. *Ibid.*, pp. 238 ss.
2. Sur cette notion, cf. la belle analyse d'Étienne Souriau in *Les différents modes d'existence*, Paris 1943, le chapitre IV.
3. [Cf. l'*Archange empourpré*, pp. 193-220.]

doute une des allusions les plus troublantes au sort subi par l'Ange de l'Humanité antérieurement à l'Humanité même qui procède de lui. Elle n'est malheureusement pas explicitée. Je tends à croire qu'elle ne peut l'être que par comparaison avec l'angélologie ismaélienne. Le dialogue se poursuit, en passant par des phases haletantes; c'est le mieux réussi peut-être de ceux qu'a composés Sohravardî. L'entretien tend essentiellement à initier le voyageur aux moyens de franchir la mythique montagne de *Qâf*.

Tous ces récits tendent ainsi à mettre le mystique sur la voie de la vision de l'Ange qui est à la fois l'Esprit-Saint et l'Ange de l'Humanité. Comment faut-il se représenter le rapport de cet Ange avec l'individu terrestre? C'est ce que notre enquête s'efforcera de découvrir dans le motif de la « Nature parfaite ». Quant au ressort de leur action dramatique, tous ces récits commencent par une transposition en un paysage insolite, pendant la nuit, c'est-à-dire pendant ce sommeil des facultés sensibles qui rend possible la claire vision du songe. C'est un trait essentiel qu'ils ont en commun avec d'autres récits de l'hermétisme arabe ou arabo-persan. En sa volumineuse compilation intitulée *Le Livre de la Preuve concernant les secrets de la Science de la Balance*, l'alchimiste Jaldakî nous a conservé un *Livre des Sept Idoles* attribué à Balînâs, c'est-à-dire Apollonios de Tyane (le *Bonellus* qui est un des interlocuteurs du synode alchimique de la *Turba philosophorum*)[1]. Le

1. Signalé pour la première fois (avec les premières lignes du texte arabe) par le regretté Paul Kraus en son *Jâbir ibn Ḥayyân*, t. II, Le Caire 1942, p. 297, n. 5. Je compte donner l'édition et la traduction de ce récit d'un si haut intérêt. [Voir *Le livre du Glorieux de Jâbir ibn Ḥayyân* in Eranos-Jahrbuch XVIII/1950. Henry Corbin a consacré une année de cours au *Livre des sept idoles*, cf.

livre contient une initiation alchimique dispensée par « Sept idoles qui sont formées des Sept métaux et figurent comme prêtres devant les autels des Sept planètes ». Le schéma reproduit l'architectonique sabéenne de Ḥarrân. Il rappelle le schéma du roman persan composé par Niẓâmî à l'époque de Sohravardî et intitulé *Haft Paikar* (les Sept beautés, ou les Sept Idoles) [1]. On a pu voir avec raison dans ce dernier une illustration poétique du motif de la *vita caelitus comparanda* auquel est attaché le nom de Marsile Ficin [2]. Traduisons ici, à cause de la connexion qu'il manifeste, le début du petit roman alchimique attribué à Apollonios :

> Je me trouvais dans la ville qui est *au milieu* de la Terre de l'harmonie. Alors je me hâtai vers le Temple du Soleil qui était baigné de rayons et de lumières. Une troupe de Sages au cœur pur m'accompagnait. Autour de ce temple il y avait des eaux courantes et des sources jaillissantes, des parterres de verdure et de fleurs. Je vis que cet harmonieux paysage était le plus beau des paysages. Nous passâmes notre journée de la manière la plus agréable et nous nous installâmes pour la nuit dans le temple en un somptueux appartement. »

Annuaire, de l'École pratique des Hautes Études, section des Sciences religieuses, t. LXXX/LXXXI, pp. 251-258 (abrév. ici *Annuaire*). Un article encore inédit, avait été écrit à la suite de ce cours : *de l'alchimie comme art hiératique : le Livre des sept statues, d'Apollonios de Tyane conservé en arabe par l'alchimiste Jaldakî.* Ce texte sera publié avec l'étude intitulée : *Le Livre du Glorieux...*]

1. Ed. du texte persan par H. Ritter et H. Duda, Prague 1934. Traduction anglaise par C. E. Wilson, London 1924. Nonobstant le témoignage de Jâmi (*ibid.,* I, p. XV) H. Ritter ne pense pas que l'on puisse y déceler une signification proprement soufie (cf. c. r. in *Der Islam,* 1926, p. 111-116).
2. Cf. H. Ritter, *ibid.,* p. 113.

Déjà l'expression de « *la ville qui est au milieu* » évoque ce monde intermédiaire entre le sensible et l'intelligible pur, qui est proprement le monde de l'Imaginal, monde des Idées de l'individuel, c'est-à-dire de l'actualisation des Archétypes en leurs individus permanents, les *muthul moʿallaqa* dans la terminologie des philosophes *Ishrâqîyûn*. C'est un monde qui correspond à celui de la *Magia-Imaginatio* de Jacob Boehme, un troisième règne comme celui qui est instauré par l'alchimie ismaélienne de Jâbir ibn Ḥayyân. Il prend naissance à *l'illuminatio matutina* et constitue l'« Orient moyen ou intermédiaire », tel que le désigne Sohravardî [1].

Est-ce dans ce monde intermédiaire qu'il faut d'abord se trouver, ou se retrouver, pour rejoindre plus haut encore ? D'où faut-il partir, et comment ? C'est ce voyage mystique que tente maintenant de nous décrire le *Récit de l'Exil occidental*.

2. – *Le Récit de l'Exil occidental*. – Ce récit est exceptionnellement écrit en arabe ; en octobre 1943, j'eus cependant la bonne fortune d'en découvrir dans une bibliothèque de Brousse en Turquie, une traduction persane accompagnée d'un commentaire également en persan [2]. Ce dernier est du même type, il est vrai, que ceux qui ont été donnés du *Bruissement de l'Aile de Gabriel*, ou de cet autre subtil petit roman sohravardien intitulé le *Familier des Amants mystiques* [3], qui sans être à la première personne expose avec une délicatesse admirable la naissance de la triade cosmogonique formée

1. *Moṭâraḥât* in fine, § 224.
2. Cf. *Prolégomènes I* p. XVII, n. 21 [*supra* p. 15 n.].
3. Cf. *Motifs* p. 46 [Voir surtout l'*Archange empourpré* pp. 291-329.]

de Beauté, Amour et Tristesse. Et l'on peut se demander quelle est en fin de compte la portée de ces commentaires. Sans doute offrent-ils comme une première clef pour un premier déchiffrage de symboles déroutants. Mais ils tendent toujours à substituer au drame personnellement vécu, une suite de banalités philosophiques édifiantes. Du même coup aussi, voulant « expliquer » les symboles en les « réduisant » à des significations rationnelles, ils tendent à leur destruction. Mais si l'on nous dit, par exemple, que l'Ange signifie ou représente telle ou telle force cosmique, faut-il que pour cela il n'y ait plus d'Ange ? La progression dans le monde des symboles n'exige-t-elle pas au contraire une puissance de Comprendre qui *cohère* la *coexistence* du symbolisant et du symbolisé, de l'hypostase *personnifiante* et du *personnifié,* du processus *psychique* et du phénomène projeté ou perçu par lui dans la *physis* ? Si la virtualité du mythe s'épuisait en une substitution définitive, il cesserait précisément d'être un mythe et un « chiffre » pour n'être plus qu'un dogme.

On peut dans notre *Récit de l'Exil occidental*, après un court prélude, distinguer trois actes : La captivité en exil et l'évasion. Le pèlerinage du Retour. L'arrivée à la Source de Vie et la montée au Sinaï.

Dans le court prélude, l'auteur rapporte qu'ayant lu l'histoire de Ḥayy ibn Yaqzân (œuvre d'Avicenne) il la trouva, en dépit des suggestions profondes qu'elle contient, dépourvue d'allusions à la Sublime Montagne (*al-Ṭûr al-A'ẓam*), celle qui est la Grande Épreuve (*al-Ṭâmmat al-Kobrâ*) cachée dans les mythes des Sages et dans l'histoire de Salâmân et Absâl, et à laquelle s'ordonnent les « stations » des mystiques. Aussi entreprend-il d'en dire quelque chose lui-même sous forme d'un récit personnel.

Lisons le « début du récit » qui se laisserait difficilement résumer : « Lorsqu'avec mon frère 'Âṣim, je me mis en voyage depuis la région au-delà du fleuve vers le pays d'Occident, afin de donner la chasse à une bande d'oiseaux des rivages de la Mer Verte, voici que nous tombâmes soudain dans " la ville dont les habitants sont des oppresseurs " (Qorân 4:77), je veux dire la ville de Qairawân. Lorsque ses habitants s'aperçurent tout à coup que nous arrivions sur eux et que nous étions des enfants du célèbre Sage al-Hâdî ibn al-Khair le Yéménite, ils nous cernèrent, nous garrottèrent avec des chaînes de fer et nous jetèrent prisonniers dans un puits à la profondeur sans limite. »

Voici maintenant ce que le commentateur nous invite à comprendre. « Mon frère 'Âṣim » (litt. le Préservé, l'Inviolable) désigne la faculté contemplative ou théorétique qui est la propriété de l'âme sans participation du corps. La « région au-delà du fleuve » (au sens géographique littéral la Transoxiane) désigne le monde céleste. Les oiseaux de la Mer Verte, ce sont les choses sensibles que le gnostique doit par la Connaissance élever, en s'élevant avec elles, à l'état intelligible. Le pays d'Occident désigne l'univers matériel. C'est là une identification déjà accomplie par la gnose manichéenne, lorsqu'il est dit par exemple que Mani en mourant quitte l'Égypte [1]. La ville la plus extrême de cet Occident qui marque l'extrême déclin vespéral de l'être de Lumière issu du monde céleste et qui est donc l'antipode de l'*Ishrâq*, de l'*illuminatio matutina*, c'est Qairawân. C'est à la fois le propre corps matériel où est jetée l'âme, et tout l'univers des corps, univers des oppositions, des

1. Cf. Andreas-Henning, *Mitteliranische Manichäica*, III, p. 18.

guerres et des tyrannies, qui font des gens de ce monde des oppresseurs. Enfin, sous les noms du Sage qui est le père des deux jeunes frères (litt. le « Guide, fils du Bien ») le commentateur décèle une allusion à l'Émanation primordiale et au Νοῦς cosmique. Pourquoi le « Yéménite » ? C'est que l'Arabie du Sud, le Yémen et le pays de Saba, jouent un grand rôle dans ce symbolisme mystique. En fait, comme le souligne le commentateur, « Yémen » signifiant le « côté droit » typifie ce côté droit de la vallée d'où la voix divine interpella Moïse du fond du buisson ardent (Qorân 28:30). Il équivaut même souvent au terme d'*Ishrâq*. C'est ainsi que Mîr Dâmâd, le grand maître de philosophie à Ispahan sous Shâh 'Abbâs, opposera à la philosophie péripatéticienne ou *hellénique,* la « philosophie yéménite ». Et il n'est pas sans intérêt de relever que le biographe de Christian Rosenkreutz ait conduit son héros à la « queste de la Connaissance » jusque chez les Sages du Yémen [1].

Au-dessus du puits profond où sont jetés les captifs, poursuit le récit, s'élevait très haut un château pourvu de tours où il leur était permis de monter pendant la Nuit seulement. Dès que le Jour réveillait les sens et en sollicitait l'activité, ils devaient redescendre au fond de leur puits. Notons bien en effet que c'est cette condition *nocturne* qui autorise l'ascension spirituelle au château formé de Sphères célestes. Et peut-être cela donne-t-il au texte une portée tout autre que celle prévue par la cosmologie toute conformiste du commentateur. Si ce dernier, comparant cette prérogative du sommeil à celle de la mort, cite le verset qorânique (39:43) : « Dieu

1. Cf. Kienast, *Johann Valentin Andreae und die vier echten Rosenkreutzer-Schriften* (Polsestra 152). Leipzig 1926, pp. 113 sq.

reçoit les âmes au moment de leur mort, et Il reçoit aussi celles qui sans mourir sont dans le sommeil », – certaine exégèse ismaélienne de ce même verset nous engage en une toute autre profondeur [1]. Nous pressentons que cette Nuit qui rend possible et légitime l'échappée pourrait bien être, ici même, le sens ésotérique (*bâṭin*) qui constitue la gnose, l'herméneutique spirituelle (*ta'wîl*) propre à l'Ismaélisme et dont l'Imâm est le gardien. Cette Nuit du sens ésotérique s'opposerait au Jour de la lettre extérieure de la Loi religieuse, Jour qui n'est en fait qu'une Ténèbre asservissant les corps, les esprits et les âmes.

Quoi qu'il en puisse être, chaque nuit les captifs contemplent le vaste espace à quelqu'une des fenêtres, tandis que les colombes du Yémen viennent leur donner des nouvelles de la région interdite. Or, après de longues attentes, voici que par une nuit de pleine lune la huppe, l'oiseau familier de la reine de Saba, pénètre par la fenêtre. Elle apporte « du pays de Saba des nouvelles certaines » (Qôran 27:22). « Tout est expliqué, dit-elle, dans un billet que je vous apporte. Or voici ce qui était écrit : Ceci vous est adressé par al-Ḥâdî votre père. Au nom de Dieu, le Clément, le Miséricordieux! Nous soupirons après vous, mais vous n'éprouvez aucune nostalgie. Nous vous appelons, mais vous ne vous mettez pas en route. Nous vous faisons des signes, mais vous ne comprenez pas... Toi, ô un Tel, si tu veux te délivrer en même temps que ton frère, ne tardez pas à vous résoudre au voyage. Agrippez-vous à notre câble. »

Suivent alors, voilées sous le sens spirituel de citations qorâniques, des indications sur la mise en route et les

1. Cf. Strothmann, *Gnosis-Texte der Ismailiten*, Göttingen 1943, p. 55, l. 3 du texte arabe.

étapes du voyage, c'est-à-dire sur la rupture des attaches matérielles qui doit rendre libre pour suivre le libre essor de la huppe dans laquelle le commentateur voit typifiées l'inspiration mentale et l'imagination active. Le moment décisif est celui où s'exécute l'ordre contenu dans le billet et répétant l'ordre donné à Noé : « Monte dans le vaisseau et dis : Au nom de Dieu ! qu'il vogue et qu'il jette l'ancre ! (11:43) »

C'est maintenant ce voyage qui forme le second acte de notre récit. La huppe, l'inspiration mentale, prend les devants pour guider les voyageurs. « Le soleil était au-dessus de nos têtes, dit le narrateur, lorsque nous arrivâmes à l'extrémité de l'ombre. » Le commentateur se tire ici d'affaire en transposant en termes de l'hylémorphisme péripatéticien. Le Soleil serait la Forme, l'ombre la Matière. Le moment serait la séparation pour les âmes individuelles, de la Matière et de la Forme. En vérité, on ne voit pas bien comment alors la suite des événements rapportés serait encore possible. On discerne plutôt que la théorie hylémorphiste s'adapte difficilement aux exigences d'une vision dans laquelle s'opère essentiellement une transmutation psychique. Celle-ci requiert un autre mode de notation, telle que la notation empruntée communément à l'alchimie. Aussi bien le « Soleil au méridien » évoque-t-il ce moment de la vision de Zozime où, derrière le porte-épée venant de l'Orient, apparaît un autre personnage portant un objet de forme ronde, d'une beauté et d'une blancheur éclatante, dont le nom est *Position du Soleil au milieu du Ciel*[1]. C'est précisément cette position au

1. Cf. C. G. Jung, *Einige Bemerkungen zu den Visionen des Zozimos* (Eranos-Jahrbuch 1937/V), p. 23, et *Die verschiedenen Aspekte der Wiedergeburt* (*ibid.*, 1939/VII), p. 431, n. 1.

méridien (en pleine Nuit, par conséquent, du sensible) qui caractérise ailleurs pour Sohravardî le monde intermédiaire de l'Imaginal, compris entre l'Orient majeur du monde angélique et l'Orient mineur de la *cognitio matutina*, celle-ci étant l'aurore qui annonce l'eschatologie du monde sensible matériel, l'écroulement de la cité des oppresseurs, comme le suggère ce verset qorânique : « Je sus que pour mon peuple le temps où doit s'accomplir la menace est le *matin* (11:83). » Le narrateur emprunte ensuite ses figures aux épisodes qorâniques concernant Noé (sourate 11), Moïse et Alexandre dit Dhû'l-Qarnain (sourate 18), tous comme typifications de la Queste de la Source de Vie. À l'arche de Noé vient se substituer, comme en transparence, le vaisseau dans lequel Moïse voyage avec un mystérieux inconnu (sourate 18).

Les pèlerins connaissent maintenant leur but : gravir la montagne du Sinaï pour visiter l'oratoire de leur « père ». Ils voguent « au milieu de vagues hautes comme des montagnes » (11:44) et, dit le narrateur prenant à son compte l'épisode où le fils de Noé trouva sa perte, « entre moi et mon fils, les flots s'élevèrent nous séparant, et il fut parmi les engloutis (11:45) ». Ce fils serait, selon le commentateur, le *pneuma vital*. À cette séparation en succède bientôt une autre. On arrive à un endroit où les flots s'entrechoquent avec violence; le narrateur jette dans la mer la nourrice qui l'avait allaité, et dans laquelle le commentateur voit le *pneuma physique* (*rûḥ ṭabî'î*). Alors sans transition vient se substituer l'épisode où Moïse assiste à l'un des actes incompréhensibles de son compagnon : les pèlerins font des déchirures dans l'enveloppe de leur vaisseau (cf. 18:70). Bientôt celui-ci leur fait doubler au versant gauche de la montagne de Jûdî (celle où aborda l'arche de Noé 11:46) l'île de Yâjûj et Mâjûj (Gog et Magog) ; le pieux moralisme du commentateur n'y découvre pas autre chose que les pensées vaines et l'amour du monde. Cependant la mention de ces deux noms ménage une transition naturelle vers l'épisode d'Alexandre élevant pour un peuple sans défense une barrière puissante contre les hordes de Gog et de Magog (cf. 18:92 sq.).

L'herméneutique toute personnelle de Sohravardî dévoile ici un peu de son secret : le récit concernant un état passé est toujours posé dans le présent, de telle sorte que le verset qorânique est non pas rapporté en style indirect d'une citation, mais parlé, re-cité en style direct, à la 1re personne. Le terme arabo-persan *ḥikâyat* qui désigne le « récit historique », équivaut d'abord au grec μίμησις, « imitation ». Il désigne une figure de grammaire arabe où l'on reprend un terme dont s'est servi l'interlocuteur en le mettant au cas où il avait dû le mettre lui-même, quitte à commettre soi-même un solécisme (équiv. en latin : *Ambos puto esse Qoreischitas? – Non sunt Qoreischitas!*)[1]. La conversion du Temps qu'opère l'appropriation personnelle des situations qorâniques, ce passage au style direct, comporte ainsi une ontologie de l'Histoire, dont le « solécisme » défie le « Temps historique ». C'est ainsi conditionné par une conversion qui suspend le Temps, que le *récit d'initiation* peut et doit énoncer au présent la répétition de l'archétype[2]. En d'autres termes : c'est cette tropologie, cette anaphore, qui en exhaussant le texte « au

1. Sur la notion de la *ḥikâyat* voir *En Islam iranien...* t. IV, index s.v. *ḥikâyat*.
2. Aspect sohravardien du problème étudié par Mircea Eliade dans *Le Mythe de l'éternel retour*, Paris, 1949.

présent » de la subjectivité, en permet le « ré-cit » à la 1re personne. C'est elle, par exemple, qui permet à l'auteur de s'approprier encore l'épisode d'Alexandre, de l'élever à la hauteur d'un *mythe* spirituel et de le vivre au présent. « Des génies, dit-il, travaillaient à mon service et je disposais de la source du cuivre fusible. Je leur dis : Soufflez (sur le cuivre) jusqu'à ce qu'il devienne semblable au feu (cf. Qorân 18:95). J'élevai alors une barrière, je fus à l'abri de Gog et de Magog, et réalisai la vérité du verset : La promesse de ton Seigneur est vraie (18:98). »

Mais désormais, le procédé de la *ḥikâyat,* le récit des états mythiques situant le processus psychique, intériorise non plus seulement le texte sacré, mais le « texte cosmique ». C'est une intériorisation du firmament et des Sphères qui se produit : l'astre prend un sens intérieur, analogue à celui de *l'astrum* ou *sidus* chez Paracelse [1]. Ici, à chaque astre et à sa sphère correspond une faculté de l'âme. L'émergence hors du cosmos, hors de la Sphère des Sphères, est pour le mystique la représentation physique de son émergence hors des Cieux intérieurs à chacun desquels correspond une faculté de l'âme. Le voyage spirituel s'accomplit alors comme une méditation active prenant comme supports les membres et organes de cette physiologie astrale intérieure, ce qui n'est pas sans rappeler le procédé du Tantra-Yoga indien ou chinois [2]. De là aussi la série d'épisodes, d'apparence à la fois grandiose et incohérente, que fait se succéder le narrateur : « Je pris les deux fardeaux avec les Sphères et les plaçai avec les

1. Cf. C. G. Jung, *Der Geist der Psychologie* (Eranos-Jahrbuch 1946/XIV), pp. 430 ss.
2. Cf. Erwin Rousselle, *Seelische Führung im lebenden Taoismus* (Eranos-Jahrbuch 1933/I).

génies dans un vase de forme ronde que j'avais fabriqué, et sur lequel des lignes traçaient des sortes de cercles. Alors je coupai les courants qui jaillissaient du centre du Ciel. Lorsque l'eau fut tarie au moulin, l'édifice s'écroula, et l'air s'échappa vers l'air. Je lançai la Sphère des Sphères sur les Cieux, afin qu'elle broyât le Soleil, la Lune et les astres. Alors je m'échappai des quatorze cercueils et des dix tombes. »

Le commentateur s'ingénie ici à établir un compte minutieux de correspondances aussi banales que peu convaincantes, tandis que le récit se poursuit par-delà les signes du Zodiaque. Dominant alors le monde et les intermondes, le pèlerin mystique perçoit la musique des Sphères qui le fait défaillir d'allégresse. C'est en quelque sorte le prélude musical au troisième acte du dramatique pèlerinage.

Ce troisième acte est constitué de deux rencontres; il connaît les pleurs de joie et les cris de détresse, ce n'est pas encore la résolution finale de la dissonance « occidentale ». « Je sortis enfin des grottes et des cavernes, poursuit le narrateur, me dirigeant vers la Source de la Vie. Alors j'aperçus le Grand Rocher à la cime d'un mont semblable à la Sublime Montagne. J'interrogeai les poissons qui étaient rassemblés en la Source de l'immortalité, jouissant dans un calme bonheur du sublime ombrage que projetait sur eux cette montagne et ce rocher. Cette haute montagne, quelle est-elle donc? demandai-je. Et qu'est-ce donc que ce Grand Rocher? L'un des poissons, ayant choisi son chemin dans la mer, vint me dire : Cela, c'est ce que désira toute ton ardeur; cette montagne est la Montagne du Sinaï et ce Rocher est l'oratoire de ton père. – Mais ces poissons, dis-je, qui sont-ils? – Ce sont autant d'images de toi-même. Vous êtes les fils d'un même père. Épreuve semblable à la tienne les avait frappés. Ce sont tes frères. »

Ayant reçu leurs congratulations et effusions, le pèlerin mystique gravit la haute montagne. Il voit un Sage d'une telle beauté et d'une telle lumière qu'il en est presque anéanti d'émotion. Lorsque ses larmes lui permettent de parler, il évoque la prison de Qairawân. « Courage, lui est-il répondu avec douceur, tu es maintenant sauvé. Cependant il faut que tu retournes à la prison occidentale, car tu n'as pas encore totalement dépouillé les entraves. » Cette perspective affole le pauvre pèlerin : « Je gémis, criant comme crie celui qui est sur le point de périr. » Mais en réconfort il reçoit l'assurance qu'une fois retourné à sa prison, il pourra revenir au paradis du Sinaï chaque fois qu'il le voudra, jusqu'à ce que totalement délivré, il puisse quitter définitivement le Pays occidental.

Dans le ravissement que suscite en lui cette promesse, le mystique reçoit communication de l'ultime mystère de son origine. Le Sage montre le Sinaï qui est sa demeure, mais plus haut il est encore un autre Sinaï, celui où réside son propre « père », le πρόγονος, en style des écrits hermétiques, de l'Enfant terrestre issu de lui. Son rapport avec Celui qui le précède et l'a lui-même engendré, est analogue, dit-il, au propre rapport qui l'unit à cet humain qu'à son tour il a engendré. « Je suis une partie de lui, comme à mon tour je te contiens. » Et au-dessus du Sinaï de son πρόγονος il en est d'autres encore, jusqu'à ce que la filiation aboutisse à l'Insondable, celui que nul être ne devance dans l'être, Lumière de la Lumière à laquelle s'originent toutes les lumières.

De toute évidence ici, le Sage beau et lumineux que cherchait le mystique et qui l'accueille comme son « père », est l'Ange qui figure au rang inférieur de la hiérarchie archangélique comme l'Ange Gabriel ou

Ange de l'Humanité. Toutefois ce n'est pas seulement la perspective de l'angélologie classique du néoplatonisme arabo-persan qui s'ouvre ici. L'angélologie de Sohravardî laisse entrevoir le drame précosmique qui est à l'origine de l'« Exil occidental » où sont retenus les êtres de lumière, le mystère caché dans le symbolisme des deux ailes de l'Ange Gabriel, dont l'une est obscurcie par la Ténèbre. Dans ce symbole, l'intuition pourra saisir comment « imaginer » le rapport et la rencontre de l'homme et de son Ange, mystère sur lequel devaient trébucher les commentateurs, car il n'est pas inscrit dans le schéma de la philosophie ni de la théologie exotérique. C'est qu'au terme du *Récit de l'Exil occidental*, l'*unio mystica* s'accomplit entre une âme humaine et un être de lumière qui n'est pas le Dieu absolu et transcendant de la théodicée ou de la Loi religieuse positive. Cette union postule une angélologie théogonique qui fait éclater le cadre d'un monothéisme abstrait et qui est celle de toute gnose.

Mais achevons la lecture du Récit. L'élargissement du *tempo*, dans les toutes dernières phrases formant le postlude, trahit la nostalgie pour laquelle cette vision ne serait qu'un récit au passé, si la promesse reçue de l'Ange n'en faisait le *récit* d'un toujours imminent *avenir*. « C'est de moi qu'il s'agit dans ce récit, car la situation a été bouleversée contre moi. De l'espace supérieur je suis tombé dans l'abîme de l'Enfer, parmi des gens qui ne sont pas des Croyants; je suis tenu prisonnier dans le pays d'Occident, mais je continue d'éprouver une certaine douceur que je suis incapable de commenter. Cette détente, ce fut une de ces suites de songes qui rapidement s'éloignent. Sauve-nous, ô mon Dieu, de la prison de la Nature et des entraves de la Matière. »

Ici finit le *Récit de l'Exil occidental.* On doit reconnaître que le jeune maître de l'*Ishrâq* possédait une imagination configuratrice assez puissante pour insuffler la vie à ses propres philosophèmes, les « visualiser » et les sentir comme les personnages de son propre drame. Exemple partout très rare; peut-être unique dans le contexte de la philosophie arabo-persane.

3. – *Le symbolisme alchimique.* – Il nous faut maintenant condenser en quelques mots un premier enseignement qu'il nous est possible d'en tirer. La fin du *Récit de l'Exil* nous pose la question de ce que j'appellerai une « angélologie fondamentale », en tant que celle-ci révèle une Ordination de l'être dans laquelle est à retrouver la structure intégrale d'un existant humain. Deux phases de nos remarques nous ont principalement signalé la voie s'ouvrant devant notre enquête : celles référant à la gnose ismaélienne, et celles référant au symbolisme alchimique. Les premières nous montreront leur importance dans la suite. Les secondes sont à retenir dès maintenant.

Dès le prélude une curieuse observation s'impose. Les termes dans lesquels est rédigé le mystérieux billet que la huppe transmet du pays de Saba, concordent presque littéralement avec l'invitation que la Pierre des Sages adresse aux philosophes dans le *Livre des Douze Chapitres* attribué à Ostanès le mage perse : « Cette pierre vous interpelle et vous ne l'entendez point; elle vous appelle et vous ne lui répondez pas. O merveille! Quelle surdité bouche vos oreilles! Quelle extase étouffe vos cœurs! [1] » Ayant perçu cette résonance, nous nous

1. Cf. Bidez-Cumont, *Les Mages hellénisés*, Paris 1938, II, p. 345.

demanderons : l'alchimie serait-elle *une* interprétation du *Récit de l'Exil occidental* parmi d'autres interprétations possibles, ou bien au contraire l'horizon de l'Œuvre alchimique ne serait-il pas d'une compréhension telle que plutôt le *Récit de l'Exil* s'offrît comme une formulation particulière de son symbolisme ?

Si nous optons pour la seconde alternative, c'est en engageant la recherche à la lumière des résultats si féconds que nous devons aux analyses de C. G. Jung. C'est également en présupposant la phénoménologie que requiert au préalable toute enquête : savoir à quelles conditions un phénomène s'épiphanise, quelle chose le sujet *se* montre *à lui-même* et comment il se la montre, en suivant l'indication que donne le verbe ἀποφαινεῖσθαι rigoureusement pris à la voix moyenne. Or, la *materia prima* sur laquelle travaillent les alchimistes n'est pas une matière chimiquement constatable ni même un processus pensable en termes de chimie moderne. Il s'agit essentiellement d'un phénomène psychique. Si l'on interroge sur l'organe essentiel de l'opération alchimique, celui par lequel elle *se* révèle *à soi-même* son phénomène, nous savons que cet organe était désigné par les alchimistes latins comme *Imaginatio,* nullement au sens vulgaire que le mot imagination a en français (fictif, irréel), mais précisément *imaginatio vera et non phantastica* [1]. Cette Imagination au *sens vrai* est la capacité de produire un monde au sens même où toute la Création est une Imagination divine (comme pouvaient l'entendre un Boehme ou un Novalis). Elle réalise les choses *quae extra naturam sunt* [2], qui ne sont

1. Cit. du *Rosarium philosophorum* in C. G. Jung, *Die Erlösungsvorstellungen in der Alchemie* (Eranos-Jahrbuch 1936/IV), p. 25.
2. *Ibid.*, p. 39.

pas données dans notre monde empirique, dont il n'y a pas d'expérience sensible, ce pour quoi Jung lui reconnaît une nature d'*archétype a priori* [1]. Cet organe et ce monde sont représentés dans le Récit sohravardien par la huppe et le pays de Saba ou le Yémen, ou par la position du Soleil au méridien.

Le processus de cette *Imaginatio* est une méditation active, prolongée et créatrice, *immensa diuturnitas meditationis* (Ryland) [2], qui a le caractère d'un dialogue intérieur, *colloquium internum* de l'homme avec soi-même, avec Dieu ou avec son Ange. Or la structure du Récit d'initiation sohravardien est essentiellement ce dialogue. Aussi bien les conditions auxquelles nous faisions allusion précédemment et qui motivent le symbolisme de ces Récits, parce que l'évidence théorique et toute faite des œuvres dogmatiques ne pourrait produire l'entrée effective dans la Voie, ces conditions sont-elles identiques à celles qui imposent au magistère alchimique son secret et son symbolisme, parce qu'il consiste « en la relation avec les puissances invisibles de l'âme » [3]. Le fruit de cette méditation pourra être désigné comme sublimation de la Pierre, volatilité, ou comme « Ascension au Sinaï ». Le monde où il éclôt n'est ni celui d'une Matière existant en soi, ni celui d'une Forme abstraite, mais ce « royaume psychique des corps subtils » qui est le monde intermédiaire, l'Orient moyen se rendant présent à une *apprehensio aurea* (qui a la nature de l'*or*) [4].

1. *Psychologie und Alchemie*, p. 303.
2. Cit. in Jung, *Der Geist Mercurius* (Eranos-Jahrbuch 1942/IX), p. 234.
3. Cit. in Jung, Eranos-Jahrbuch 1936/IV, p. 31.
4. *Ibid.*, p. 35-36.

De façon plus précise encore, quel est ce fruit ? C'est la transmutation psychique que produit d'elle-même et en elle-même l'*Imaginatio vera,* comme étant la quintessence, un extrait concentré des puissances vitales, physiques-corporelles aussi bien que psychiques. Cette Imagination créatrice est, selon l'expression de Ryland, *astrum in homine, caeleste sive supracaeleste corpus* [1]. Ce dernier terme formule le mystère ultime de l'Œuvre alchimique. L'*Imaginatio vera* comme *subtile corpus,* « corps subtil », est à la fois l'organe et le fruit de sa propre hiérurgie : elle doit produire à l'acte le corps transfiguré de la Résurrection, celui que l'alchimie chinoise appelle « Corps de Diamant ». L'enfantement et la pérennisation du corps spirituel psychique, c'est cela la naissance de l'homme pneumatique [2].

Le travail le plus fécond que l'on entrevoit ici, serait une exhumation des textes aussi complète que possible, qui permette de mener synchroniquement l'étude de la tradition alchimique latine et l'étude du symbolisme alchimique en Orient et Extrême-Orient. Pour ne mentionner ici que l'Iran islamisé, on constate que le grand maître du soufisme à Kerman au XIVe siècle, Shâh Nimatollah Walî, à qui remontent la plupart des groupements soufis de l'Iran actuel, annote de sa main son propre exemplaire de Jaldakî (140 gloses) [3]. Aux confins du XVIIIe et du XIXe siècle, les maîtres de la renaissance du soufisme iranien, Nûr 'Alî Shâh et

1. *Ibid.,* p. 33.
2. *Ibid.,* p. 99 ; *The Secret of the Golden Flower,* p. 24 ; cf. déjà Mead, *The Doctrine of the subtle body in Western Tradition,* p. 18.
3. Ms. Teheran, Majlis, Fonds Tabatabaï n° 1105.

Mozaffar 'Alî Shâh, expriment à leur tour en notations alchimiques les phases du mystère de l'Union mystique [1]. Dans la gnose shaykhî, l'alchimie comme « physique de la Résurrection » a également un rôle prépondérant. Il y a donc comme une tradition iranienne persistante, depuis l'époque où l'alchimiste Zozime affirmait que le secret fondamental de l'alchimie était identique au mystère le plus caché de la religion de Mithra [2]. Dans le shî'isme iranien la tradition s'enchaîne au rôle initiateur du VIe Imâm, Ja'far Ṣâdiq, tel du moins que l'institue le *Corpus* des œuvres de Jâbir.

Or, parmi la masse de matériaux alchimiques arabes et persans encore inédits, je découvris récemment un traité attribué au célèbre mystique al-Ḥallâj, traité très abscons heureusement suivi d'un commentaire attribué à Ghazâlî et intitulé *Dévoilement des mystères des paillettes d'or* [3]. Les deux attributions sont très douteuses; elles ne changent rien au contenu des textes, et c'est cela qui nous importe ici. En effet, dans la première partie de l'opuscule, et dans le même ordre de séquence, figurent certains des symboles du *Récit de l'Exil occidental*. En sa seconde partie, le traité établit un synchronisme décisif entre la transmutation de la Pierre et l'angélomorphose ou déification de l'homme, la réciprocité du mystère de l'Anthrôpos et du mystère de l'alchimie.

Par un procédé de *ḥikâyat*, une exégèse tropologique « au présent » comme dans le *Récit de l'Exil*, on apprend

1. Cf. Izad Gashasp, *Nûr 'Alî Shâh*, Teheran 1946, p. 44 et 48.
2. Cf. Mead, *op. cit.*, p. 38.
3. *Kashf asrar al-shodhûr*, Teheran, coll. Javâd Kamâlian, majmû'a n° 5 fol. 78a-92b.

comment la Pierre mystique est séparée de la Terre impure qui est le fils de Noé englouti par le déluge. Ensuite la succession classique des épisodes de l'Œuvre alchimique (nigrification, albification, rubification, *nigredo, albedo, rubedo*) reproduisant l'ordre même du Récit sohravardien, figure, après la lacération du vaisseau, comme le passage par l'île de Gog et de Magog et comme le travail des génies avec le feu (Qor. 18:95), travail stimulé par un rappel du même verset qorânique qu'invoque l'épisode correspondant du *Récit de l'Exil* « jusqu'à ce que s'accomplisse (se véri-fie) la promesse de ton Seigneur (cf. 18:96) ». Et c'est bien de part et d'autre le même enfantement du corps de la Résurrection. Sohravardî s'assimilait « au présent » l'état d'un Alexandre mystique; ici, c'est le corps ainsi traité par le magistère qui est appelé *Dhû'l-Qarnain* « à deux cornes » (ou deux pointes ou deux tresses), dont l'une est la blancheur et l'autre la rougeur, Élixir lunaire *et* Élixir solaire, le masculin-féminin, *Re-bis* des alchimistes latins. Et notre texte ajoute : « Lorsque tu sais cela d'authentique science, tu connais la résurrection des morts. » Pour atteindre ce but, quatre montagnes sont à gravir : la montagne de *Qâf* (la mythique montagne enveloppante, la Pierre), celles de *Ṣad* et de *Nûn* (deux lettres arabes correspondant aux Éléments) et finalement la montagne du Sinaï (qui est au centre). D'autres correspondances seraient encore à retenir, telle l'idéologie « yéménite », le pays de la Reine de Saba comme Terre sacro-sainte où grandit le germe du corps subtil de la Résurrection.

Un épisode frappant du *Récit de l'Exil* nous retient enfin : le dialogue avec le Poisson qui habite en la Source de Vie. Jung analysant la sourate 18, a démêlé avec clairvoyance les implications de cet épisode du voyage de

Moïse où le serviteur laisse échapper le poisson qui alors reprend vie, en plongeant de nouveau dans son Élément : le poisson s'identifierait au mystérieux Khadir, et finalement au Soi suprapersonnel de Moïse lui-même [1]. C'est le *filius philosophorum*, le régénéré et éveillé à une vie nouvelle par son immersion dans l'Eau de la Vie, l'*Aqua permanens*. Il est significatif que cette identification se trouve comme confirmée par Sohravardî lui-même, en fin de son *Épître de l'Archange empourpré*. Au pèlerin mystique qui s'inquiète de savoir comment il franchira la montagne de *Qâf* puis la région des Ténèbres, afin de parvenir à la Source, l'Ange répond : « Quiconque se baigne à cette Source, jamais plus ne sera souillé. Celui qui a trouvé les significations de la Vraie-Réalité, celui-là est arrivé à cette Source. Lorsqu'il en émerge, il a atteint l'Aptitude, comme la goutte de baume que tu distilles dans le creux de ta main face au soleil, transpasse finalement jusqu'au revers. *Si tu es Khadir,* à travers la montagne de *Qâf* sans peine tu peux passer [2]. »

De la seconde partie du traité alchimique pseudo-ḥallâjien nous ne retiendrons ici que le fondement ontologique : il n'y a qu'un seul et même mystère, celui de l'Anthrôpos, en ce sens que le monde humano-divin depuis le sommet de l'Unitude divine jusqu'aux Éléments individualisés, symbolise en chacune de ses phases avec le monde alchimique de la Pierre. Il y a un Anthrôpos mineur et un Anthrôpos majeur (*Insânîyat soghrâ* et *Insânîyat kobrâ*). L'humanité mineure, c'est l'aptitude à recevoir graduellement la gnose. L'humanité majeure comporte deux degrés : 1° un degré qui est

1. Cf. Jung, Eranos-Jahrbuch 1939/VII, pp. 437 ss.
2. [Cf. l'*Archange empourpré*, p. 212.]

la « divinité mineure » (*Ilâhîyat soghrâ*), première participation angélomorphique, aptitude à recevoir l'ensemble des Noms divins, ce qui alchimiquement est le moment de la lacération du vaisseau, la dissolution par l'Eau et le Feu, lorsque par le magistère la Pierre devient apte à recevoir l'Effusion de l'*Élixir lunaire*. 2° À son tour, ce degré marque l'aptitude à recevoir l'*Élixir solaire,* lequel désigne alchimiquement la « divinité majeure » (*Ilâhîyat kobrâ*). Alors sont ouverts au double Adam tous les trésors hiérosophiques et hiérurgiques [1], les trésors de la Lumière des Lumières, car « l'Élixir lunaire est Lumière et l'Élixir solaire est Lumière de la Lumière ». Mystère de la Résurrection (*tu es ejus minera et de te extrahitur,* énonce le *Rosarium*) [2], l'annonce de la transmutation alchimique est par essence une annonciation eschatologique. Et c'est pourquoi au début du *Récit de l'Exil,* Sohravardî pouvait référer à la Montagne du Sinaï comme à la Grande Épreuve.

Ainsi nous sommes ramenés au terme et principe du *Récit de l'Exil occidental.* Ce que nous en avons dégagé finalement, c'est que la réunion du « Moi occidental » enténébré et du « Moi oriental » de lumière est l'Événement eschatologique qui ne peut être anticipé par la conscience qu'en de fugitives atteintes. Ce dont nous a instruits l'expérience alchimique, c'est de son lieu et organe, *Imaginatio vera,* dialogue intérieur, et de son fruit le *corpus subtile.* Dialogue intérieur qui donne l'être en l'Imaginant, crée celui que les alchimistes latins appelaient *Infans noster* et le fait traverser « pareil à la

1. *Al-ma'ârif al-qodsîya wa taqdîrât al-'ilm al-ilâhî.*
2. Cit. in Eranos-Jahrbuch 1939/VII, p. 429.

goutte de baume » la montagne de *Qâf* pour atteindre à la Source de Vie et au Sinaï.

Les dialogues sohravardiens exhaussent la vision à un horizon plus haut encore que celui de « l'homme et son âme »; ils posent le motif de « l'homme et son Ange ». Dès lors, si la réunion à l'Ange est *le* motif eschatologique, il convient d'en approfondir l'essence. Qu'est-ce que l'homme et son Ange ? Sohravardî aussi bien que les alchimistes ont encore beaucoup à nous apprendre sur ce point, dans le motif de la « Nature Parfaite ». Et si la réunion avec l'Ange est l'Événement de l'*eschaton,* il convient d'en saisir l'archétype principalement là où la réunion au Double céleste constitue par excellence l'Eschatologie, l'accomplissement final, à savoir dans l'eschatologie manichéenne et mazdéenne.

II. Le Mythe d'Hermès et la « Nature Parfaite »

Nos conclusions précédentes ont orienté notre recherche vers le motif de « l'homme et son Ange » comme motif d'une anthropologie ayant pour principe et terme une angélologie fondamentale. Ce motif, nous l'avons vu se préciser à la fin même du *Récit de l'Exil occidental,* là où nous discernions que l'*unio mystica* de l'âme avec l'être qui est son origine, se présentait comme l'accomplissement du moi personnel du mystique dans la personne de l'Ange qui, étant son Origine, est aussi le « lieu » de son Retour. La personne de l'Ange est en ce sens le « lieu » de la surexistence célestielle du mystique; ce n'est ni l'Abîme divin impersonnel et insondable, ni le Dieu extracosmique, à la fois transcendant et personnel, d'un monothéisme abstrait ou purement formel [1]. Mais dès que l'*unio mystica* avec l'Ange se précise comme une réunion de l'âme à *son* Ange, la recherche se trouve orientée vers une notion de l'Unique qui ne soit pas celle d'une unicité arithmétique, mais plutôt celle de l'Unité archétypique, uni*fique*, qui « monadise » tous les « uniques ». L'expérience qui réalise ce « chaque fois unique » de l'être retournant à son Unité, présuppose alors un *kath'ena,* quelque chose comme un kathénothéisme mystique. En même temps, la réunion de l'âme et de son Ange ne s'accomplit pas comme une fusion abolissant la polarité des deux termes dans une Unité simple. Elle commande une ontologie où l'individuation consomme non pas les solitudes de l'Unique, mais chaque fois le mystère de l'Unique qui est Deux, du Deux qui est Unique.

C'est pourquoi, l'interrogation la plus pressante portera maintenant sur la personne de cet Ange qui apparaît nommément dans les Récits sohravardiens. Deux questions surgissent tout d'abord. Si nous évoquons le symbolisme des deux ailes de lumière et d'obscurité en connexion avec les données des grands traités dogmatiques, la première sera celle-ci : quelle est la place de cet Ange dans la hiérarchie des hypostases célestes ou *Logoi* majeurs? Est-il le Premier, ou le Dixième? En même temps, les hésitations de commentateurs *Ishrâqîyûn* vont nous poser cette question : cet Ange est-il l'Ange-archétype de la nature humaine ou bien est-il l'Ange individuel que les textes hermétistes

1. C'est ce contraste même qui se fait sentir à l'origine des vicissitudes de l'avicennisme latin. [Voir *Avicenne* pp. 11 ss.; et in *Paradoxe du monothéisme,* Paris, éd. de l'Herne 1981, l'étude intitulée *Nécessité de l'angélologie,* pp. 97-190.]

rapportés par Sohravardî nomment la « Nature Parfaite » (*al-Ṭibâʿ al-tâmm*) ? Questions décisives dans le complexe desquelles prend naissance le mythe proprement sohravardien d'Hermès, dont l'intervention parmi les motifs ressuscités de l'ancienne Perse, configure le « néo-zoroastrisme » propre au maître de l'*Ishrâq*. Mais alors qui est cette « Nature Parfaite » ? Essentiellement l'annonce d'un mode d'être syzygique donnant à l'être terrestre un Double céleste, et dont nous voyons l'archétype le plus clairement manifesté dans les anciennes hiérosophies iraniennes. Mode d'être dont l'accomplissement est la hiérogamie que l'alchimie figure comme nouvelle naissance. Finalement ce motif alchimique du *Puer aeternus* dans sa signification eschatologique, nous placera au dénouement même d'une sophiologie iranienne qui résout le symbolisme des deux Ailes de Gabriel l'Ange de l'Humanité. Tels sont les quatre thèmes que nous examinerons rapidement ici, et dont l'approfondissement demanderait tout un volume.

1. – *L'Ange de l'Humanité et l'Ange d'Hermès.* – C'est en recherchant dans les textes quel rang dans la hiérarchie céleste revient à l'Ange du Sinaï, que nous verrons nous apparaître ce motif non pas comme un dilemme, mais comme le « chiffre » que l'angélologie fondamentale convie chaque être humain à résoudre. Plaçons-nous au cœur du schéma général que nous proposent aussi bien le *Livre de la Théosophie orientale* que le *Livre des Temples de la Lumière* [1]. L'Ordination de l'être répète à chaque degré des êtres la relation

1. [Pour le *Livre de la Théosophie Orientale*, le texte a été édité in Bibliothèque Iranienne, t. II ; et pour le *Livre des Temples de la Lumière,* voir la traduction in l'*Archange empourpré,* pp. 31-89.]

primordiale du Premier Archange avec la Lumière des Lumières; cette relation d'amour originel donne à chaque essence un Aimé dans le monde supérieur, qui est à la fois son Origine et son Guide. Chaque espèce est considérée comme étant la *théurgie* de son Ange propre, auquel chaque fois Sohravardî donne le nom qui le désigne dans l'angélologie mazdéenne. C'est ainsi que la théurgie constituée par l'espèce humaine dans son ensemble, a son Ange particulier : l'Ange Gabriel que Sohravardî identifie parfois avec l'Ange Sorûsh (le Sraosha de l'Avesta, Srôsh en pahlavî) [1], et de façon constante avec l'Esprit-Saint, selon l'identification qorânique approfondie par la gnose de l'Islam. Mais cet Ange, est-il dit, serait également cette Intelligence que les philosophes hellénisants nomment l' « Intelligence agente », et là s'origine une difficulté majeure fort bien discernée par un commentateur iranien de Sohravardî, Jalâloddîn Dawwânî, au XVe siècle.

Cette identification tendrait en effet à faire de l'Ange théurge de l'Humanité la Dixième des Intelligences selon le schéma cosmologique péripatéticien, c'est-à-dire l'Intelligence engendrée de l'Intelligence de la Lune [2]. Mais alors comment, au début de l'*Épître de l'Archange empourpré,* celui-ci peut-il répliquer au pèlerin mystique : « Je suis le *Premier-Né* des Enfants du créateur, et tu m'appelles jouvenceau ? » D'autre part s'il est exact que dans le *Récit de l'Exil* comme dans celui de l'*Aile de Gabriel,* l'Ange est le Dixième de la hiérarchie des

1. Cf. *Motifs,* p. 48. [Ainsi que *En Islam iranien...,* t. II, pp. 125-136.]

2. On ne pouvait rappeler ici en détails le schéma de la cosmologie avicennienne, ni le confronter avec celui d'al-Fârâbî. [Voir *Avicenne,* pp. 11 ss.]

hypostases, l'herméneute pour les humains du silence des mondes supérieurs, il est mentionné également que cet Ange est, comme tel, le Dixième des *Logoi* « majeurs », non pas le Dixième des *Logoi* « intermédiaires » lesquels sont les régents des sphères et correspondent aux Intelligences de la cosmologie hellénique. Les deux schémas se superposent, ils ne coïncident pas, et c'est pourquoi l'identification pure et simple de Gabriel l'Ange ou Esprit-Saint et de l'Intelligence agente est grosse de difficultés inextricables; peut-être est-elle l'accident typique de la rencontre entre philosophie hellénique et philosophie « yéménite ».

Mais la figure de l'Ange ne cesse de nous offrir l'énigme primordiale : il est le théurge et archétype de l'Humanité, et il nous est représenté pourvu de deux ailes : l'une de lumière, l'autre enténébrée. Dans leur symbolisme, le maître de l'*Ishrâq* saisit le secret de la sagesse des anciens Perses. En termes philosophiques, l'aile enténébrée marque, selon lui, la non-nécessité d'être, la contingence qui affecte, dès qu'on le considère *en soi*, *tout* l'univers manifesté à partir de l'insondable Lumière des Lumières, et non pas seulement la Dixième des hypostases archangéliques de Lumière. En outre, puisque celle-ci révèle au mystique qu'elle est la Première-Née de la Création et que bien avant lui elle est devenue elle-même mi-captive des ténèbres, elle révèle ainsi un drame originellement survenu dans son propre être d'Ange de l'Humanité, hors duquel on ne peut espérer comprendre le mystère de chaque humain respectivement issu de cet Ange, ni finalement résoudre le choix proposé aux commentateurs : l'Ange de la vision est-il l'Ange de l'Humanité ou l'Ange personnel d'Hermès ? Ce drame survenu dans l'Ange et dans chacune des exemplifications de son être, est précisément ce qui doit nous aider tout d'abord à découvrir la réponse à la question : l'Ange est-il le Premier ou le Dixième ?

Or, cette réponse nous l'entendons par excellence dans l'angélologie cosmogonique de l'Ismaélisme [1], laquelle connaît un drame mythiquement « antérieur » à l'apparition de l'Adam terrestre. À l'origine des origines, elle connaît une dyade archangélique (le Premier et le Second Archange, Intelligence et Âme, Logos-Sophia) qui est la Manifestation primordiale de la Déité insondable et inconnaissable, sans ipséité ni prédicat. De cette dyade procèdent Sept hypostases chérubiniques (*Karûbîyûn*) dont la Première, par une mystérieuse stupeur hésite et *tarde* à reconnaître et « accomplir » l'Unité de l'Unitude divine (le *tawḥîd*) ainsi que la primauté de l'Intelligence primordiale. S'*attardant* ainsi, elle perd son rang (le troisième dans la hiérarchie céleste) qui reste vide, et nonobstant son repentir qui est agréé, n'occupe plus que le Dixième. Drame qui est l'origine de l'enténèbrement de l'Aile gauche de Gabriel, et le figure avec une vigueur tout autre qu'un recours à la contingence philosophique. Devenu le Dixième du Plérôme céleste supérieur *et* le Premier de ce Plérôme angélique d'où procède et se « substancifie » le monde des Sphères célestes, Gabriel comme Ange de l'Humanité

est ainsi *en personne* le mystère de l'Anthrôpos originel souffrant dans la captivité des Ténèbres. Les humains qui sont ses « membres », c'est-à-dire les Élus à tous les degrés de la hiérarchie ismaélienne, ont pour sens et

1. Ce point sera repris dans nos *Recherches de philosophie ismaélienne,* comme suite à notre édition d'Abû Ya'qûb Sejestânî, *Kashf al-Mahjûb* (Bibliothèque Iranienne, vol. 1), Teheran-Paris 1949. [Voir *Temps cyclique et gnose ismaélienne,* Paris Berg international, 1982; abrév. ici *Temps cyclique.*]

tâche de leur vie, de l'aider à abolir cette Ténèbre en l'abolissant en eux-mêmes, de joindre leur effort à l'assistance (*ta'yîd*) des Célestes, grâce à quoi l'Ange remonte à son rang originel. Dans leur « existence à la manière de l'Ange », se vérifie et se réalise la nature archétypique de cet Ange, et là même va se trouver fondée la relation de l'individu humain à son Ange, ou à sa « Nature Parfaite ».

Les commentateurs se sont heurtés aux difficultés de l'analyse. C'est ainsi que tour à tour Dawwânî tend à identifier dans l'Ange-archétype (*Rabb al-Nû'*) la « Nature Parfaite » de la vision d'Hermès [1], tandis que Maibodî son élève, tend à discerner dans cette « Nature Parfaite » l'Ange-archétype en personne [2]. Ici donc une nouvelle interrogation concernant la personne de l'Ange vient doubler la première. Déjà la nature archétype de l'Ange théurge de l'Humanité nous suggère qu'il ne s'agit pas d'un dilemme, mais que la recherche doit s'orienter vers ce thème : si se manifeste sous le nom de « Nature Parfaite » l'Ange individualisé, quel est alors son rapport avec l'être individuel dont il est l'Ange, et quel est réciproquement leur rapport avec l'Ange-archétype ? Pour esquisser une réponse, un détour est nécessaire. Il nous faut passer par les textes où se révèle cette « Nature Parfaite », l'Ange d'Hermès, là même où s'origine le mythe proprement sohravardien d'Hermès.

Dans le grand *Livre des Entretiens* [3], Sohravardî évoque la vision célèbre au cours de laquelle Hermès

1. Dawwânî, commentaire du IVe Temple.
2. Maibodî, *Kitâb al-fawâtîḥ*, Teheran, ms. coll. Behrouz, fol. 51 s.
3. *Moṭâraḥât*, livre VI, chap. 9, § 193 (p. 464 de notre édition).

interroge la mystérieuse et belle entité-spirituelle qui se manifeste à lui et en reçoit cette réponse : « Je suis ta Nature Parfaite. » Dans le *Livre des Élucidations* [1] le mythe d'Hermès se précise. Hermès se tient pendant la nuit, dans le Temple de la Lumière, en présence d'un Soleil. Lorsqu'éclate la « colonne de l'aurore », il voit une Terre en train de s'engloutir avec des cités sur lesquelles s'était abattu le courroux divin. Nous retrouvons ici trait pour trait certains épisodes du *Récit de l'Exil :* le « Soleil de Minuit » (le plein jour de l'*Imaginatio vera* dans la Nuit des sens); l'*illuminatio matutina* se levant à l'Orient de l'Âme et annonçant l'eschatologie, l'écroulement de la cité des oppresseurs. Alors Hermès s'écrie : « Sauve-moi, toi qui es mon *père* », – et il entend cette réponse : « Agrippe-toi au câble du rayon illuminateur et monte jusqu'aux créneaux du Trône. » Il monte « et voici qu'il y avait une Terre sous ses pieds et il y avait un Ciel », Terre et Ciel dans lesquels les commentateurs (Shahrazûrî et Ibn Kammûna) reconnaissent le monde intermédiaire de l'Imaginal, le « Moyen Orient », c'est-à-dire le monde « où se spiritualisent les corps et où se corporalisent les esprits » (Moḥsen Fayz) et dans lequel on pourrait reconnaître quelque chose comme l'univers spirituel des visions de Swedenborg [2]. En outre Shahrazûrî, le commentateur, identifie dans l'être vers qui est lancé l'appel, l'Ange originateur (que nous avons vu le mystique rejoindre au Sinaï), en même temps qu'il discerne en

1. *Talwîḥât,* § 83. [Cf. *En Islam iranien...* t. IV, index s. v. ange, nature parfaite.]

2. Cf. Ernst Benz, *Emanuel Swedenborg, Naturforscher und Seher,* München 1948, v.g. pp. 416 sq. 434 ss. [Sur ce monde intermédiaire, monde imaginal, *mundus imaginalis,* cf. *Corps spirituel et terre céleste,* Paris, Buchet-Chastel 1979; abrév. ici *Corps spirituel.*]

Hermès l'âme du mystique lui-même, l'âme du Parfait. Nous voyons ainsi prendre naissance dans la hiérosophie de l'*Ishrâq*, quelque chose comme le mythe d'Hermès, héros de l'eschatologie mystique, en ce sens que par le processus de la *ḥikâyat*, chaque expérience « récitera » à son tour « au présent », à la 1re personne, l'expérience d'Hermès; chaque âme parfaite l'exemplifie, le re-cite, comme l'ont exemplifiée déjà les visions de Zarathoustra et de Kay Khosraw [1].

Dans certains de ses « Psaumes » encore inédits où souffle maintes fois un lyrisme extraordinaire, Sohravardî fait entendre la dominante de son hermétisme. C'est ainsi que dans le *Psaume du Grand Testament* [2] il s'écrie :

> « J'ai emprunté leurs feux aux météores et j'en ai embrasé le rivage. J'ai mis en fuite les troupes des démons afin qu'ils ne me voient pas montant vers les cohortes de Lumière. J'ai invoqué mon père en disant : Ô Ange de la Théurgie parfaite, toi le Proche de Dieu, toi le Très Noble! Prends-moi vers toi, afin que mon être se dilate à l'égal d'une splendeur de la Lumière divine. »

Et après une sorte de pèlerinage mystique visitant de hauteur en hauteur les Temples de l'Invisible, il conclut :

> « Tel est l'Impératif divin, conformément auquel a été gravé le hiérogramme d'*Hermès*. La

1. Cf. *Motifs* pp. 40 sq. [Voir aussi *Temps cyclique* et *En Islam iranien...* t. IV, index s.v. Kay Khosraw.]
2. [Voir le texte complet sous le titre : *Strophes du Grand Testament* in l'*Archange empourpré* pp. 485 ss.]

promesse y est scellée. Les Anges en sont les témoins, et ces témoins maintiennent les actuels compagnons des corps de chair. »

Ce pacte mystique est donc ce qui fonde la valeur exemplaire et exemplifiante de l'extase d'Hermès. Quant au contenu de la promesse, une autre invocation lyrique de Sohravardî, celle dédiée nommément à la Nature Parfaite, le préfigure ainsi :

> « Ô Toi, mon Seigneur et prince, mon Ange sacro-saint, mon précieux être spirituel, Tu es le Père au Ciel de l'Esprit et l'Enfant au Ciel de la Pensée. Tu es l'exclusivement voué ... au gouvernement de ma personne. Tu es celui dont la ferveur intercède auprès de Dieu, le Dieu des Dieux, pour compenser ma déficience. Toi qui es revêtu de la plus éclatante des lumières divines... je t'implore. Ah! que tu te manifestes à moi en la plus belle des épiphanies, que tu me montres la lumière de Ta face éblouissante. Que Tu sois pour moi le médiateur... que Tu enlèves de mon cœur les ténèbres des voiles [1]. »

Retenons essentiellement la qualification donnée à la Nature Parfaite, à la fois Enfantante *et* Enfantée. C'est une des variations multiples d'un même symbole, instituant une relation dont les termes peuvent changer de genre (l'Ange Esprit-Saint invoqué comme « père » dans le *Récit de l'Exil,* les gnostiques le concevaient comme Mère divine) ; mais le symbole revient toujours à suggérer l'inexprimable, ce devant quoi échouent les

1. Cf. *Motifs,* p. 49. [Voir surtout *En Islam iranien...* t. II, pp. 126-140.]

ressources du langage humain : le mystère d'une unité-duelle, d'un mode d'être en *dualitude* signifié ici dans la relation de l'homme à son Ange, celle que typifie la relation d'Hermès à sa Nature Parfaite et qui est le terme auquel aspire le héros des Récits sohravardiens d'initiation. Il nous importe donc de demander aux textes de la tradition hermétiste qu'a pu connaître Sohravardî, qui est cette Nature Parfaite, et quel mode d'être elle détermine dans l'existence humaine pour exemplifier en celle-ci la nature de l'Ange-archétype.

2. – *Hermès et la Nature Parfaite ou l'homme et son Ange.* – Le texte actuellement le plus accessible concernant la Nature Parfaite, semble être l'ouvrage de théurgie connu en latin sous le nom de *Picatrix* (déformation du nom d'Hippocrate), dont l'original arabe porte le titre de *Ghâyat al-Ḥakîm* (le But du Sage) et dont l'auteur doit avoir vécu vers le VIIIe siècle [1]. Il contient en effet une longue citation d'un certain *Livre al-Istamâkhîs* [2] dans lequel Aristote est censé prodiguer ses conseils à Alexandre, et l'instruire de la manière dont il convient d'invoquer la Nature Parfaite et la prier d'apparaître. Le texte mentionne en détail la célèbre vision à laquelle, après Sohravardî, ont inlassablement

1. [Pseudo-magrîtî, *Das Ziel des Weisen* I. Arabischer Text, hersgb, v. Hellmut Ritter, Leibzig 1933, pp. 187-188; « *Picatrix* », *Das Ziel des Weisen* von Pseudo-Magrîtî, transl. into German by H. Ritter and M. Plessner, London 1962, pp. 198-199. Sur le *Livre al-Istamâqhîs,* écrit hermétique pseudo-aristotélicien qui n'est connu qu'en arabe et qui est conservé dans un manuscrit de la Bodleienne (cat. Uri, n° 515), voir *ibid.*, p. 198, n. 2.]

2. Cf. L. Massignon, en appendice à Festugière, *La Révélation d'Hermès Trismégiste I,* Paris 1944 (appendice 3 : *Inventaire de la littérature hermétique arabe,* p. 394).

référé les *Ishrâqîyûn*. On apprend que la Nature Parfaite est « le secret caché dans la philosophie même », et que les philosophes n'ont cru pouvoir révéler qu'à ceux de leurs disciples qui étaient parvenus au degré parfait de la sagesse [1]. Elle est une entité-spirituelle (*rûḥânîya*) à laquelle les philosophes participent à des degrés divers et qu'ils ont nommée de différents noms (si déformés par l'écriture arabe que l'on n'en peut proposer encore aucune identification motivée).

> « Et voici, est-il dit, ce que rapporta Hermès : Lorsque je voulus mettre au jour la science du mystère et de la modalité de la Création, je rencontrai une voûte souterraine obscure, remplie de ténèbres et de vents. Je n'y voyais rien à cause de l'obscurité, et ne pouvais y maintenir de lampe à cause de la violence des vents. Alors se montra à moi pendant mon sommeil un être dont l'aspect était d'une grande beauté. Il me dit : Prends une lumière et place-la dans un verre qui la protège du vent; alors elle t'éclairera malgré eux. Entre ensuite dans la chambre souterraine; creuse en son centre et en extrais certaine image théurgique confectionnée selon les règles de l'Art. Lorsque tu auras extrait cette image, cesseront les vents de ce souterrain. Creuse alors aux quatre coins de celui-ci : tu mettras au jour la science des mystères de la Création, des causes

1. *Picatrix*, texte arabe, p. 187 (cp. avec l'exorde du *Récit de l'Exil*).

de la Nature, des origines et modalités des choses. Alors je lui dis : Qui donc es-tu, toi là ? Il me répondit : Je suis ta *Nature Parfaite*. Si tu veux me voir, appelle-moi par mon nom [1]. »

Ce récit que devait aussi s'approprier Balînâs-Apollonios de Tyane dans le livre arabe qui lui est attribué [2], se révélera d'une densité remarquable pour l'analyse psychologique : descente dans les profondeurs de la Psyché obscure; la fragile clarté de la lampe-conscience suffisant à « rompre le charme »; les secrets de la Création découverts aux sources mêmes des projections de l'âme projetant et configurant *son* monde; le tout s'accomplissant sous l'inspiration venue de plus lointain que l'âme consciente : la Nature Parfaite ou Ange qui l'origine, son Moi supérieur. Quant à la typologie de cette littérature d'initiation (découverte d'un livre de révélation dans une chambre souterraine, ou bien vision accompagnée d'une initiation orale) [3], elle s'exemplifie dans l'exorde des Récits sohravardiens comme au prologue du Poimandrès du *Corpus* hermétique; dans le *Pasteur d'Hermas* comme dans le Livre mazdéen de la Sagesse céleste (*Mênôkê-Xrat*) [4]; dans l'initiation de Zarathoustra près de l'Agathos Daimôn, telle que la mentionne la scolie sur l'Alcibiade [5], comme dans l'extase du roi perse Kay Khosraw, telle que la

1. *Ibid.*, p. 188.
2. Cf. Ruska, *Tabula Smaragdina*, Heidelberg 1926, pp. 132 ss.
3. Cf. Reitzenstein und H. H. Schaeder, *Studien zum antiken Synkretismus aus Iran und Griechenland*, p. 113.
4. *Ibid.*, pp. 14-15.
5. Cf. Jackson, *Zoroaster, the Prophet of ancient Iran*, New York, 1938, Ap. V, p. 231.

commente Sohravardî [1]. Le Noûs, l'Ange ou la Nature Parfaite suscite dans l'âme consciente une succession d'images (ou les étapes d'un voyage mythique), dans lesquelles l'âme (comme Hermès ayant mis le flambeau dans un verre) contemple la forme archétypique qui dès l'origine était déjà là.

Que l'Ange ou la Nature Parfaite ait ce pouvoir et cette prérogative, c'est bien ce qui découle d'un propos que le *Ghâyat al-Ḥakîm* prête à Socrate, en invoquant encore le témoignage d'Hermès [2].

> « Le Sage Socrate, est-il dit, déclara : On appelle la Nature Parfaite le *Soleil du Philosophe,* sa *racine* et son *rameau.* On demandait à Hermès : Comment arrive-t-on à connaître la Sagesse ? (var. : Comment y participe-t-on ? Comment la fait-on descendre ici-bas ?) Il répondit : Par la Nature Parfaite. On lui demanda : quelle est la racine de la Sagesse ? Il répondit : la Nature Parfaite. On lui demanda : quelle est la clef de la Sagesse ? Il répondit : la Nature Parfaite. On lui demanda alors : qu'est-ce donc que la Nature Parfaite ? Il répondit : c'est l'entité-spirituelle (ou céleste, l'Ange, *rûḥânîya*) du philosophe, celle qui est conjointe à son astre, celle qui le gouverne, lui ouvre les verrous de la Sagesse, lui enseigne ce qui lui est difficile, lui révèle ce qui est juste, lui suggère quelles sont les clefs des portes, pendant le sommeil comme à l'état de veille. »

1. Cf. *supra,* p. 14 n.
2. *Picatrix,* texte arabe, p. 194. [*En Islam iranien...* t. II, pp. 302-307].

On constate ici une si vigoureuse précision de traits personnels qu'une évocation du démon socratique se trouve d'ores et déjà dépassée, comme le serait également toute réduction simplificatrice au type de *daimôn paredros* connu de façons diverses dans beaucoup de religions de l'antiquité. Il est superflu d'ajouter qu'une interprétation de la Nature Parfaite la réduisant à une allégorie ou une métaphore, serait un parfait non-sens. Sa personne subtile, sa beauté, sa lumière, en font une apparition précise. Et surtout on n'invoque pas avec tant de ferveur, on ne reconnaît pas une telle prérogative et l'on n'attend pas le suprême bonheur de ce qui est éprouvé comme une allégorie. Or, cette ferveur n'est pas particulière à Sohravardî, nonobstant sa très personnelle *vision* de l'Ange. Dans l'entretien même d'Hermès avec sa Nature Parfaite rapporté par le *Ghâyat al-Ḥakîm*, celle-ci lui enseigne comment la prier et l'invoquer. Loin qu'il s'agisse de figuration théorique, nous voyons la piété envers l'Ange développer une liturgie dont la récurrence (au moins deux fois par an) en assure la perpétuelle Présence. C'est en quelque sorte la célébration intime d'une religion toute personnelle, comportant son cérémonial propre dans le secret d'un oratoire individuel (préparation de nourritures mystiques, sorte de communion finale) [1].

Voici la partie centrale de cette liturgie s'adressant aux quatre Natures visualisées comme hypostases de la Nature Parfaite (semblablement aux quatre Archanges du Trône cosmique) :

> « Je vous invoque, ô puissants, spirituels et sublimes Anges qui êtes la sagesse des Sages, la

1. *Picatrix*, texte arabe, p. 190 (on peut penser à la miniature reproduite en tête de l'*op. cit.* du P. Festugière).

> sagacité des pénétrants, la science des savants. Exaucez-moi ; apparaissez-moi ; rapprochez-moi de votre magistère, guidez-moi par votre sagesse, protégez-moi par votre force. Apprenez-moi à comprendre ce que je ne comprends pas, à savoir ce que je ne sais pas, à voir ce que je ne vois pas. Détournez de moi les dommages qui se dissimulent dans l'ignorance, l'oubli et la dureté de cœur, afin de me faire atteindre au rang des anciens Sages dans le cœur desquels la sagesse, la pénétration, la vigilance, le discernement et la compréhension avaient élu leur demeure. Habitez, vous aussi, dans mon cœur, et ne vous séparez pas de moi [1]. »

Or la suite du même livre nous offre un texte particulièrement riche d'enseignements pour le propos auquel nous nous attachons ici. Dans le chapitre consacré à l'exposé des liturgies astrales pratiquées par les Sabéens de Ḥarrân, nous lisons une invocation à Hermès qui reprend en partie, terme pour terme, l'invocation que la Nature Parfaite avait enseigné à Hermès à lui adresser à elle-même. Voici cette invocation s'adressant à Hermès [2] :

> « Tu es si caché que l'on ne connaît pas ta nature, tu es si subtil que tu ne peux être défini par aucune qualification, car... avec le masculin tu es masculin, avec le féminin tu es féminin [3],

1. *Picatrix,* texte arabe, pp. 189-190; [trad. allemande pp. 200-201.]
2. *Ibid.,* pp. 200-223. [Cf. *Temple et contemplation,* Paris, Flammarion 1981, les pages 144-190 *Temple sabéen et ismaélisme.*]
3. Cf. C. G. Jung, *Psychologie und Alchemie,* pp. 519-521.

avec la clarté du Jour tu as la nature du Jour, avec l'ombre nocturnale tu as la nature de la Nuit; tu rivalises avec elles toutes dans leurs Natures, et te rends semblables à elles dans leurs modes d'être. Ainsi es-tu. Je t'invoque par tous tes noms : en arabe, ô 'Otâred! En persan : ô Tîr! En rhomaïque : ô Hârûs! En grec : ô Hermès! En indien : ô Buddhâ!... Envoie vers moi une Énergie de ton entité-spirituelle par laquelle mon bras soit fortifié, qui me guide et me facilite la recherche de toutes les connaissances. Par Haraqiel [1], l'Ange qui est préposé à ton domaine, puisses-tu exaucer ma prière, entendre mon appel... »

Viennent alors les formules qui correspondent mot pour mot à celles que nous avons lues précédemment mais cette fois au singulier :

« (Puisses-tu) me guider par ta Sagesse, me protéger par ta force, me faire comprendre ce que je ne comprends pas, etc... » pour finir sur ces mots : « Habite aussi dans mon cœur par une Énergie émanant de ta Noble entité spirituelle qui ne se sépare pas de moi, et par une lumière qui soit mon guide dans tous mes propos. »

De cette étrange et frappante concordance [2] nous ne nous attacherons ici qu'à dégager un enseignement

1. Sur le nom de cet Ange, cf. *Le Livre d'Hénoch,* traduit sur le texte éthiopien par F. Martin, Paris 1906, p. 55 (Ire partie, chap. XX, vers. 6 : Saraqiel, Araquiel, Sariel).

2. Cf. encore sur Hermès Psychagogue « *tanquam praeceptor intermedius inter lapidem et discipulum* » cit. in Jung, Eranos-Jahrbuch 1939/VII, p. 428.

essentiel : ne nous figure ou préfigure-t-elle pas le mode de relation de l'âme à son Ange, d'Hermès à sa Nature Parfaite ? En ce sens que la transition de la liturgie hermétiste de la Nature Parfaite à la liturgie harrânienne d'Hermès, amène une identification entre les termes par lesquels Hermès invoque sa Nature Parfaite et ceux par lesquels Hermès à son tour est invoqué. Elle marque une phase du mouvement de configuration mythique qui relie l'un à l'autre les « moments » d'Hermès. Mais cette transition identifiante, d'un Hermès à l'autre, ne typifie-t-elle pas quelque chose comme la relation paradoxale que présupposent les premiers mots de l'invocation sohravardienne à la Nature Parfaite, la nommant comme celle qui enfante *et* celle qui est enfantée ? Hermès en préfigure mythiquement la situation réciproque : l'Enfantant-Enfanté, l'Invoquant-Invoqué, comme il y a la situation du Sauveur-Sauvé, relation déjà accomplie et toujours s'accomplissant.

Ce que l'on peut voir typifié dans le passage *idéal* d'une liturgie à l'autre, c'est en effet une conjonction et une transmutation, une hiérogamie de l'âme et de l'Ange, d'Hermès et de sa Nature Parfaite, déterminanant une *communicatio idiomatum,* un échange d'attributs entre l'Invoquant et l'Invoqué. (À comparer la prière d'Astrampsychos : « Viens à moi, Seigneur Hermès... je suis toi et tu es moi » [1].) Il en résulte alors un mode d'être si subtil (conjoignant le Masculin et le Féminin, la clarté du Jour et l'ombre de la Nuit, comme dans le symbolisme des deux Ailes) que l'invocation proclame l'impuissance du langage à le qualifier. Seul en effet le symbolisme alchimique tentera de le figurer

1. [Cf. R. Reitzenstein, *Poimandres,* p. 21.]

comme une nouvelle naissance (*Infans noster, Puer aeternus*). Mais aussi bien cette transition liturgique est-elle le lieu idéal où s'origine le mythe proprement sohravardien d'Hermès et sa Nature Parfaite. Hermès en est l'Enfant et il en est séparé; l'*eschaton* de son pèlerinage terrestre dans les Ténèbres doit s'accomplir comme une nouvelle naissance, un enfantement en lui-même de la Nature Parfaite, tel qu'il se conjoigne à elle dans une *dualitude* qui n'est plus la *dualité* de deux êtres distants ou juxtaposés, mais le mystère de *Deux* en un *Unique*. Et l'on est tenté de penser que si le dessin hermétiste accuse chez Sohravardî des traits aussi personnels (et personnalisants), c'est peut-être que la vision du Double céleste se renforce chez lui de traits que lui inspirent les hiérosophies de l'ancienne Perse, et qui déterminent ce complexe qu'est en propre le « sohravardisme », la doctrine de l'*Ishrâq*. C'est en effet dans celles-là que se trouve le plus expressément manifesté cet archétype d'un mode d'être syzygique qui donne à la Psyché terrestre un Double céleste de Lumière, et soumet à leur co-responsabilité l'achèvement de leur unité-duelle. Si la relation d'Hermès à sa Nature Parfaite nous met sur la voie de cette psycho-ontologie, c'est aussi en l'approfondissant que nous répondrons à la question initiale de leur relation à l'Ange-archétype de la nature humaine, et entreverrons une solution aux doutes des commentateurs.

Si le mode d'être réel de l'âme est non pas une solitude mais un être-en-dualitude, – si l'âme en son existence terrestre avec la conscience qui lui est propre, est le second membre d'un Tout dyadique dont le Moi supérieur ou céleste est le premier –, cela implique une ontologie rendant possible cette distance et distension que constitue sa présence au monde terrestre, et qui aussi en prévoie la résolution. Cela implique que l'âme ait non pas commencé d'être ici-bas, mais originée ailleurs, soit « descendue sur terre ». En simplifiant à l'extrême, on peut distinguer deux types dans le mode de présence que détermine cette descente sur Terre : il y a un type, disons platonicien, d'incarnation de l'âme descendant toute sur terre après un choix préexistentiel. Et il y a un type de descente de l'âme, disons gnostico-iranien, tel que cette descente résulte du dédoublement, de la déchirure d'un Tout primordial. Mais la possibilité de ce dédoublement doit être dès l'origine fondée dans la structure même de ce Tout, et c'est ce mode d'être que nous essayons de désigner comme « dualitude ». L'âme ainsi incarnée possède un « Pair-companion », un Double céleste qui lui vient en aide et qu'elle doit rejoindre, ou au contraire perdre à jamais, *post mortem*, selon que sa vie terrestre aura rendu possible, ou au contraire impossible, le retour à la condition « célestielle » de leur bi-unité. Cette ontologie de l'âme est connue bien au-delà des frontières de l'Iran (une même vision « sophianique » s'est imposée, peut-on dire, aux Cathares néo-manichéens, comme à un Novalis ou à un Boehme). Cependant les sources iraniennes manifestent primitivement, par excellence, l'archétype de ce mode d'être.

Dans le mazdéisme, les *Fravartis* (persan *Farvahar*) littéralement « celles qui ont choisi » (Lumière contre Ténèbres) ont préexisté aux âmes terrestres. Elles apparaissent d'abord comme les auxiliaires d'Ôhrmazd pour la défense du royaume de Pure Lumière face aux Contre-puissances des Ténèbres. Lorsque la Création fut produite à l'état matériel pour contribuer à cette défense, tous les êtres matériels eurent leur prototype dans des êtres célestes. C'est ainsi que les Fravartis ont été les Doubles célestes des âmes terrestres dont elles furent réciproquement chacune l'ange tutélaire (comme la Nature Parfaite à l'égard d'Hermès). Mais la théologie mazdéenne développa et modifia ce *theologoumenon*. Si finalement âme et Fravarti ont été identifiées l'une à l'autre, c'est parce que l'on concevait les Fravartis comme ayant accepté de quitter le royaume de Pure Lumière (un grand nombre d'entre elles dût-il succomber) pour venir combattre sur terre les Contre-puissances démoniaques. L'âme pure, fidèle à Ôhrmazd sur terre, est donc en fait la Fravarti même; elle en est la condition terrestre. Condition passagère qui n'abolit nullement, comme telle, la structure bi-unitaire. Car alors le Double de la Fravarti devenue terrestre est à concevoir comme sa Daênâ, c'est-à-dire comme son Moi céleste qui est la Lumière de sa foi préexistant à sa condition terrestre. La rencontre eschatologique qui confère sa suprême signification au motif de « l'homme et son Ange », a lieu alors entre la Fraverti et sa Daênâ. L'abolition de la dualitude n'est consommée que si la Fravarti succombe aux Ténèbres. Ce qui eschatologiquement s'offre alors à l'homme, c'est une fausse Daênâ, caricature de son humanité mutilée, reflet de lui-même réduit à lui-même [1].

Dans la « Liturgie de Mithra » jadis déchiffrée par A. Dieterich [2] on lit une invocation au « Corps Parfait » analogue à celui de l'invocation qu'Hermès adresse à sa Nature Parfaite. Le mage commence par invoquer Πρόνοια et Ψυχή (c'est-à-dire le Noûs et l'Âme du

1. On simplifie ici le schéma à l'extrême. C'est un des *loci* de la théosophie mazdéenne gros de « virtualités spéculatives » (ce dernier mot au sens de Schelling). [Voir *En Islam iranien*... t. IV, index s.v. Fravarti].

2. Cf. A. Dieterich, *Eine Mithra's Liturgie*, et Mead, *op. cit.*, p. 40.

monde), puis il s'adresse au Corps Parfait (« Ô Primordiale Genèse de ma genèse, Primordiale origine de mon origine! ») l'invoquant au nom des Quatre Éléments primordiaux et subtils qui le personnifient tour à tour (« Souffle [*pneuma*] primordial du souffle, du souffle qui est en moi, etc.) pour conclure sur une adjuration (« Toi, *Corps Parfait* de moi-même, façonné par un bras glorieux et une dextre impérissable ») le priant de transférer ce captif maintenant retenu en sa nature inférieure « à la Génération qui est libre de la mort »[1].

Sans doute avons-nous ici l'illustration du propos de Zozime identifiant le secret de l'Art alchimique et le mystère le plus caché des *Mithriaca*. Constitué comme la Nature Parfaite des quatre Éléments divins, subtils et simples, opposés aux Éléments matériels et grossiers dont le mélange conditionne le corps physique, ce Corps Parfait est le *corpus subtile* de la Résurrection. D'ores et déjà il l'annonce et lui préexiste : comme la Nature Parfaite, il peut être invoqué et prié; c'est par son intermédiaire qu'est consommée la nouvelle naissance à l'immortalité; et comme la Nature Parfaite il est à la fois père-et-mère Γένεσις et 'Αρχή[2].

Ce dernier et fondamental caractère nous oriente vers une autre région du plérôme religieux iranien : le manichéisme. Déjà par le traité manichéen chinois publié en 1911 par Chavannes et Pelliot, on connaissait le thème d'une *Nature primitive lumineuse* laquelle, plus récemment, fut identifiée avec une entité divine que l'un des fragments exhumés à Tourfan glorifie comme

1. Cf. Reitzenstein, *op. cit.*, p. 75 (et Mead, *op. cit.*, p. 137).
2. *Ibid.*, pp. 75-76. Autre exemple de cette littérature théurgique (où Reitzenstein pensait retrouver les restes du Damdâδ-Nask perdu de l'Avesta) p. 76 n. 2, une invocation au « *daimôn* personnel ».

« notre père et notre mère, notre magnificence, notre Moi de splendeur », c'est-à-dire notre Nature lumineuse ou notre Moi primordial (« Salut à toi, avec qui notre âme est identique dès la prime origine ») [1].

De récentes recherches rendues possibles par la publication des documents d'Asie centrale et de ceux en langue copte, ont progressivement mis en évidence le mode d'être du Soi originel de Lumière. On a notamment insisté sur la nature et les prérogatives de cette entité de Lumière qui porte dans le manichéisme le nom de Grand Vahman (ou en parthe Grande Manûhmêd ou Manvahmêd), s'originant à l'avestique Vohu Manah (néo-persan Bahman), nom qui désigne dans le Mazdéisme le premier des Amahraspands ou Archanges, et dont le sens général est Esprit Bon, Pensée Lumineuse, Noûs de Lumière. On s'est attaché à analyser sa relation avec les Manvahmêd ou Vahmanân individuels [2]. Si l'on voit dans la Grande Manvahmêd l'Homme Parfait, et si on l'identifie avec cette Colonne de Gloire qui est la Colonne de Lumière constituée par la procession ascendante de toutes les âmes libérées des Ténèbres et retournant vers le royaume de Lumière, il est tentant, certes, de conclure que ce sont tous les Vahmanân qui, réunis ensemble, constituent le Grand Vahman ou la Grande Manvahmêd. Cette représentation ne nous semblerait pas cependant sauvegarder l'intégralité de la situation éprouvée et proposée par le mythe.

En effet, s'il est vrai que le Grand Vahman nous apparaît ainsi à la fois comme puissance cosmique et

1. Cf. *Journal Asiatique* 1911 (notamment pp. 561 et 529); Bang, *Manichäische Hymnen*, Museon 1925, p. 14; grèv hasenâγ, cp. ispixt hasenâγ (The original Effulgence) in Widengren, *The great Vohu Manah and the Apostle of God*, Uppsala 1945, p. 18.

2. Widengren, *op. cit.* [cf. *Temps cyclique...* pp. 125 ss.].

comme puissance agissant à l'intérieur de l'homme [1], c'est là beaucoup moins une conclusion que la fixation des données mêmes du problème, – je veux dire ce même problème à double face que nous ont posé les hésitations des commentateurs. En termes sohravardiens : quel est le rapport entre le mystique et sa Nature Parfaite, entre Hermès et son Ange, rapport à partir duquel puisse être décelée leur position à tous-deux envers l'Ange-archétype de la nature humaine, l'Ange Gabriel qui est l'Esprit-Saint ? Or, la structure du Tout dyadique que nous découvre le type de relation Hermès-Nature Parfaite, apparaîtrait compromise si l'on voyait, sans plus, dans la totalité des *âmes* de lumière captives des ténèbres, la totalité même des Vahmanân individuels constituant le Grand Vahman. À des bi-unités ou unités-duelles, on aurait substitué des unités simples (d'un seul bloc). On aurait alors détruit la dyade et son ontologie propre, et il faudrait admettre que c'est le Moi (ou Soi) de Lumière comme tel, qui *maintenant* est le captif des Ténèbres; mais l'on rendrait impossible le dialogue entre l'Ange (le Moi de lumière) et l'âme qui en est le moi terrestre et qu'il a mission de sauver. On aurait escamoté du même coup un des aspects de la situation : le rapport du Noûs individualisé, sauveur de *sa* Psyché terrestre propre, avec le Noûs cosmique.

Ici même la terminologie du « néo-manichéisme » des Cathares nous avertirait des termes qu'il s'agit de sauvegarder. Il y a l'âme humaine terrestre et captive : *Anima*. Il y a son Esprit-Saint ou Angélique (*Spiritus Sanctus* ou *Angelicus*). Chaque âme élue a le sien. Il y a enfin le *Spiritus principalis*, celui que l'on invoque en nommant les trois personnes de la Trinité. L'Esprit ou

1. Widengreen, *op. cit.* pp. 15-17.

Noûs cosmique est à la Psyché totale, ce que *chaque* Noûs, Esprit ou Ange individuel est à *chaque* Psyché. C'est non pas une analogie de termes, mais une analogie de rapports qu'il s'agit de fixer [1].

Cet aspect du problème se transpose en questions telles que celle-ci : reste-t-il au Noûs cosmique une part quelconque de réalité personnelle en dehors de ses individuations ? Ou bien au contraire est-ce pour celles-ci, absorbées dans la totalité du Noûs, qu'il n'en resterait pas ? Ou bien enfin n'y a-t-il pas réalité personnelle pour l'Esprit-Saint *et* les « Esprits Saints », c'est-à-dire n'y a-t-il pas chaque fois le support d'un mode d'être *dialogique*, l'appel d'une dualitude de *Deux* en *Un*, qui ne se résout pas en *monologue* ?

Or il ressort nettement des textes que la Grande Manvahmêd est regardée comme ayant une personnalité indépendante de ses parties, ne serait-ce qu'en raison de ce mode de calcul indo-iranien qui voit dans le Tout une unité propre se surajoutant aux unités composantes [2]. Et déjà cela suffirait à confirmer que la vision de la Grande Manvahmêd est plus complexe que notre concept arithmétique de la sommation des parties d'un Tout. Parallèlement les philosophes *Ishrâqîyûn* répéteront inlassablement que l'universalité de chaque Ange-archétype n'est pas l'universalité d'un concept logique et, loin de l'altérer, en amplifie la réalité personnelle.

1. Cf. les excellentes analyses de H. Söderberg, *La Religion des Cathares*, Uppsala 1949, pp. 174 sq. Un propos d' « angélologie fondamentale » présuppose la distinction relevée par Reitzenstein (rappel *ibid.* 209, n. 6, et 129, n. 1) entre la « représentation juive d'un ange tutélaire et la notion gnostique d'un *moi* appartenant au monde des Anges ».

2. Cf. Widengren, *op. cit.*, p. 33 (et H.S. Nyberg, *Questions de cosmogonie et de cosmologie mazdéennes*, Journ. Asiat. 1931, pp. 54 sq.).

Notre représentation, si complexe que cela paraisse, doit ainsi sauvegarder et l'identité du Noûs en sa cosmicité, et celle de chacune de ses hypostases, conjointe à chaque âme sur laquelle elle veille et qu'elle sauve.

C'est dans ce mystère du salut que nous apparaît alors en propre l'action du Noûs « chaque fois » dans et par une de ses individuations. Là même prend toute sa force le motif du « Double céleste » dont le développement dans le manichéisme concerne d'abord par excellence Mani lui-même [1]. C'est l'Ange qui apparaît à Mani âgé de 24 ans, comme étant son « double » ou « jumeau » et lui annonce qu'il est temps de se manifester et de convier les hommes à sa doctrine. « Salut à toi, Mani, de *ma* part *et* de celle du Seigneur qui *m*'a envoyé vers toi... » C'est à ce Double céleste que font allusion certaines paroles sans doute de Mani mourant : « Je contemplais mon Double avec mes yeux de lumière. » Mais également dans un psaume glorifiant le départ de l'âme de l'existence terrestre, mention est faite de « ton Double qui ne faillit point ». Ainsi *chaque* âme a bien *son* Double. Si le Double céleste de Mani peut être Christ (selon la tradition occidentale du manichéisme) ou la Vierge de Lumière (selon la tradition orientale), *chaque* âme a elle aussi en propre son Double syzygique, son Noûs, son Double céleste qui, lorsqu'elle meurt à la Terre, la guide vers le royaume de Lumière.

C'est donc bien le Noûs individuel qui apparaît à *son* âme ou *son* enfant terrestre pour le fortifier, le guider, le sauver. Il est le Noûs de *telle* âme. Mais ce faisant, il accomplit comme « membre » du Noûs cosmique *tout* le salut de cette âme, de même que le salut cosmique est l'œuvre *totale* du Grand Noûs. Il en est le « membre » de

1. Cf. Textes et réf. *ibid.*, pp. 25-26.

même que l'âme individuelle est son propre membre. Cette exemplification à deux degrés, du célèbre *theologoumenon* des « membres » précise la gradation marquée par le bel hymne en langue parthe : « Allons, âme, ne crains pas. Je suis *ta* Manvahmêd, *ta* caution et *ton* sceau, et tu es mon corps, une robe que j'ai revêtue pour effrayer les forces. Et je suis *ta* lumière, l'originelle resplendissance, *la* Grande Manvahmêd, *la* Caution parfaite [1]. » Ainsi donc le Noûs individuel peut *aussi* se présenter, *singulatim*, comme la Grande Manvahmêd; cette possibilité ici encore d'une *communicatio idiomatum* nous oriente en fin de compte vers un type de relation *propre* et *précise*, tel celui que professe l'angélologie de la gnose valentinienne : les Anges de Christ y sont reconnus comme étant Christ lui-même, en ce sens que chaque Ange *est* Christ par rapport à chaque existence individuelle [2].

Mais en disant « par rapport à », nous risquons d'être encore trahis par le langage, de réduire la relation à un type de relation abstraite tout autre que celle où éclôt une hypostase et que peut seule saisir en sa plénitude l'Imagination mythique « substancifiante ». Aussi bien ce n'est pas une relation de logique philosophique que celle à laquelle fait allusion l'Ange au Sinaï, s'adressant au mystique en désignant l'Ange qui réside au Sinaï supérieur. « Il me contient de même qu'à mon tour je te contiens. » C'est à cause de cette transparition réciproque que les commentateurs pouvaient tour à tour voir la

1. Cf. Textes et réf. *ibid.*, p. 17; cp. avec Söderberg, *op. cit.*, p. 136 (même si le *tw* se faisait encore sentir au v. 12, la gradation notionnelle subsisterait).

2. Cf. G. Quispel, *La conception de l'homme dans la Gnose valentinienne*, in Eranos-Jahrbuch 1947/XV, p. 254, et Söderberg, *op. cit.*, p. 249.

Nature Parfaite dans l'Ange-archétype, et dans celui-ci voir celle-là. Et cela même à l'insu de leur conscience philosophique, puisqu'ils ont, comme philosophes, laissé leur doute sans solution.

Si le mystère du salut cosmique opéré par la Grande Manvahmêd transparaît dans la rédemption individuelle qui est l'œuvre du Noûs personnel de l'âme (de même la Rédemption par Christos-Angelos s'accomplissant pour la gnose dans et par la Rédemption qu'accomplit *chacun* de ses Anges), – cette transparition nous découvre du même coup la relation de la dyade que typifient Hermès et sa Nature Parfaite à l'égard de l'Ange archétype et sauveur de la nature humaine. Une brève évocation de l'angélologie ismaélienne nous a déjà permis de contempler en celui-ci le mystère de l'Anthrôpos, du Sauveur-Sauvé (de même que dans le manichéisme l'Homme primordial est Ôhrmizd, Dieu souffrant). Le symbolisme sohravardien des deux ailes de Gabriel l'Ange peut déceler alors toute la force et profondeur de sa signification. La cosmologie de l'*Ishrâq* nous montre tous les degrés de l'être s'ordonnant en syzygies (depuis celle de Logos-Sophia). Chaque Ange enfante son âme avec son Ciel. L'Ange-archétype de l'Humanité s'est enfanté à lui-même son Image en multiples images, et ces images sont à sa propre Image : une aile de Lumière et une aile qu'ont obscurcie les Ténèbres. Le désenténèbrement de cette Aile, qui mesure selon la vision ismaélienne la réascension progressive de l'Ange à son rang originel, c'est précisément le salut de toutes *ses* âmes opéré par *ses* Anges de Lumière qui sont *leurs* Anges ou Doubles de Lumière. Hermès et sa Nature Parfaite sont les deux ailes d'un Ange exemplifiant l'Ange-archétype, comme l'Amant et l'Aimé sont les deux ailes exemplifiant l'essence duelle de l'Amour (Rûzbehân de Shirâz)[1], comme les deux « cornes » de Dhûl'l-Qarnain expriment la nature dyophysite (le masculin-féminin) de la Pierre mystique des alchimistes. Exister à la manière de l'Ange, c'est désenténébrer l'aile obscure pour que les deux ailes réfléchissent de l'une à l'autre l'éclat d'une seule lumière. Ethiquement c'est en ce monde répondre *pour* l'Ange, tandis qu'il répondra *de* vous dans l'autre[2]. Eschatologiquement, c'est la montée définitive au Sinaï, annoncée au postlude du *Récit de l'Exil occidental.* L'Ange de la nature humaine en son intégralité ne devient visible que dans et pour l'unité reconstituée de Noûs et de Psyché, de l'homme et de son Ange, de même que la réalité de l'Amour n'est visible que dans et pour l'unité de l'Amant et de l'Aimé.

La consommation de cette unification *post mortem* a pu être figurée par certains gnostiques comme une hiérogamie[3]. De fait, le mystère n'en peut monter à la conscience qu'en fugitifs symboles. Les alchimistes ont excellé à les configurer en projetant l'unité du nouvel être ainsi éclos dans l'image du *Puer aeternus.* Viendrait-il alors à se révéler au Ciel de celui-ci une autre Nature Parfaite se situant comme à une octave supérieure de l'être ? Le nouveau Sinaï s'enlevant au-dessus du Sinaï de Gabriel l'Archange et préfigurant une ascension sans limite, de Moi en Moi, de Ciel en Ciel ?

1. [Rûzbehân Baqlî Shîrâzî, *Le Jasmin des Fidèles d'amour*, traité de soufisme en persan, publié avec une courte introduction et la traduction du chap. Ier, par H. Corbin et M. Mo'in Bibliothèque Iranienne, vol. 8, Paris, Adrien Maisonneuve 1958 ; voir aussi *En Islam iranien*... t. III].

2. Sur ce double répons dans la « surexistence » (ici sous l'aspect de l'Ange) cf. Et. Souriau, *op. cit.*, p. 162-163.

3. Cf. Max Pulver, *Die Lichterfahrung*..., in Eranos-Jahrbuch 1943/X, pp. 283 sq. ; *Extraits de Théodote*, éd. F. Sagnard, pp. 139, 187 ; Söderberg, *op. cit.*, pp. 247 sq.

Ou bien, insistant sur la dualitude restaurée en sa vérité par la transmutation du terme inférieur terrestre dans le terme supérieur céleste, par le transfert à la « Génération exempte de la mort » qui unifie l'essence sans confondre les personnes, n'est-ce pas la perpétuation de leur dialogue qu'il faut imaginer à travers les éternités ? (C'est ainsi qu'au cours d'une de ses visions, Swedenborg aperçoit venant du lointain du ciel un char sur lequel se dresse un Ange magnifique; quand la vision se rapproche, il discerne qu'il y a non pas un seul mais deux êtres angéliques [1].) Il y a des possibilités de figurations qui s'offrent spontanément et que les Imaginations des gnoses n'ont sans doute même pu épuiser. Il serait vain de chercher de l'une à l'autre répétition de l'archétype une filiation historique qui l' « explique »; plus vain encore de les contraindre à la clarté d'une systématisation philosophique. Elles ne pouvaient configurer que des symboles, et c'est dans la Nuit des symboles que la recherche doit ici progresser.

Aussi bien le thème de la Nature Parfaite réapparaît-il dans l'orchestration du mythe alchimique de la nouvelle naissance. Déjà les développements précédents avaient pu nous édifier quant à l'intervention d'une Imagination symbolique commune. C'est cette communauté que va nous confirmer la mise en œuvre alchimique du motif de la Nature Parfaite, essentiellement communauté d'une *attente* dans une semblable préfiguration de la Résurrection. L'alchimie mystique eut par excellence le sentiment eschatologique de la *conjunctio* ou hiérogamie; elle nous achemine d'elle-même vers notre propos final.

1. *Delitiae Sapientiae de amore conjugiali*, § 42.

3. – *La Nature Parfaite et le symbolisme alchimique de la Résurrection.* – Le temps nous manque malheureusement pour analyser ici en détail le chapitre final d'un opuscule inédit de l'alchimiste Jaldakî (XIVe siècle), intitulé comme en un rappel de Zozime, le *Songe du prêtre* [1]. L'extrême intérêt de ce court chapitre est de mettre en scène comme figures-clefs de l'Œuvre alchimique, la Nature Parfaite et Hermès [2], et ce faisant d'en marquer avec force la signification par contraste avec l'impuissance de ceux que Jaldakî appelle les ignorantins (*jâhilûn*). Ces derniers, ce sont les pseudo-alchimistes qui ne manipulent que des objets matériels, ceux dont l'imagination est frappée d'une infirmité si radicale qu'elle est impuissante à saisir l'être et l'existence même d'un symbole. Leur agitation n'a d'autre conséquence que d'aboutir au meurtre d'Hermès et d'entraîner la disparition même de la Nature Parfaite dont ils ont réussi préalablement à séparer Hermès. Jaldakî ne pouvait mieux indiquer que le but de l'Alchimie est bien le mystère d'une transmutation

1. [Le traité inédit de Jadalkî a pour titre *Natâ'ij al-fikar*... (Résultat des méditations sur la découverte des états de la Pierre), ms. Téhéran : coll. Kamâlian, majmû'a n° 1 et *Majlis* n° 726.]

2. Ici la Nature Parfaite est appelée la « Noble Nature » (*al-tabî'at al-karima*). Aucun doute cependant n'est possible sur son identité : le « songe » reproduit (*ḥikâyat*!) les conditions mêmes dans lesquelles eut lieu l'apparition de la Nature Parfaite à Hermès ; le prêtre déclare s'être trouvé « dans la chambre souterraine dont Hermès a raconté les prodiges ». Au surplus l'alchimiste persan Sayyed Yaḥyâ Hamadânî (même majm., fol. 100b) décrit ainsi la Noble Nature : « Chaque chose est fortifiée par la force de son Elément et affaiblie par sa faiblesse. La Noble Nature qui est enracinée dans la Noble Pierre, est fortifiée par le Soleil qui est son Elément. Comprends bien ce que je dis, car c'est un mystère extraordinaire. C'est pour cette raison que la Pierre est appelée la « Noble » et « l'Œuf du Philosophe ».

psychique, et que seule une *apprehensio aurea* en satisfait aux conditions « liturgiques ».

Cette transmutation est celle qui est perçue et éprouvée dans la conjonction mystique d'Hermès et de la Nature Parfaite, visualisée dans leurs substituts alchimiques, Souffre rouge et Souffre blanc. Elle est la conjonction d'Éros et Logos que le prêtre, se détournant des Ignorantins, célèbre dans le Temple de Vénus, en se conformant aux prescriptions gravées sur l'idole du temple. Et le mystère s'en projette dans une figuration nouvelle que Jaldakî désigne comme l'Enfant de la Rénovation (*al-walad al-jadîd*, comme dans l'Ismaélisme le dernier Imâm d'un cycle, « celui qui ressuscite » est appelé l'Enfant Parfait, *al-walad al-tâmm*) [1]. Là même donc, dans la réunion d'Hermès et de la Nature Parfaite, nous voyons éclore chez Jaldakî, avec son plus grand symbole, le but ultime de l'Alchimie, celui que les textes latins appellent *Infans noster*, *filius sapientiae*, *filius philosophorum*.

Or, cette image de l'Enfant, du *Puer aeternus*, est celle qui s'annonçait à nous comme projection symbolique de la réunion finale de l'homme et de son Ange, telle que la conception du Double céleste la proposait à notre analyse. Que cette image soit éminemment apte à figurer et préfigurer les alternances de visions évoquées tout à l'heure, c'est-à-dire à la fois l'*unité* du nouvel être et les *deux* pôles qui le structurent, c'est ce qu'ont admirablement montré les analyses de Jung et Kerényi [2]. La figure de l'Enfant, plus exactement du *renovatus in novam infantiam*, marque la simultanéité idéale de deux termes opposés, terme initial *et* terme final, préexis-

1. Cf. Strothmann, *op. cit.*, s.v.
2. Cf. *Einführung in das Wesen der Mythologie*, Amsterdam 1941, pp. 122, 128, 131, 141.

tence *et* surexistence, le *déjà* et le *pas encore*; elle cohère en leur unité les phases que traverse (comme le héros-enfant) la Pierre mystique : *lapis exilis et vilis*; *servus rubeus et fugitivus*; jusqu'à l'apothéose du *Deus terrenus*, Lumière au-dessus de toute lumière, lorsque la Pierre devient *corpus glorificatum*.

C'est la naissance de ces phases et l'anticipation de leur résolution finale, que Jaldakî suggère par le nom même qu'il impose à cet Enfant de la Rénovation qu'il est d'ores et déjà lui-même : il l'appelle *'Abd al-Karîm* « serviteur de la Noble (Pierre) ». Aux prémices de sa nouvelle naissance, il est en effet l'esclave de la Noble Pierre qu'il doit servir jusqu'à la fin triomphale, la forme de *filius regius* à la puissance divine. C'est là toute l'*Aenigma regis*, hiérogamie du Ciel et de la Terre, qui doit s'accomplir *in novissimo die hujus artis*, au Dernier Jour qui marquera l'accomplissement final de l'Œuvre [1].

Transposé en termes de l'alchimie mystique, le motif d'Hermès et la Nature Parfaite que nous avions trouvé chez Sohravardî, pousse à leur limite les significations qu'il était possible de dégager du symbolisme des deux ailes de l'Archange. L'hermétisme y préfigure cette réunion unitive de l'Amant et de l'Aimé dont la nostalgie emplit toute la poésie mystique persane. Et si le psaume sohravardien pouvait saluer la Nature Parfaite comme l'Enfantant-Enfanté, le sens en est que c'est elle-même qui en Hermès s'enfante à elle-même, lorsque précisément Hermès (ou le prêtre du Songe) est enfanté à lui-même. De même que l'Aimé, terme grammaticalement au *passif*, est simultanément le terme qui *agit*

1. Cf. Jung, *Psychologie und Alchemie*, p. 452 (la belle miniature reproduite, p. 446), et Eranos-Jahrbuch 1935/III, pp. 57-58.

l'amour dans l'Amant, et s'enfante en lui comme Aimé en l'enfantant précisément comme Amant. C'est pourquoi l'Alchimie latine affectionnait tant le symbole de la Vierge-Mère [1], et c'est sur un même registre que pour une recherche de mystique comparative se font entendre les sentences paradoxales d'un Angelus Silesius en son *Pèlerin Chérubinique*, là où il est dit que l'âme doit comme la Vierge-Mère concevoir et enfanter Dieu : « À quoi me sert, Gabriel, que tu salues Marie, si tu n'as pas le même message pour moi ? » Et encore : « Si l'Esprit de Dieu te touche de son essence, l'Enfant de l'Eternité naît en toi » [2].

4. – *Le Double céleste dans l'eschatologie iranienne.* – L'idée d'une hiérogamie s'accomplissant *in novissimo die*, le mystère de la nouvelle naissance où un être s'engendre à l'image du Double céleste que celui-ci présente et *agit* en lui, conformation et co-responsabilité mystiques qui font se lever l'aube de la Résurrection : les thèmes s'enchevêtrent, se réciproquent, transparaissent l'un en l'autre avec une complexité croissante. Ils sont les lignes de force d'une volonté et d'une image du monde dont la pensée sohravardienne est un exemple, et ils indiquent la direction dans laquelle une fixation typologique en peut être tentée. Par excellence, là même où la scission d'un couple primordial céleste-terrestre énonce le mystère de l'Origine, et où la restauration de sa bi-unité se propose comme norme d'une éthique intérieure dont le fruit doit être précisément la rencontre et la reconnaissance eschatologique de l'homme et de son

1. *Ibid.* 1936, p. 84 (et le texte d'Alphidius).
2. Ed. et trad. H. Piard, Paris 1945, Livre II, 102, 103; cf. I, 23, et *passim*.

Ange. Or cette rencontre est l'événement-type qui se dessine à l'horizon eschatologique iranien, celui du mazdéisme comme celui du manichéisme.

Dans le mazdéisme, le schéma le plus simple auquel nous nous étions limités, nous montrait la Fravarti descendue sur terre, devenue ainsi une âme terrestre dont le Double céleste est alors la Daênâ. On se prend à regretter que quelque zoroastrien n'ait pu être l'élève de Schelling ou de Baader. Ce que les difficultés des temps ont empêché, est pourtant la tâche qui continuera de se proposer au philosophe chercheur devant le *Corpus* mutilé de la théologie mazdéenne. On avait considéré tout d'abord que le concept de Daênâ se scindait en deux significations : celle du Moi transcendant ou céleste de l'homme, et d'autre part celle de Religion. Il est cependant aisé de voir comment les deux significations culminent en une seule. On a discuté aussi pour en définir l'aspect collectif ou l'aspect individuel. J'ai l'impression que le schéma du problème est celui-là même devant lequel nous mettait la relation de l'Ange-archétype et de la Nature Parfaite. Bref, retenons essentiellement ici l'idée de la Personnalité préexistentielle, céleste ou transcendante, de l'âme devenue terrestre, et qui est aussi bien sa « religion » puisqu'elle est celle que l'âme a élue dès avant son cycle terrestre, dans sa foi préexistentiellement donnée au « Seigneur Sagesse » Ahura Mazdah. Si dans son acte même, une pensée voit éclore une hypostase, est-ce indigence philosophique comme un idéalisme abstrait a cru pouvoir le reprocher aux Néoplatoniciens tardifs aussi bien qu'au Mazdéisme? N'est-ce pas plutôt générosité et surabondance ontologique (de Pensée-Être et d'Êtres-Pensées)?

Prenons dès lors sans réticence, dans toute leur puissance plastique, les textes, peut-être les plus beaux de la théologie mazdéenne, où est décrite la rencontre eschatologique de l'ange-Daênâ [1]. Au troisième jour qui suit l'*exitus,* l'Élu voit venir vers lui une Forme éblouissante dans laquelle il reconnaît une jeune fille plus belle que toute beauté jamais vue dans le monde terrestre. À son interrogation émerveillée : « Qui donc es-tu ? » elle répond : « Je suis ta Daênâ... celle que tes pensées, tes paroles, tes actions ont faite. J'étais aimée, tu m'as faite plus aimée ; j'étais belle, tu m'as faite plus belle encore. »

La vision manichéenne accentue encore les traits. On connaissait déjà par le *Fihrist* arabe d'al-Nadîm [2] la scène de l'ascension de l'âme *post mortem,* alors que vient à sa rencontre, envoyée par l'Anthrôpos primordial, une divinité de lumière sous la forme du « Sage Guide » ; trois autres divinités l'accompagnent ainsi que « la Jeune Fille qui est à la ressemblance de l'âme ». Toutes viennent pour aider l'âme contre les démons qui voudraient l'assaillir. Les commentateurs s'étaient surtout intéressés à la question de savoir qui fallait-il comprendre dans la personne du « Sage-Guide [3] ». Or un texte sogdien récemment publié par Henning oriente vers une réponse décisive [4]. Le texte décrit la descente des Anges à la rencontre de l'âme pour la rassurer et la protéger (« Ne crains pas, ô âme juste... avance... monte vers le Paradis de Lumière, reçois la Joie »). « Et sa propre Action, une merveilleuse et divine princesse, une Jeune Fille, viendra à sa rencontre, immortelle, des fleurs parant sa tête... elle le mettra elle-même sur la

1. Principalement *Hâdokht Nask,* fargard II, v. 14. [Voir *Corps spirituel...* Index s.v. Daênâ.]
2. Éd. Flügel, p. 335, et Widengren, *op. cit.,* p. 35.
3. Cf. H. C. Puech, in Eranos-Jahrbuch 1936/IV, p. 283.
4. Cf. *Sogdian Tales,* in Bulletin of the School of Orient. Studies XI, 3, 1945, pp. 476 à 477.

voie (du Paradis de Lumière). » Les *Kephalaia* de Mani [1] mentionnent également cette Forme (ou Image) de Lumière que reçoivent Élus et Catéchumènes quand ils renoncent au monde, et qui se manifeste à eux *post mortem* en même temps que les trois grands Anges splendides qui l'accompagnent. Mieux que n'importe quel texte manichéen jusqu'ici connu, le fragment sogdien atteste que « les Manichéens partageaient l'idée zoroastrienne de la Daênâ d'un homme, le rencontrant après la mort sous la forme d'une jeune fille [2] ». Or il est dit expressément que c'est elle qui *guide* l'âme qui est à sa propre ressemblance. Elle est bien ce Double de lumière dont nous avons entendu précédemment le dialogue avec son âme terrestre. La descente des divinités de lumière décrite dans le *Fihrist* arabe reçoit donc le sens qui nous importe ici.

Ce sens précise que la conformation de l'homme à son Ange détermine leur responsabilité réciproque. C'est dans la mesure où l'homme aura répondu sur terre *pour* sa Daênâ, que celle-ci répondra *de* lui *post mortem*. Je ne crois pas que l'on puisse dégrader la vision en métaphore ou allégorie, sans détruire du même coup toute possibilité de comprendre le mode d'être, la relation syzygique, que postulent aussi bien la vision mazdéenne que la vision manichéenne. La Daênâ *est* l'Action de l'âme terrestre, et ce n'est pas là une de ces métaphores dont abuse notre langage moderne abstrait. Si elle *est* cette Action, c'est que l'âme terrestre aura précisément existé à sa ressemblance. Ne séparons pas l'un de l'autre le mystère de la hiérogamie eschatologique dont la préparation ou anticipation est nouvelle

1. Cit. in Söderberg, *op. cit.*, pp. 215-216.
2. Henning, *op. cit.*, p. 476.

naissance, et le mystère de l'Enfantant-Enfanté où *action* et *passion* se réciproquent : l'enfantement de la Daêna par et dans l'âme humaine est précisément, à la fois, l'enfantement de cette âme dans et par l'ange-Daênâ.

L'enseignement le plus précieux, même s'il fut le plus contesté, du livre de H. S. Nyberg (dont le propos concorderait assez bien avec celui d'un *Ishrâqî*) [1] est d'avoir montré l'expérience extatique dans la religion zoroastrienne; d'avoir montré la signification eschatologique de cette expérience (la mort étant alors pour l'Élu la définitive extase), et d'en avoir recherché l'organe dans une analyse des représentations de la Daênâ. En le méditant, nous commenterons ainsi [2] : telle est l'Image enfantée ou l'extase vécue ici-bas par chacun, telle pour chacun sera sa mort. Ce que dans cette vie il aura voulu et anticipé, c'est de cela même qu'il aura la vision et la révélation suprême lors de sa mort. Nul ne peut espérer avoir dans l'autre monde la vision qu'il aura refusée ou profanée, livrée aux Ténèbres en cette vie. Le monde de l'Ange ne pourra répondre *de* l'homme qui aura refusé de répondre pour lui; la Daênâ ne sera plus que le passé céleste aboli de celui qui l'aura reniée. L'effroyable vision que décrivent en contrepartie les textes mazdéens et qui s'offre à l'homme démoniaque, n'est plus que la caricature de la Daênâ; elle est pour cet homme la vision de son propre moi livré par sa propre négation au néant de sa solitude, négation qui l'exclut de son Double

1. *Die Religionen des alten Irans,* übers. v. H. H. Schaeder, Leipzig 1938 (tout en réservant expressément la tentative d'une explication shamaniste).

2. Cf. nos *Propos de philosophie mazdéenne* dans le recueil « L'Âme de L'Iran » (Public. de la Société d'Études iraniennes). Paris 1950. [Texte inédit.]

céleste, et marque de la mutilation d'une « imparité » infernale un être dont l'essence était « parité » et dualitude célestielle. Nous l'avons trouvé figurée en termes alchimiques comme le meurtre d'Hermès et la disparition de la Nature Parfaite. De part et d'autre, nous retrouvons la norme d'une même tension éthique, ayant semblable résolution et semblable sanction.

Maintenant, fixons-nous sur ceci. C'est vers une sophiologie que nous orienteraient les recherches instituées ici autour du motif du Double céleste. Déjà, on le sait, Plutarque traduisait par Sophia le nom de l'Amahraspand ou Archange féminin de l'Avesta, Spenta Armaiti. Cela peut en être un aspect. Notre recherche inclinerait plus précisément à identifier Daênâ et Sophia, et les termes de la vision manichéenne tendraient expressément à nous le confirmer. Quant à la répétition de cet Archétype dans la mystique d'amour du soufisme iranien, elle a déjà été mentionnée [1]. À son tour la vision de la Nature Parfaite donnée à Hermès peut être dite une vision de la Sophia « en personne » : Hermès déclare que c'est elle qui fait descendre la sagesse sur la terre, qu'elle est l'Ange du philosophe, qui le gouverne et l'inspire [2]. Telle est enfin, rappelons-le nous, la prérogative que Sohravardî saluait lui aussi en sa Nature Parfaite, en l'implorant de se manifester un jour « en la plus belle des épiphanies ». C'est cet attribut de « Sage Guide » (*al-Ḥakîm al-Hâdî*) mentionné dans le *Fihrist* arabe, que le fragment sogdien nous permet de fixer sur la Jeune fille qui est le Double céleste de l'âme. Or ce nom de Guide (*al-Hâdî*) est précisément le nom

1. Cf. encore S. K. Chatterji, in *Indo-Iranica,* Calcutta, octobre 1946, pp. 25 sq.

2. Cf. encore en hermétisme : Jung, *Psychologie und Alchemie,* pp. 510 sq., 524.

que le récitant de l'*Exil occidental* donne à l'Ange qui l'a engendré, celui qui réside au premier des Sinaïs, et dont les fluctuations des commentateurs nous ont amenés à nous demander s'il était Gabriel l'Ange-archétype de la nature humaine ou bien la Nature Parfaite Ange tutélaire individuel, ou plutôt s'il s'agissait là d'un dilemme. La figure de la Daênâ que nous voyons transparaître dans *al-Ḥakîm al-Hâdî* se projette sur un horizon vers lequel le silence peut seul acheminer. Le cycle de notre Queste se referme de lui-même, clôturant sinon notre propre « exil occidental » à chacun de nous, du moins les recherches auxquelles nous aurons été entraînés ici par le Récit sohravardien.

Téhéran 6 juin 1949
Lundi de la Pentecôte

2

L'initiation ismaélienne ou l'ésotérisme et le Verbe

I. La Parole perdue

Le drame qui est commun à toutes les « religions du Livre », ou mieux dit, à la communauté que le Qorân désigne comme *Ahl al-Kitâb,* la communauté du Livre, et qui englobe les trois grands rameaux de la tradition abrahamique (judaïsme, christianisme, Islam), peut être désigné comme le drame de la « Parole perdue ». Et cela, parce que tout le sens de leur vie est axé sur le phénomène du Livre saint révélé, sur le sens vrai de ce Livre. Si le sens vrai de ce Livre est le sens intérieur, caché sous l'apparence littérale, dès l'instant que les hommes méconnaissent ou refusent ce sens intérieur, dès cet instant ils mutilent l'intégralité du Verbe, du Logos, et commence le drame de la « Parole perdue ».

Ce drame se manifeste sous bien des formes : en philosophie, c'est le nominalisme, avec tous les aspects de l'agnosticisme. En théologie, c'est le littéralisme, tantôt celui des pieux agnostiques, craintifs devant tout ce qui est philosophie ou gnose, tantôt celui d'une théologie s'efforçant de rivaliser avec les ambitions de la sociologie, et qui est tout simplement une théologie ayant perdu son Logos, une théologie agnostique. On pressentira que la tâche de recouvrer la Parole ou le Verbe perdu déborde les moyens de la linguistique à la mode de nos jours. Il ne s'agit pas non plus d'un « progrès du langage », mais de retrouver l'accès au sens intérieur du Verbe, à ce sens ésotérique qui éveille crainte ou dédain chez les exégètes qui, selon leur expression, entendent poursuivre une exégèse « à ras du sol ».

La claire perception visionnaire de cette situation dramatique se trouve, semble-t-il, dans l'opuscule que Swedenborg a écrit en commentaire de l'apparition du « cheval blanc », au chapitre XIX de l'Apocalypse. Le texte johannite dit ceci : « Puis je vis le Ciel ouvert, et voici : parut un cheval blanc. Celui qui le montait s'appelle Fidèle et Véritable, et il juge et combat avec justice. Ses yeux étaient comme une flamme de feu; sur sa tête étaient plusieurs diadèmes; il avait un Nom écrit, que personne ne connaît si ce n'est lui-même; et il était revêtu d'un vêtement teinté de sang. Son nom est la Parole de dieu (*ὁ Λόγος τοῦ Θεοῦ, – Verbum Dei*). Les armées qui sont dans le Ciel le suivaient sur des chevaux blancs, revêtues de fin lin, blanc et pur (...). Il avait sur son vêtement et sur sa cuisse un nom écrit : Roi des rois et Seigneur des seigneurs » (Apocal. XIX, 11-16).

Swedenborg commente le texte en déclarant tout d'abord qu'il est impossible à quiconque d'avoir une claire idée de ce qu'impliquent les détails de la vision, à moins d'en percevoir le sens intérieur, c'est-à-dire ésotérique. Bien entendu, il ne s'agit pas de faire de la vision une allégorie, ni d'en abolir ou détruire les configurations concrètes, puisque c'est précisément la réalité intérieure cachée qui provoque le phénomène visionnaire et soutient la réalité de la vision. Il s'agit de percevoir ce qu'annonce chacune de ses *apparentiae reales*. Le « Ciel ouvert » représente le fait – et signifie – que le sens intérieur de la Parole, du Verbe, peut être vu dans le Ciel, donc par ceux à qui, en ce monde même, le Ciel intérieur est ouvert. Le « cheval blanc » représente et signifie l'*intelligence spirituelle* de la Parole, ainsi comprise quant aux réalités intérieures et spirituelles. Le cavalier qui le chevauche est le Seigneur en tant que Verbe, puisque son nom est « Verbe de Dieu ». Qu'il ait un Nom écrit que personne ne connaît hormis lui-même, signifie que lui seul et ceux à qui il le révèle, voient la Parole, le Verbe, dans ses significations intérieures, ésotériques. Qu'il soit vêtu d'un vêtement teinté de sang, signifie la Parole quant à sa réalité littérale qui souffre tant de violences, chaque fois que l'on en refuse le sens intérieur. Les armées qui le suivent dans le Ciel sur des chevaux blancs et vêtues de blanc, désignent tous ceux qui sont dans l'intelligence spirituelle de la Parole et en perçoivent les réalités intérieures, les sens ésotériques. La blancheur de leurs vêtements signifie la vérité qui est dans la lumière du Ciel, et *eo ipso* la vérité intérieure, la vérité d'origine céleste. La vision de cette blanche chevalerie swedenborgienne préparant l'avènement de la Nouvelle Jérusalem, est confirmée par tous les textes que Swedenborg rassemble au cours de l'opuscule ou dans l'appendice, et qu'il a commentés d'autre part dans ses *Arcana caelestia*. De cette accumulation de textes, il résulte que dans les multiples passages de la Bible où il est fait mention de cheval et de cavalier, le sens intérieur en est toujours l'intellect et l'intelligence spirituelle qui en est la monture. L'ensemble est assez impressionnant pour convaincre que seule l'intelligence spirituelle de ces passages en ouvre le vrai sens [1].

Si j'ai cité ici longuement ce commentaire d'une vision, dans laquelle Swedenborg voit annoncé qu'au temps final de l'Église le sens spirituel ou intérieur des Écritures sera révélé, c'est, d'une part, que ce commentaire typifie le drame des « religions du Livre » : le Verbe perdu et le Verbe recouvré, ou l'occultation, puis la manifestation, du sens intérieur, ésotérique, qui est le vrai sens, parce qu'il est l'Esprit et la vie du Livre saint révélé. C'est, d'autre part, parce que la conception d'ensemble de l'herméneutique, chez Swedenborg, met en œuvre les mêmes principes que l'herméneutique spirituelle pratiquée dans les deux autres rameaux de la tradition abrahamique, et ce que nous venons de lire est particulièrement en résonance avec la perspective eschatologique de la gnose shî'ite en général, tant celle de tradition imâmite duodécimaine que celle de tradition ismaélienne. Le roman initiatique que nous allons analyser et commenter ici, appartient à la tradition ismaélienne. Malheureusement, en guise d'introduction historique, je dois me limiter à rappeler ici que l'ismaélisme est avec l'imâmisme duodécimain l'une des deux principales branches du shî'isme, et que l'ismaélisme, qui doit son nom à l'Imâm Ismâ'îl, fils du VIe Imâm Ja'far al-Ṣâdiq (ob. 765), représente par excellence, avec les théosophes de l'imâmisme duodéci-

1. Swedenborg, *De Equo Albo de quo in Apocalypsi, cap. XIX, et deinde Verbo et ejus Sensu spirituali seu interno...* London 1758. Nous citons ici d'après l'édition anglaise : *Concerning the White Horse in the Apocalypse chap. XIX, and then concerning the Word, and its Spiritual or Internal Sense from the « Arcana caelestia »*, London 1955, art. 1, pp. 2 ss.

main, la tradition de la gnose ésotérique en Islam [1]. Bien entendu, l'Islam sunnite majoritaire des docteurs de la Loi ne put avoir envers cette tradition ésotérique qu'une attitude négative; sinon, il n'y aurait pas le drame en question. Nous verrons même avec quelle véhémence l'auteur de notre roman initiatique s'exprime à ce sujet.

Sommairement dit, lorsque nous parlons des traits communs s'originant de part et d'autre au phénomène du Livre saint révélé, nous pensons à ceci :

1) Pour la gnose ismaélienne, le sens intérieur, le sens spirituel ésotérique de la Révélation qorânique, est aussi le *vrai sens*; c'est cela même qui la différencie du littéralisme de la religion islamique officielle et majoritaire, dont on peut dire qu'à ses yeux il a « perdu la Parole », puisqu'il refuse le sens vrai, le sens caché du Verbe divin dans le Qorân. On pourrait dire qu'aux yeux de l'ésotériste ismaélien aussi, le Verbe divin apparaît revêtu d'un vêtement teinté de sang, signe des violences qu'a subies le Verbe divin (*Kalimat Allâh*) de la part des exotéristes et des docteurs de la Loi qui le mutilent, en refusant ce qui en est l'Esprit et la Vie. Nous verrons que nos ismaéliens se sont exprimés avec un réalisme non moins tragique : de cette Parole divine les docteurs de la Loi ont fait un cadavre.

2) Nous verrons que l'Imâm, au sens shî'ite du mot, est l' « homologue » du blanc chevalier de l'Apocalypse,

1. Pour un exposé détaillé de l'ismaélisme et de ses rapports avec le shî'isme duodécimain, voir notre *Histoire de la philosophie islamique*, vol. I, Paris, Gallimard, 1964; notre *Trilogie ismaélienne* (Bibliothèque Iranienne, Vol. 9) Téhéran-Paris, Adrien-Maisonneuve, 1961, ainsi que notre ouvrage *En Islam iranien : aspects spirituels et philosophiques*, Paris, Gallimard, rééd. 1978, t. Ier, Livre I.

tel que Swedenborg en comprend l'apparition, puisqu'il est à la fois le dispensateur et le contenu du sens spirituel ésotérique. Il est à la fois l'herméneute et l'herméneutique : il est le « Livre parlant » (*Qorân nâṭiq*). Si Swedenborg identifie le pouvoir du blanc chevalier avec le « pouvoir des clefs » (*potestas clavium*), c'est parce que, cette fois, il ne s'agit plus d'un magistère juridique de l'Église, mais de l'intelligence spirituelle qui est la *clef* de la Révélation. De même aussi, nous entendrons parler, au cours de notre roman initiatique, des *clefs* qui ont le pouvoir d'ouvrir l'accès au monde spirituel invisible.

3) Swedenborg écrit que le Verbe divin est ce qui unit le Ciel et la Terre, et que pour cette raison il est appelé *Arche d'alliance*. Nous recueillerons également, au cours de notre roman initiatique, une allusion à l'Arche d'alliance. Telle qu'elle y intervient pour signifier la Religion absolue, on peut dire qu'elle est l'image rassemblant l'ésotérisme des trois rameaux abrahamiques.

4) Pour Swedenborg, le *situs* de l'homme régénéré est d'ores et déjà dans le sens intérieur du Verbe divin, parce que son « homme intérieur » est ouvert au Ciel spirituel [1]. Même s'il ne le sait pas, l'homme intérieur spirituel est déjà dans la société des Anges, tout en vivant dans son corps matériel. La mort, l'*exitus* physique, c'est le passage, le moment auquel il devient conscient de cette appartenance. Cela signifie que l'homme régénéré par l'intelligence spirituelle du Verbe divin est désormais de ceux dont l'Apocalypse (XX, 6) déclare que la « seconde

1. Swedenborg, *De Equo Albo,* art. 9, p. 20, et art. 10, pp. 23-24. [Voir également : *Herméneutique spirituelle comparée* in *Face de Dieu, Face de l'homme,* Paris, Flammarion 1983.].

mort » n'a pas de pouvoir sur eux. De même pour nos théosophes ismaéliens, comme notre roman initiatique va nous le montrer, et comme le philosophe Naṣîroddîn Ṭûsî (XIIIe siècle) l'a fort bien analysé plus tard, le fruit de l'initiation spirituelle est de préserver l'initié de la « seconde mort ». Autrement dit, le phénomène biologique de la mort, l'*exitus*, n'implique pas *eo ipso* que l'on ait quitté ce monde. Car le sens vrai de la mort, c'est la mort spirituelle. Or, ceux qui sont morts spirituellement, ne quittent jamais ce monde, car pour sortir de ce monde, il faut être un vivant, un ressuscité, c'est-à-dire être passé par la nouvelle naissance spirituelle. C'est pourquoi nous entendons le gnostique ismaélien professer que l'initiation préserve à jamais de la seconde mort; l'entrée dans l'Ordre ismaélien est l'entrée dans le « paradis en puissance » (*jinnat fî'l-qowwat*).

5) Il faut que l'accès au sens ésotérique demeure ouvert, parce qu'il est la condition de cette nouvelle naissance qui est le salut, et il n'est pas de tradition sans perpétuelle renaissance. Cela implique la présence continue dans le monde de celui que le shî'isme nomme l'Imâm, que celui-ci soit dans l'occultation ou qu'il soit manifesté. Or l'Imâm, comme dispensateur du sens spirituel ésotérique qui ressuscite les morts spirituels, participe au charisme prophétique. Comme nous l'avons rappelé ci-dessus, il est le « Qorân parlant » (*Qorân nâṭiq*), tandis que sans lui le Qorân n'est qu'un Imâm muet (*ṣâmit*). Sans lui, la Parole est perdue et il n'y a plus de résurrection des spirituellement morts. Aux yeux de l'ésotériste ismaélien, c'est tout le drame de l'Islam sunnite. Il faut donc que le charisme prophétique se perpétue dans notre monde, même après la venue du prophète de l'Islam, lequel fut le « Sceau » des prophètes missionnés pour révéler une Loi nouvelle et

finalement *la* dernière. C'est que les humains ne peuvent pas se passer de prophètes.

Nous ne pourrons donc pas éviter la question : comment cela peut-il s'accorder avec le dogme officiel de l'Islam, selon lequel, après le prophète Moḥammad, il n'y aura plus de prophètes ? Nous verrons sur ce point justement notre roman ismaélien s'exprimer à découvert avec véhémence, mais aussi en consonance parfaite avec les textes qui, chez les Spirituels chrétiens de notre Moyen Age, affirment que le temps des prophètes n'est point clos. De part et d'autre, la clôture de la prophétie, c'est justement le drame de la Parole perdue, rendant impossibles la résurrection des morts spirituels et la préservation contre la « seconde mort ». C'est le drame que les spirituels et les ésotéristes de l'Islam ont vécu comme se passant au cœur de l'Islam. L'herméneutique swedenborgienne du blanc chevalier de l'Apocalypse vaut donc pour toutes les « religions du Livre révélé ». En parlant la langue des symboles, on peut dire que les ésotéristes, shî'ites et ismaéliens, ont été, eux aussi, *en quête* de lui, sous le nom de l'« Ami de Dieu », c'est-à-dire de l'Imâm. Ils furent à la *Quête* de l'Imâm, comme les nôtres furent à la *Quête* du saint Graal. Nous verrons que dans le rituel d'initiation, c'est l'Imâm qui confère à l'initié le Nom qui désormais lui est propre, en ce sens qu'il est désormais en propre au service de ce Nom ; il en est le « chevalier ». Je ne crois pas qu'aucune étude, complète et approfondie, ait été tentée jusqu'ici, concernant la tension vécue respectivement, en Islam et en Chrétienté, entre les deux pôles : celui de la religion spirituelle ésotérique et celui de la religion exotérique, légalitaire et littérale.

Le texte que nous allons analyser apporte à une telle étude à venir, un document inappréciable.

II. Un roman initiatique ismaélien du Xᵉ siècle.

Il s'agit d'un texte en arabe, un inédit, parmi les innombrables inédits de la littérature ismaélienne dont nous ne connaissons encore qu'une faible part. C'est un texte qui appartient au genre littéraire que l'on désigne comme roman initiatique, et qui est intitulé « Le Livre du Sage et du disciple » (*Kitâb al-'âlim wa'l-gholâm*). En bref il nous enseigne, dans un schéma idéal, quel sens il y a à devenir ismaélien et comment on le devient [1]. Parmi tous les ouvrages ismaéliens venus jusqu'ici à notre connaissance, il a un caractère unique. Il est très différent des textes de la littérature ismaélienne classique de l'époque fâtimide; il a de magnifiques audaces que l'on ne trouve pas, en général, dans celle-ci. Bien qu'il ait été attribué tantôt à Manṣûr al-Yaman (IIIᵉ/IXᵉ siècle), tantôt à son petit-fils ou arrière-petit-fils, Ja'far

1. Nous avons consacré, à l'École des Hautes-Études, une année de cours à cet ouvrage d'un intérêt unique; voir notre résumé in *Annuaire*, année 1970-1971, pp. 224-230. L'ouvrage a été signalé par le regretté W. Ivanow, *Ismaili Literature, a Bibliographical Survey*, p. 18, nº 10. Malheureusement nous ne pouvons citer que pour mémoire la brève étude *The Book of the Teacher and the Pupil*, publiée par W. Ivanow dans ses *Studies in Early Persian Ismailism*, Bombay, 1955², pp. 61 ss. En particulier nous n'arrivons pas à comprendre comment W. Ivanow, *ibid.* p. 65, fait d'Abû Mâlik le maître du disciple; sur ce personnage qui n'apparaît que dans la seconde partie du dialogue et qui sera converti à l'ismaélisme par Ṣâliḥ, voir ci-dessous les chapitres V et VI. – L'analyse de notre roman initiatique a été également le thème de conférences que nous avons données à la XVIIIᵉ Session d'été (juillet 1971) du « Centre d'études supérieures de civilisation médiévale de l'Université de Poitiers ». Le texte en a été publié avec quelques abréviations, dans les *Cahiers de civilisation médiévale*, XVᵉ année, nºˢ 1 et 2 (« Un roman initiatique ismaélien du Xᵉ siècle »).

ibn Manşûr al-Yaman (IVe/Xe siècle) [1], ces attributions restent douteuses dans l'état actuel de nos connaissances.

1. Manşûr al-Yaman fut un célèbre *dâ'î* ismaélien qui, antérieurement à l'avènement des Fâtimides, s'acquitta avec beaucoup de succès d'une mission de propagande à Aden en 266/879. Quant à son petit-fils ou arrière-petit-fils, Ja'far ibn Manşûr al-Yaman, il écrivait vers 380/990, puisque dans l'une de ses œuvres, il indique que cent vingt ans se sont écoulés depuis la disparition du XIIe Imâm des shî'ites duodécimains (260/874; Ivanow, *Ismaili Literature*, p. 22, n° 23). Ce que nous connaissons de l'un et de l'autre auteur, ne semble pas confirmer l'attribution de notre texte à l'un ou à l'autre. Style, procédé de composition (dialogue) et surtout contenu diffèrent. L'attribution à Ja'far ibn Manşûr semble d'autant plus difficile que cet auteur appartient à la période fâtimide et que l'enseignement de notre roman initiatique diffère nettement de l'ismaélisme classique de cette période à laquelle tout indique qu'il est antérieur (voir ci-dessous chap. VI). L'audace de sa thèse finale pourrait trahir une influence qarmate; le nom de l'auteur fut-il tu par prudence, ensuite oublié, puis remplacé par l'un des grands noms de la période classique? Quoi qu'il en puisse être, l'analyse que nous donnons ici montre dans cet ouvrage un cas exemplaire d'un genre littéraire qui convenait particulièrement bien à la gnose ismaélienne, à savoir le roman initiatique, dont il est un des très rares, sinon le seul témoin. L'auteur fait preuve d'une très grande finesse psychologique dans les propos qu'il prête à ses personnages, ainsi que d'un sens remarquable de l'action dramatique. Nous disposions, pour nos recherches, des photocopies de trois manuscrits. Aussi avions-nous demandé à notre élève, M. Habib Feki, d'en établir un texte critique, ce dont il s'est acquitté avec beaucoup de soin; nous espérons que cette édition critique pourra être publiée prochainement à Beyrouth. Bien entendu, la tâche d'analyser et de résumer un texte de ce genre, en produisant un certain nombre de citations exemplaires du dialogue, offre de sérieuses difficultés. Nous nous sommes attaché à faire ressortir les grandes lignes et les moments essentiels de l'action dramatique qui sous-tend le dialogue d'un bout à l'autre, et le fait apparaître en plus d'un cas comme un petit chef-d'œuvre. Il nous a fallu élaguer, condenser, jusque dans les interventions des personnages, afin de ne pas laisser les propos se disperser en allusions et disgressions qui eussent demandé des annotations considérables. Celles-ci sont réservées pour la traduction française intégrale qui accompagnera ou suivra la publication de l'édition critique.

En tout cas il est certainement de haute époque, au plus tard du IVe/Xe siècle, et il est possible que la véhémence à laquelle il atteint parfois, soit une trace d'influence qarmate. Tel qu'il se présente en manuscrit, l'ouvrage n'est pas d'une étendue considérable (il représenterait quelque cent trente pages de texte arabe dans un volume de format *in-octavo,* ce qui en traduction française pourrait atteindre quelque deux cents pages).

La rédaction de ce roman initiatique est, d'un bout à l'autre, vivante et dramatique. Ce n'est pas un récit à la première ou à la troisième personne, mais un dialogue au cours duquel chacun des personnages mis en scène nous révèle son caractère et ses préoccupations. Mais il s'agit de tout autre chose que d'un dialogue platonicien. Il y a changement de lieu; les personnages se déplacent; il y a une action dramatique qui progresse, si bien que l'on pourrait en concevoir une mise en scène analogue à celle de certains de nos « mistères » du Moyen Âge [1]. Les

1. Étant donné que notre dialogue se présente comme un véritable drame, dont on pourrait facilement imaginer la mise en scène, nous pensons que, si on lui applique les règles de l'analyse scénographique, on peut en gros y distinguer un prologue et deux actes.

Prologue : Entretien entre un Sage et un groupe d'initiés, au cours duquel est évoqué le personnage du *dâ'î* ou Sage persan *('âlim)* dont le rôle sera prépondérant tout au long du Ier acte. Monologue intérieur de ce Sage. (Tout le prologue est confié au récitant).

Acte Ier (la Quête de la gnose). *Scène I* : Conversation du Sage, en quelque auberge, avec quelques habitants d'une bourgade. *Scène II* : Dans la maison du Sage; premier entretien avec le disciple *(Ṣâliḥ)*. *Intermède* du récitant : allées et venues du Sage. *Scène III* : la série de dialogues entre le Sage et le disciple. *Intermède* : le Sage va rendre compte au dignitaire ésotérique supérieur (le *Shaykh*). *Scène IV* : Retrouvailles. Le Sage et le disciple partent ensemble pour la résidence du Shaykh. *Scène V* : A la résidence du Shaykh, la progrès de l'action sont marqués par des intermèdes confiés à un « récitant » anonyme qui se confond avec l'auteur. Les *dramatis personae* sont au nombre de cinq : il y a le Sage (*al-'âlim*) dont la qualification figure dans le titre même de l'ouvrage; son rôle est de personnifier parfaitement le *dâ'î* ismaélien, et c'est pourquoi, sans doute, aucun nom propre ne lui est donné. Il y a le disciple, le néophyte, qui à son tour deviendra un maître, tout au long de la seconde partie du livre, là seulement où nous apprenons enfin quel est son nom personnel, Ṣâliḥ. Il y a le Shaykh, dont il est parlé avec une suprême vénération et qui est le substitut de l'Imâm; il apparaît au sommet du livre, lors du rituel d'initiation. Il y a le père de Ṣâliḥ, qui est désigné comme le shaykh al-Bokhtorî. Il y a Abû Mâlik, le *mollâ* et conseiller des notables de la bourgade où vivent Ṣâliḥ et son père [1]. Le

première entrevue; accueil à l'hôtellerie du « prieuré ». *Scène VI* : le rituel d'initiation; le grand dialogue liturgique. *Intermède* : l'attente de sept jours. *Scène VII* : La grande scène d'initiation. *Intermède* : le séjour prolongé à la résidence du Shaykh. *Scène VIII* : Les adieux du Shaykh et du disciple. *Scène IX* : le voyage de retour et les adieux au Sage.

Acte II (la transmission de la gnose). *Scène I* : Dans la demeure paternelle. Retrouvailles orageuses, puis grand entretien entre le shaykh al-Bokhtorî et son fils (Ṣâliḥ). *Intermède* : Ṣâliḥ va informer le Sage; conversion d'al-Bokhtorî à l'ésotérisme ismaélien. *Scène II* : Dans la maison d'Abû Mâlik; entretien entre celui-ci et les notables. *Intermède* : Abû Mâlik et ses amis se rendent chez le shaykh al-Bokhtorî. *Scène III* : Dans la demeure du shaykh al-Bokhtorî. Entrevue entre celui-ci, Abû Mâlik et ses amis. *Scène IV* : Dans l'appartement de Ṣâliḥ; le grand entretien entre celui-ci et Abû Mâlik. *Scène V* : Ṣâliḥ consulte le Sage, son maître, sur le cas d'Abû Mâlik et de ses amis. *Finale,* par le récitant : Abû Mâlik et ses amis sont reçus dans la *da'wat* ismaélienne.

1. Pour être complet, il convient de mentionner, quoiqu'il soit tout épisodique, le rôle du « frère-hôtelier », jouant ce que l'on appelle les « utilités ». Enfin il y a les amis d'Abû Mâlik qui, pendant un moment, jouent un peu le rôle du chœur antique.

récit est mis en route, au cours d'un entretien entre un groupe de disciples et leur maître, par l'évocation du personnage dont le rôle dominera toute la première partie du livre : le Sage, *al-'âlim*. Nous apprenons simplement que c'est un Persan (un « homme du Fârs », la Perside) dont longue et féconde fut l'expérience spirituelle. Telle qu'elle est caractérisée, celle-ci nous met d'emblée au cœur de l'ésotérisme ismaélien.

Ce que nous entendons dans le prologue, c'est une sorte de monologue intérieur au cours duquel notre *dâ'î* (le Sage, l'émissaire ismaélien) se remémore le propos si fréquemment répété par son propre père : la meilleure et la plus importante des œuvres en ce monde, c'est « la résurrection des morts ». Ainsi, se dit-il, « j'étais moi-même un mort; Dieu a fait de moi un vivant, quelqu'un qui sait (un gnostique)... Ce qui m'incombe désormais, c'est de montrer ma reconnaissance pour cette grâce divine, en transmettant à ceux qui viendront après moi le dépôt qui m'a été confié (*al-amâna*), de même que me l'ont transmis ceux qui sont venus avant moi ». Et sa méditation se poursuit : ce dépôt est descendu depuis le Plérôme suprême jusqu'aux créatures de ce monde, finalement est parvenu jusqu'à lui. Mais il n'est pas le terme final de cette chaîne mystique. Le dépôt venu jusqu'à lui n'est pas sa propriété, c'est le « gain » de ses prédécesseurs; lui-même, en tant qu'admis à la haute connaissance, est aussi le « gain » de ses devanciers, le fruit de leur action.

D'emblée ce monologue intérieur nous livre les deux grands leitmotive du livre : résurrection des morts et éthique du dépôt confié. D'une part, nous savons déjà que cette résurrection s'entend des morts au sens vrai, c'est-à-dire de ceux qui sont spirituellement morts, parce que le sens vrai de la vie ne s'entend pas de la vie biologique. La mort spirituelle, c'est l'inconnaissance et l'inconscience, l'*agnôsia* (*jahl*) ou l'agnosticisme sous toutes ses formes. La résurrection, c'est s'éveiller de cette inconnaissance par l'éveil à l'ésotérique (*bâṭin*), à l'invisible et au sens caché. Tout ce qui est apparent, tout l'exotérique (*ẓâhir*), aussi bien celui des phénomènes de la Nature que celui de la lettre des Révélations divines, tout cet exotérique, tout ce *phainômenon*, comporte un ésotérique, le sens caché d'une réalité invisible. L'éveil du sommeil de l'inconscience exotérique (de la « Parole perdue ») est provoqué par le *ta'wîl*, par l'herméneutique qui promeut toutes choses au rang de symboles, et cela dans toute la mesure, et dans la seule mesure, où ce *ta'wîl* opère *eo ipso* une nouvelle naissance, la naissance spirituelle. Celle-ci est l'œuvre de l'initiateur, du Sage, toujours désigné pour cette raison comme « père spirituel ».

D'autre part, le second leitmotiv que nous propose le monologue intérieur de notre *dâ'î*, c'est l'éthique du dépôt confié, et cela parce qu'il a conscience de ne pas être le dernier maillon de la chaîne de la gnose (*silsilat al-'irfân*) en ce monde; il a le devoir de la transmettre. Il y a ainsi une double *Quête* : quête de la gnose qui est celle de la résurrection spirituelle. Ensuite quête de celui que le gnostique, à son tour, pourra ressusciter, et qui sera l'héritier légitime auquel il transmettra le dépôt confié. Le ressuscité doit à son tour opérer la résurrection des autres. C'est une maxime ismaélienne classique : l'adepte fidèle n'est véritablement un fidèle, que lorsqu'il a suscité un autre adepte fidèle semblable à lui.

Ces deux leitmotive, résurrection des morts et éthique du dépôt confié, vont être le ressort dramatique du livre, et ils en déterminent toute l'architecture. Conformément à l'idée de la double *Quête* qui s'impose à l'adepte, le livre comporte en effet deux parties bien distinctes : la première, qui est le récit de la Quête de la gnose, s'achève sur une scène d'initiation d'un extrême intérêt, dans l'état actuel de nos connaissances des textes. Commence alors la seconde partie, au cours de laquelle le nouvel initié devient à son tour un maître en gnose, un *dâ'î,* c'est-à-dire quelqu'un « qui appelle », fait entendre la « convocation » (*da'wat*) ismaélienne à la gnose, et transmet le précieux dépôt à ceux chez qui il reconnaît l'aptitude à le recevoir. C'est ainsi que par lui et par tous ses semblables, la Parole divine permane en ce monde; l' « appel » qui selon les textes plus tardifs, a commencé « dans le Ciel », avec l'appel adressé au Plérôme par la première des Intelligences chérubiniques, se perpétuera sur terre jusqu'à l'apparition du dernier Imâm, l'Imâm de la résurrection *(Qâ'im al-qiyâmat*).

C'est pour ces motifs que notre Sage de Perse, notre *dâ'î* iranien, s'est mis en route. Il a quitté son foyer, sa famille, ses biens, pour « appeler » à son tour vers le Bien suprême qui s'est révélé à lui. Car pauvre, il le fut, tant qu'il n'avait pas trouvé la gnose; et pauvre, il l'est encore, tant qu'il n'a pas trouvé le disciple à qui en transmettre le dépôt. Son voyage le mène parmi des populations persanes et arabes; la topographie est vague, notre roman ne se soucie pas de l'anecdotique. Notre pèlerin arrive ainsi à la dernière *jazîra* (le mot signifie littéralement île, ou presqu'île; en fait il désigne les circonscriptions entre lesquelles la cartographie ismaélienne, peut-être tout idéale, répartit le monde). Son arrivée vers le soir en une bourgade inconnue va marquer le terme de sa quête du disciple et nous édifier sur les procédés de la pédagogie spirituelle de l'ismaélisme, qu'aussi bien notre petit roman initiatique illustre, d'un bout à l'autre, de façon frappante. Le *dâ'î* ismaélien n'est pas un missionnaire qui prêche sur la place publique ou à la mosquée, s'adressant indifféremment à une multitude inconnue de lui. Il lui faut procéder discrètement, individuellement; être physionomiste, éveiller la sympathie des gens, sans que de prime abord les gens comprennent qui il est; il lui faut pratiquer le discernement des esprits, éveiller chez l'interlocuteur le désir d'en savoir plus, et ne parler qu'en fonction de ce désir et de la compréhension dont il témoigne. Sinon, il s'exposerait à livrer à celui qui n'en est pas digne, le dépôt qui lui a été confié. Rien de plus frappant, de ce point de vue, que la scène initiale de notre roman.

Notre *dâ'î* arrive donc vers le soir en une bourgade inconnue; il trouve quelques habitants conversant ensemble dans un *tchây-khâneh* ou une maison de ce genre [1]. Il s'approche discrètement, se mêle progressivement à la conversation. On le salue respectueusement : « *Ya fatâ!* ». Le terme est solennel : « Ô compagnon! ô chevalier! D'où viens-tu? » À toutes les questions il répond en termes aussi ambigus qu'édifiants. Par exemple, quand on lui demande : « De quoi as-tu besoin? À quoi travailles-tu? » Il répond : « Quant à mes besoins, c'est chose réglée. Quant à mon travail, je suis précisément à sa recherche » (comment ces braves gens comprendraient-ils que ce qu'il cherche, c'est l'héritier, le nouvel adepte, dont il pourra faire un gnostique?) Finalement l'heure passe; notre *dâ'î* finit

1. *Tchây-klâneh,* littéralement la « maison de thé », qui joue un peu le rôle de nos « cafés » en Iran. Nous employons ce mot ici par commodité, faute d'un autre terme, sans vouloir dire que l'usage du thé était déjà répandu dans l'Iran et les pays limitrophes du IVe/Xe siècle!

par prononcer un prône si édifiant qu'il fait venir les larmes aux yeux de toute l'assistance, mais n'empêche personne de faire ses adieux pour rentrer chez soi... sauf un seul, le plus jeune de tous, mais aussi le plus intelligent de tous, et qui veut en savoir davantage. C'est le fils d'un éminent shaykh arabe, dont nous apprendrons que le nom est « Shaykh al-Bokhtorî ».

Le jeune homme accompagne jusqu'à sa demeure le Sage, qui le fait entrer chez lui. On prend le repas ensemble, et lorsque l'on se trouve mis en bonne humeur pour la conversation, le jeune homme se met à parler : « Ô Sage! Tu as porté quelque chose à nos oreilles. Tu as prononcé une homélie et tu as été éloquent. Tu as donné de la Religion divine la plus belle des descriptions. Tu as fait entendre le plus magnifique Appel *(da'wat)* [pour qui sait l'entendre]. Les coups de ton discours inspirent aux intelligences le désir de t'interroger. La précellence que tu montres ne peut être le fait que de quelqu'un qui a atteint la perfection dans l'ésotérique et dont la pénétration domine l'exotérique... Tu as déclaré que l'ignorance met les intelligences dans la détresse et dans l'urgence de chercher la connaissance. Eh bien! mon intelligence à moi est, entre toutes, de celles qui ressentent au maximum leur dénuement et leur misère. Je te le demande : *y a-t-il pour moi un chemin vers la Vie?*... Montre-toi miséricordieux, car toi aussi tu as été jadis dans la même condition que moi présentement, et Dieu a acheminé vers toi sa grâce par la médiation de quelqu'un dont grande était l'expérience par rapport à toi et envers qui la reconnaissance s'impose à toi... Cette chose à laquelle tu appelles, qu'est-elle donc? De qui vient-elle? Vers qui va-t-elle? »

Rappelons-nous le monologue intérieur du *dâ'î* :

« J'étais un mort; Dieu a fait de moi un vivant ». D'emblée, la requête du disciple nous fait entendre les deux leitmotive que nous avons déjà discernés, l'appel à la résurrection des morts et l'argument du dépôt confié : de même que quelqu'un est venu à toi pour te le transmettre, à ton tour de le transmettre à moi. Alors commence un dialogue très serré, mettant en œuvre tout l'art d'une pédagogie et d'une psychologie éprouvées. Le *dâ'î* doit éveiller le jeune homme à la conscience de ce que propose la gnose ismaélienne, laquelle présuppose un réveil de l'ignorance sous toutes ses formes, opérant une résurrection d'entre les spirituellement morts. Nous savons déjà que c'est l'éveil à l'ésotérique, à la perception qu'à chaque phénomène visible (*ẓâhir*) correspond une réalité cachée, spirituelle et secrète (*bâṭin*); c'est donc comprendre le principe d'une symbolique universelle dont l'ismaélisme ne fait qu'une application particulière et approfondie aux choses de la religion islamique : « L'exotérique de ce que je te propose, ce sont des usages établis et des institutions. Son ésotérique, ce sont de hautes sciences et connaissances. »

Ici se fait jour chez le disciple la question, sinon l'objection, qu'ont l'habitude de formuler tous ceux qui entendent parler de l'ésotérique sans réellement savoir de quoi il s'agit, ou même certains qui, venant des croyances littérales exotériques, sont mis en présence de l'ésotérique ou d'un ésotériste : pourquoi cette sélection spirituelle qu'implique l'ésotérisme ? « S'il s'agit d'un don de Dieu aux créatures, qu'est-ce qui vous en a rendus, vous, plus dignes que d'autres ? » L'éthique du dépôt confié tient ici la réponse toute prête : « Il n'est personne qui profère une Parole de Vérité, sans l'avoir prise aux sources mêmes où nous l'avons prise. » Aucun mérite personnel ne fait de nous des ayant-droit à ce privilège. Mais il y a ceci : nous avons su garder intégralement le dépôt qui nous a été confié, tandis que les autres l'ont dilapidé. Autrement dit : nous avons préservé l'intégrité de la Parole, son exotérique et son ésotérique, tandis que les autres ont gaspillé le Trésor. Ce trésor gaspillé, c'est la Parole perdue, le contenu ésotérique des Révélations, celui dont il est dit qu'il est l'herbe verdoyante et qu'il a la douceur de l'eau de l'Euphrate, tandis que l'exotérique réduit à lui-même, ce sont les feuilles mortes ou l'écume dont la saveur a l'amertume des eaux marines. C'est pourquoi les littéralistes et les exotéristes sont des pauvres par rapport à nous, et ils viennent alors pleurer misère près de nous. « L'ignorance les contraint de quêter la Connaissance auprès de ceux qui sont restés les familiers des vénérables Sources... Ils ont besoin de nous, tandis que nous, nous pouvons nous passer d'eux. » Le gnostique ismaélien pratique donc l'*hospitalité* spirituelle au sens le plus élevé du mot : « Celui d'entre nous qui *sait*, se trouve appeler (*da'wât*) l'ignorant parmi eux. Celui d'entre nous qui est vêtu, habille celui d'entre eux qui est nu. Le riche d'entre nous rassasie l'affamé parmi eux. »

Mis en confiance, le disciple s'imagine qu'il n'est déjà plus au nombre des ignorants. Il faut que le Sage le détrompe :

– *Le disciple* : Quel argument aurais-tu contre moi ? Je reconnais tout ce que tu viens de dire. Je rejette tout ce que tu rejettes... je repousse le faux et les hommes de l'erreur.

– *Le Sage* : Certes, tu mérites d'être qualifié autrement qu'eux, mais intrinsèquement votre cas est le même.

– *Le disciple* : Comment cela, alors que je reconnais

la vérité de celui qui détient le Vrai (*ṣâḥib al-Ḥaqq*)?

– *Le Sage* : Certes, tu diffères d'eux, parce que tu acquiesces à ce qu'ils dénient. Mais l'empêchement dont vous souffrez, toi et eux, est le même. Ne vois-tu pas que tu cherches refuge dans l'affirmation de la connaissance de quelqu'un qui détient le Vrai, tandis que le commun des littéralistes (*al-'âmma*) cherche refuge dans l'affirmation de la Vérité sans plus, si bien que votre manière d'agir vous différencie, mais votre ignorance vous rassemble (c'est-à-dire que tu n'as pas encore une expérience personnelle de celui qui détient le Vrai, pas plus que ceux-là n'ont la connaissance de la Vérité).

– *Le disciple* : Tu as raison. Mais alors explique-moi.

– *Le Sage* : Tu reconnais la valeur de mon argument en ce qui concerne le commun des littéralistes?

– *Le disciple* : Certes!

– *Le Sage* : Eh bien! Quelqu'un est-il en mesure d'affirmer par soi-même une vérité qui appartient à un autre?

– *Le disciple* : Non, personne n'en est capable.

– *Le Sage* : Alors que te reste-t-il à faire, sinon de te tourner vers celui dont tu as besoin, sans qu'il ait besoin de toi?

C'est la première allusion, très discrète, à la personne de l'Imâm en qui est investie la « science du Livre », c'est-à-dire la connaissance de l'ésotérique. Jamais le premier venu n'a été à même d'improviser et de fonder l'ésotérique que professent les ésotéristes, car cela ne s'improvise pas; le *ta'wîl,* l'herméneutique des symboles, pas plus que le *tanzîl,* la révélation littérale, ne s'invente ni ne se reconstitue à coup de regroupements d'idées, de raisonnements érudits ou de syllogismes. Il faut l'homme inspiré qui te mette sur la seule voie où tu retrouveras la Parole perdue. Ce sera tout le sens de l'initiation, entraînant comme postulat que le temps des prophètes n'est pas encore achevé. Nous verrons en effet que notre roman ne distingue pas expressément, comme le fait la théosophie shî'ite en général, entre l'inspiration des prophètes jusqu'à celui qui fut le « Sceau des prophètes », et l'inspiration propre au temps de la *walâyat,* temps des « Amis de Dieu », postérieurement au « Sceau des prophètes ». Notre texte professe une conception plus radicale et généralisée de l'inspiration prophétique. Au disciple de comprendre ce que signifie la *da'wat,* l' « appel »; sinon il restera parmi les morts, c'est-à-dire parmi les ignorants, le commun des littéralistes.

Comment le disciple sortira-t-il de la misère et de la détresse dont il s'est plaint ? Comment prendra-t-il rang parmi les Élus ? Sera-ce comme quelqu'un qui en a acquis le droit par son application, ou bien comme quelqu'un qui demande une faveur ? « Ce rang, lui dit le Sage, tu l'obtiendras en l'ayant mérité. Ne le cherche pas par la flatterie; si tu l'obtenais par complaisance, tu serais frustré. (L'éthique de la Connaissance exclut toute idée de faveur et de complaisance.) Ne cherche pas à ruser; mets-toi au travail, si tu veux devenir un gnostique. »

Il importe de relever, dès ces prémisses, la disposition d'esprit à laquelle le disciple est invité à donner naissance en lui-même, s'il veut prendre rang parmi ceux qui répondent à l' « appel » (*da'wat*). On l'invite expressément à professer une théologie générale des religions que l'ismaélisme a peut-être été le premier à formuler. Il faut commencer par avoir une claire perception du rapport entre les Livres saints révélés, donc de ce qui constitue essentiellement le « phénomène du Livre » qui est le centre des « communautés du Livre », et qui, partant, détermine leur rapport entre elles. Il faut absolument se défaire de l'impression que formule spontanément le disciple, parce qu'il la partage encore avec le commun des non-initiés. « T'imagines-tu donc, lui demande le Sage, que les Paroles de Dieu (*Kalimât Allâh,* les Verbes de Dieu) et les Livres de Dieu se contredisent l'un l'autre, ou bien que le Livre le plus ancien dément le plus récent et réciproquement [1] ? »

1. Ce propos ne s'entend qu'à la lumière de ce qui va suivre : l'idée de l'*hexaéméron,* les « six jours » de la création du cosmos religieux. Ces « six jours » sont des unités d'un temps qualitatif, le « temps du Livre »; comme telles, elles sont les unités qualitatives du « temps de la hiérohistoire ». Il importe de ne pas confondre cette conception théosophique de la hiérohistoire avec une quelconque philosophie évolutionniste moderne de l'histoire. Une étude phénoménologique devrait s'attacher ici à la représentation que se font nos penseurs de la naissance éternelle du Verbe et du « phénomène du Livre », et du rapport entre l'un et l'autre. On peut méditer sur ce point les propos de Mollâ Ṣadrâ Shîrâzî et de ses commentateurs : « La Parole (le Verbe) qui descend d'auprès de Dieu est *Parole* sous un aspect, et elle est *Livre* sous un autre aspect. » La Parole, du fait qu'elle appartienne au monde de l'Impératif (*'âlam al-Amr*) est autre que le Livre, puisque celui-ci appartient au monde créaturel (*'âlam al-Khalq*). Cf. notre éd. et trad. de Mollâ Ṣadrâ Shîrâzî, *Le Livre des pénétrations métaphysiques* (Bibl. Iranienne, vol. 10), Téhéran-Paris 1964, p. 193. « La différence entre la Parole de Dieu et le Livre de Dieu est analogue à la différence entre le simple et le composé. D'autre part, on dit habituellement que la Parole appartient au monde de l'Impératif créateur, tandis que le Livre appartient au monde créaturel. Lorsque la Parole prend un état déterminé (en ce monde)... la différence entre la Parole et le Livre correspond, en un certain sens, à la différence entre l'Impératif et l'Acte. L'Acte est dans le temps et est récurrent. L'Impératif créateur est exempt de changement et de renouvellement. La Parole n'est susceptible ni d'abrogation ni de substitution, à la différence du Livre : Dieu efface et pose ce qu'il

Non pas, le sentiment dont le disciple doit se pénétrer, est cette ampleur œcuménique de l'ésotérisme que la théosophie ismaélienne professa dès l'origine.

veut. Près de lui est l'archétype du Livre (Qorân 13/39). » *Ibid.*, pp. 198-199. Du commentaire persan : « Lorsque nous considérons la Parole comme liée au sujet parlant par lequel elle existe, elle est Parole. Lorsque nous la considérons indépendamment de lui, comme subsistant par soi-même [comme objectivée], alors elle est Livre. Et comme la Parole appartient au monde de l'Impératif, elle est autre que le Livre qui appartient au monde créaturel. » *Ibid.*, p. 199.

Ces quelques lignes font comprendre : 1) pourquoi nos penseurs affirment simultanément l'immutabilité du Verbe et le renouvellement du « phénomène du Livre »; 2) cette simultanéité fonde, avec le phénomène du Livre, l'idée de l'herméneutique spirituelle, la mise en œuvre du *ta'wîl* reconduisant le *ẓâhir* (l'exotérique) au *bâṭin* (l'ésotérique, l'intérieur). Cette herméneutique ne saurait s'accommoder, en aucune manière, d'une conception évolutionniste de l'histoire des religions, parce que ce ne sont pas les virtualités latentes des phénomènes dans le monde créaturel qui suffiraient à expliquer le passage d'un « jour » à l'autre de la création du cosmos religieux. Ce passage marque un nouveau rapport de la Parole avec le Livre; de ce nouveau rapport résulte une nouvelle unité d'un temps essentiellement qualitatif, c'est-à-dire qualitativement déterminé comme troisième, quatrième « jour », etc. de la hiérohistoire. C'est ce rapport qui en détermine la « date », ce n'est pas inversement la date à laquelle on trouve le phénomène dans l'ordre de succession chronologique, qui l'explique et le situe. Le temps hiérophanique est autre que ce que nous appelons aujourd'hui le « temps historique ». Le monde « qui vient », le monde futur, a été créé dès *avant* le monde qui est « déjà venu », le passé; ce qui a été créé éternellement dans le monde spirituel (dans le *'âlam al-Amr*) se réalise en ce monde-ci (le *'âlam al-Khalq*) en y déterminant des unités de temps (des « jours », des périodes) qui n'ont pas la vertu d'être l'explication causale les unes des autres à leur niveau phénoménal et créaturel. Chaque manifestation a éternellement « son temps ». Le passage de l'une à l'autre est marqué par la suscitation d'un prophète. Quand nous entendons ici Ṣâliḥ (chap. VI) protester contre l'affirmation de chaque communauté, prétendant qu'après son prophète il n'y aurait plus de prophète, que par conséquent son « jour » était le « dernier jour », c'est parce que cette prétention équivaut, en immobilisant le temps de la hiérohistoire, à

Cet œcuménisme, tel que peut seul le professer l'œcuménisme des Spirituels, a été, postérieurement à notre roman initiatique, exposé de façon excellente par le grand *dâ'î* et philosophe iranien Nâṣir-e Khosraw (XIe siècle), et l'est encore dans les traités tardifs de la tradition d'Alamût [1]. C'est une façon de percevoir la succession des religions selon le schéma de l'*hexaéméron*. Les grandes religions constituent les *six jours* (les six époques) de la création du cosmos religieux ou hiérocosmos. S'il y a quelque hésitation sur les deux premiers « jours » (le premier serait le « jour » des Sabéens sous la direction de Seth, le second celui des Brahmanes), il n'y en a plus ensuite : au troisième jour se dresse la religion

retarder l'éternité (l'Islam, venu comme sixième jour, ne doit pas empêcher le lever du « septième jour »). Nos théosophes disposent du seul « sens de l'histoire » qui peut permettre la périodisation de celle-ci, parce qu'il n'est de périodisation possible que par une métahistoire, un schéma transcendantal de l'histoire. Il y aura lieu de le rappeler encore plus loin (p. 197 n.) en évoquant les affinités de la théosophie shî'ite de l'histoire avec la conception joachimite des « Ages du monde » en Occident médiéval. Les modernes « philosophies sociales de l'histoire » ne sont nullement les héritières légitimes de celle-ci; elles en sont la sécularisation radicale. Elles expliquent, par exemple, les religions par « leur temps », leur moment historique, sans être à même de dire *pourquoi* ce temps fut tel, et comme tel les fit être, puisque ce temps n'est plus qualitativement déterminé par sa relation transcendantale, méta-historique, avec le *'âlam al-Amr*. Pour nos théosophes, c'est inversement l'essence d'une religion, définie par le rapport qu'elle module entre le Verbe et le Livre, qui définit, qualifie et situe « son jour », « son temps ». Une « philosophie de l'histoire » qui veut ignorer l'horizon de la métahistoire est incapable de tout *ta'wîl*; elle s'obstinera à parler du « sens de l'histoire », sans s'apercevoir que l'histoire dont elle parle est devenue folle.

1. Cf. notre Étude préliminaire pour Nâṣir-e Khosraw, *Le Livre réunissant les deux sagesses* (Bibl. Iranienne, vol. 3), Téhéran-Paris 1953, pp. 125-126; *Kalâm-e Pîr*, éd. Ivanow, p. 64 du texte persan.

de Zoroastre; au quatrième jour, celle des Juifs; au cinquième jour, celle des Chrétiens; au sixième jour, l'Islam. La conception est si fondamentale que nous la verrons reparaître solennellement à la fin du dialogue, mais cette fois pour briser toute clôture de l'inspiration prophétique dans laquelle l'exotérique de chaque religion prétendit s'enfermer. C'est qu'en effet, pour quiconque perçoit ainsi le cosmos religieux, le plérôme des religions, toute contradiction s'abolit. D'un « jour » de la création à l'autre (d'une époque à l'autre), le nouveau Livre ne contredit ni ne détruit le Livre antérieur; simplement il en abroge la Loi (*nâsikh*; la racine *nsh* connote simultanément l'idée d'effacer et l'idée de transcrire, d'où l'idée de métamorphose), parce qu'il l'explique et le surmonte. Le disciple est invité à refaire en quelque sorte mentalement en lui-même le parcours de l'*hexaéméron* [1]. Il comprendra que, si tous les Livres saints sont venus de Dieu, celui qui est « descendu du Ciel » au « sixième jour » (le Qorân) est

1. De même il y a homologie entre le cycle des résurrections (*qiyâmât*) qui marquent la fin de chaque période du cycle de la prophétie, et le cycle des résurrections qui marquent les étapes spirituelles de l'initié ismaélien; cf. notre étude sur *Le Temps cyclique dans le mazdéisme et dans l'ismaélisme* [in *Temps cyclique...*, pp. 64 ss.]. Il y aurait lieu de comparer d'autre part avec la manière dont, chez les Joachimites (P.J. Olivi), les sept degrés de la *via mystica* sont homologués avec les sept périodes de la hiérohistoire, telles que l'*intelligentia spiritualis* les découvre dans l'Apocalypse. Sur ce point, voir Ernst Benz, *Ecclesia spiritualis*, Stuttgart, 1964[2], pp. 268 ss. Il y aurait également à comparer l'idée de l'*hexaéméron*, les « six jours » de la création du cosmos religieux, suivis du septième jour qui est le « jour de la Résurrection » avec les sept périodes de l'Apocalypse joachimite, et avec les sept communautés auxquelles sont adressés les sept messages contenus dans les premiers chapitres de l'Apocalypse; cf. E. Benz, *ibid.*, p. 298. Cf. encore ci-dessous p. 192, l'*Épilogue*.

aussi le plus proche des avertissements eschatologiques qu'il contient.

Le disciple accueille volontiers cet œcuménisme. Il demande au Sage de lui prescrire les conditions auxquelles il devra satisfaire pour que le Sage accepte d'être son guide. Celui-ci formule cinq conditions : « 1) Ne gaspille rien, si je te confie quelque chose (éthique du dépôt confié). 2) Ne me cache rien, si je t'interroge. 3) Ne m'importune pas pour que je te réponde. 4) Ne me demande rien, avant que je ne prenne l'initiative. 5) Ne fais pas mention de mon ordre devant ton père. » Le *dâʿî* laisse entendre que le seul rapport à faire à ce dernier, sera, le moment venu, quelque chose qui l'appelle, lui aussi, à répondre à la *daʿwat*.

Ici le dialogue est coupé par un intermède dont les quelques lignes suffisent cependant à couvrir un assez long intervalle de temps. Le « récitant » nous informe que le Sage et le disciple tantôt se réunissent, tantôt se séparent. Entre les entrevues, le disciple, ne sachant où est son ami et initiateur, tombe parfois dans la perplexité. Bref, nous pouvons appeler cette période une « période d'incubation », au terme de laquelle le Sage retrouve son disciple et constate qu'il a fait de grands progrès. Le moment est venu où celui-ci, désirant en savoir plus, doit être mis devant ses responsabilités. Le Sage de lui dire : « En vérité, la Religion (*Dîn* au sens ismaélien du mot) comporte une *clef* qui la rend licite ou illicite, pareillement à la différence qu'il y a entre la débauche et le mariage. » Cela veut dire une *clef* qui ouvre le secret, et dont l'absence rend celui-ci inviolable. Cette clef, c'est l'entrée dans la confrérie ismaélienne (dans la *daʿwat*), c'est l'engagement pris, ici en tête à tête avec l'initiateur. Quand il a reçu cet engagement, l'initiateur peut alors ouvrir toute grande à son disciple la voie de l'ésotérique. Cette clef, c'est donc au disciple qu'il revient, par son engagement, de la mettre en main de l'initiateur [1].

Nous aimerions, certes, connaître la formule de l'engagement pris par le disciple; malheureusement le texte ne nous la dévoile pas. Il nous dit simplement que le Sage la récite à voix haute au disciple, et la lui fait répéter phrase par phrase. Il nous est dit que « le jeune homme était secoué d'émotion et que ses larmes coulèrent en abondance jusqu'à ce qu'il parvînt au dernier mot de l'engagement. Alors il rendit gloire à Dieu. Il sut avec certitude qu'il était entré désormais dans le parti de Dieu et le parti des Amis de Dieu ».

La première de ces expressions est qorânique (58/22), et il importe de lui donner ici le sens fort que souligne la seconde précision : le parti des « Amis de Dieu » (*Awliyâ' Allâh*). Ce dernier terme vise en propre les Imâms au sens shî'ite du mot; il englobe leurs fidèles, en tant que ceux-ci reçoivent cette qualification de par leur dévouement aux Imâms. (Rappelons que le mot *walâyat* signifie littéralement « amitié », en persan *dûstî*. C'est le charisme de la proximité divine qui sacralise en propre les Imâms comme « Amis de Dieu ». Lorsque l'on parle du « temps de la *walâyat* » comme succédant au « temps de la prophétie », cela signifie qu'au temps de la Loi ou *sharî'at* succède le temps de l'initiation spirituelle par les « Amis de Dieu ».) Rappelons aussi,

1. L'idée de *clef* revient fréquemment dans cet ésotérisme, parce que la *potestas clavium* n'est pas un magistère juridique, mais l'*intelligentia spiritualis*. Comparer d'autre part, chez Abû Ya'qûb Sejestânî (*Livre des Sources*), l'identification du sens ésotérique du symbole de la croix chrétienne avec celui de la *shahâdat* (profession de foi) islamique, et ce même ésotérique de l'une et de l'autre compris comme « clef du paradis ». Cf. notre *Trilogie Ismaélienne* (Bibl. Iranienne, vol. 9), Téhéran-Paris 1961, pp. 92 à 102.

en passant, que nous retrouvons exactement la même dénomination choisie par une école mystique au XIVe siècle en Occident : les *Gottesfreunde* [1]. D'autre part, les textes ismaéliens font couramment usage du mot *Dîn*, « religion », en un sens absolu et qui n'est pas sans rappeler l'usage, dans l'ancienne France, du terme « la Religion » employé comme tel pour désigner l'Ordre souverain de Saint-Jean de Jérusalem (dit Ordre de Malte). Aussi bien, entendu en son sens précis, le terme « Amis de Dieu » se rapporte à la fraternité ismaélienne comme fondée sur une *fotowwat*, un pacte de compagnonnage qui en détermine l'organisation à la façon d'un Ordre de chevalerie, et ce n'est pas sans raison que la question a maintes fois été posée, sans recevoir de solution décisive, des rapports possibles (et lesquels ?) entre *da'wat* ismaélienne et chevaliers du Temple. Il reste que le mot *Dîn*, dans l'usage ismaélien, se charge de la nuance propre aux ésotéristes, et c'est pourquoi notre terme de « religion », tel qu'il est employé couramment de nos jours, ne suffit radicalement pas à en faire soupçonner l'*aura*. Quand un auteur ismaélien écrit ce mot, il pense à la Religion qui est théosophie et gnose (*Dîn-e bâṭin, Dîn-e Ḥaqq*), Religion absolue parce qu'elle est celle par laquelle et pour laquelle, tout au long de l'*hexaéméron*, la Parole n'a jamais été « perdue », et cela, parce qu'elle a conservé intégralement l'ésotérique (les *ḥaqâ'iq*) de la Religion.

Ce point de vocabulaire précisé, abordons maintenant la suite du dialogue, au moment où commence véritablement l'instruction du disciple.

1. Cf. notre ouvrage *En Islam iranien*... t. IV, Livre VII, chap. III, où est analysée cette notion d'« Amis de Dieu » dans ce qu'elle a de commun de part et d'autre.

III. L'initiation à l'ésotérique comme initiation au secret du Verbe des prophètes

L'enseignement que le Sage donne à son nouveau disciple commence par la cosmogonie. Il lui explique la loi du *septenaire* et la loi de la *dodécade* comme fondements des correspondances entre les mondes, dont se révèle ainsi la structure commune, l'« isomorphisme ». Nous entendons alors le disciple demander pourquoi, si telle est l'ordonnance du monde, il arrive que les Sages fassent profession d'y renoncer. Le *dâ'î* lui expliquera le sens de ce renoncement; il lui montrera que la vérité de toute attitude envers le monde (et par là-même la vérité d'une anthropologie) est en fonction du degré de compréhension du vrai rapport entre l'exotérique et l'ésotérique, entre l'apparent et le caché. Mais la perpétuation de ce vrai rapport suppose la perpétuation de la Parole divine. Dès les prémisses, tout est orienté déjà vers la conclusion finale du dialogue. Ou bien le temps des prophètes est clos, alors la Parole est perdue, le Verbe divin est réduit au silence. Ou bien cette Parole permane, l'exotérique et l'ésotérique sont maintenus inséparablement, mais alors le temps des prophètes n'est pas clos. Ce sera la conclusion, formulée dans un contexte à vrai dire dramatique. Malheureusement tout doit être résumé ici à grands traits.

À l'origine des origines, le Principe (*Mobdi'*) instaure une Lumière de laquelle procèdent ou dérivent *trois* Verbes (*Kalimât*), désignés comme Volonté (*Irâdat*), Impératif intérieur (*Amr*, cf. le *Λόγος ἐνδιάθεος* chez Philon), Impératif proféré (*Qawl*, *Λόγος προφορικὸς*). Autrement dit : *ab initio* la Création est la Volonté d'un impératif proférant le Verbe. Le Verbe proféré, qui récapitule la triade, est le Verbe créateur, c'est-à-dire la « vocation » de l'être mis à l'impératif (*KN*, qu'il faut traduire littéralement par *Esto,* non par *fiat*). À l'origine des origines, c'est sous la forme de son impératif que se manifeste l'être, non pas déjà comme *être* (à l'infinitif) ni comme *étant* (participe substantif). L'émanatisme et le créationisme naïf (l'idée de création *ex nihilo*) sont dépassés d'emblée. C'est de l'être à l'impératif que procède comme une réponse, sans intervalle, l'être qui est, l'*étant,* et c'est ce qu'expriment les mots du Qorân : *Kon fayakûn.* La graphie arabe de cette essencification impérative comporte sept lettres (*KN FYKWN*) ; ce sont les sept lettres-sources, première manifestation de la loi du septenaire (comme tous ses confrères, l'auteur s'exprime ici à l'aide de la science des lettres, *'ilm al-ḥorûf,* c'est-à-dire de l'algèbre philosophique).

De ces sept lettres procèdent sept choses : 1) De la Lumière première créée (*protoktistos*) est créé l'Espace. Des trois Verbes sont créés respectivement : 2) l'Eau ; 3) la Ténèbre ; 4) la lumière visible, c'est-à-dire la lumière des Cieux et de la Terre [1]. De cette seconde triade procèdent respectivement : 5) la fumée ou vapeur cosmique ; 6) le limon ; 7) le feu. Sept sources sont ainsi à l'origine de la Création primordiale ; les premiers effets de cette loi du septenaire se manifestent dans les sept Cieux créés du principe-vapeur, et dans les sept Terres créées du principe-limon, comme sept ramifications dérivant des sept Sources.

D'autre part, les noms désignant les trois Verbes

1. Comme dans la *Genèse* I, 3-5 et 14-19, il y a donc ici différenciation entre la création de la Lumière primordiale, au premier jour, et la création des luminaires célestes, le quatrième jour ; la lumière de ces derniers présuppose l'existence de cette Lumière primordiale qui est la source de leur lumière.

totalisent, dans leur graphie arabe, *douze* lettres, première manifestation de la dodécade. Leurs signes dans le Ciel, ce sont les douze signes du Zodiaque; leurs signes sur la Terre, ce sont les douze *jazîra.* Cieux et Terre ne faisaient qu'un bloc soudé par les Ténèbres. Le Créateur sépara Lumière et Ténèbres; il y eut la Nuit et il y eut le Jour, vérifiant à leur tour la loi du septenaire (les sept jours et les sept nuits de l'hebdomade), et la loi de la dodécade (les douze heures du jour et les douze heures de la nuit formant le nycthémère) [1].

Maintenant, toutes les choses procédant des sept Sources originelles ont été disposées par *dyades* ou couples, et là-même est cerné le mystère de la naissance éternelle de la « Religion » qui est gnose. Car parmi tous les couples de l'être, qui sont autant d'aspects manifestés de son Impératif (les deux lettres *KN*), le Créateur s'en choisit un pour lui-même, tiré de la quintessence de sa Volonté foncière et du secret de ses mystères, un couple dont tous les autres sont autant de symboles. C'est le couple formé par la Connaissance et par la Lumière (*γνῶσις* et *φῶς*); c'est cela *Dîn,* la Religion absolue au sens ismaélien.

C'est pour cette Religion qui est gnose et lumière,

1. Ainsi est énoncée la grande loi fondamentale de cette cosmogonie et de ses pareilles : la mise en correspondance des différents plans d'univers permettant, par le *ta'wîl,* de passer d'un plan à un autre, en retrouvant chaque fois les figures homologues (le *ta'wîl* a perçu les structures isomorphes bien avant le « structuralisme »). Bien entendu, la loi d'isomorphisme s'applique aussi bien aux figures dans l'espace qu'aux figures dans le temps; c'est ainsi que dans ces dernières elle permet d'identifier les mêmes *dramatis personae* en leurs récurrences successives, ce qui est la base même de l'herméneutique *typologique*; cette dernière se meut dans le temps propre de la hiérohistoire, et ignore l' « irréversibilité » du temps de la chronologie profane.

qu'il institua sur terre une élite spirituelle d'hommes qui sont les temples du Verbe prophétique (*boyût al-nobowwat*), les trésors de sa sagesse et les herméneutes de sa révélation. Ils forment une hiérarchie ésotérique dont la structure symbolise avec celle de l'univers; chaque degré de leur hiérarchie est en effet l'ésotérique d'une forme extérieure, quelque chose qui est symbolisé (*mamthûl*) par un phénomène visible qui en est le symbole (*mathal*), ou mieux dit : chacun *symbolise avec* l'autre. 1) Il y a l'Énonciateur (*Nâṭiq*), « celui qui parle » l'exotérique des révélations divines (chacun des six grands prophètes désignés dans notre texte comme *Imâm-Nâṭiq*) [1]; il symbolise avec le soleil qui en est la

1. Le détail des grades de la hiérarchie ésotérique diffère ici aussi bien de la hiérarchie décrite chez Nâṣir-e Khosraw que de celle décrite chez Ḥamîdoddîn Kermânî, lesquelles diffèrent également l'une de l'autre. Pour une vue d'ensemble, voir nos diagrammes et tableaux comparatifs dans notre *Trilogie ismaélienne,* ainsi que dans notre étude *Épiphanie divine et naissance spirituelle dans la gnose ismaélienne* in *Temps cyclique*... pp. 70 ss. Tandis que l'on trouve généralement le prophète différencié comme *Nâṭiq* (celui qui énonce, « parle » le Livre révélé) de l'Imâm son héritier (suivi de la lignée des Imâms), ici le *Nâṭiq* est lui-même qualifié d'*Imâm-Nâṭiq*. Ce qui se justifie parfaitement, puisque le prophète est aussi, de son vivant, l'Imâm (le « guide ») de sa communauté, son successeur étant alors l' « Imâm silencieux » (*ṣâmit*). Aussi bien, en théologie shî'ite, le charisme prophétique (*nobowwat*) présuppose-t-il le charisme de la *walâyat* (chaque *nabî* est d'abord nécessairement un *walî,* sans que chaque *walî* soit appelé à être un *nabî*), mais la mission du prophète-envoyé est de faire connaître la *sharî'at,* la Loi religieuse, non pas de manifester la *walâyat,* c'est-à-dire l'ésotérique. Le tout est de se rappeler ces prémisses en lisant notre texte, afin de ne pas confondre l'*Imâm-Nâṭiq* avec l'Imâm tout court dans la lignée des « Amis de Dieu » (*Awliyâ' Allâh)*. D'autre part, comme on le verra, selon notre texte l'inspiration du prophète révélant le Livre (*tanzîl*) et l'inspiration herméneutique de l'Imâm en faisant connaître le sens ésotérique (*ta'wîl*) ressortissent, en nature, à la même inspiration prophétique.

forme exotérique. 2) Il y a celui qui est son Seuil (*Bâb*) ou sa « preuve » (en qui est investi l'ésotérique, celui que les textes de la littérature ismaélienne classique désignent comme *Imâm-Waṣî,* Imâm héritier d'un prophète, ou Ier Imâm de sa période, fondement (*asâs*) de l'Imâmat de cette période) ; la Lune est son exotérique et son symbole. 3) Il y a les prédicateurs, les émissaires qui « appellent » (*do'ât,* pluriel de *dâ'î*), et dont les étoiles sont l'exotérique et le symbole. Les sept grands prophètes symbolisent avec les sept Cieux ; les sept Imâms de la période de chaque grand prophète symbolisent avec les sept Terres. Les douze *noqabâ* (chefs spirituels) qui accompagnent chaque grand prophète, symbolisent avec les douze signes du zodiaque. Les douze *Ḥojjat* (preuves, garants) qui répondent pour chaque Imâm, symbolisent avec les douze *jazîra.*

Ce bref schéma récapitule l'essentiel de la cosmologie exposée par notre roman initiatique. La loi fondamentale en est celle-ci : la dyade de l'ésotérique et de l'exotérique exemplifie le rapport entre la confrérie (le hiérocosmos) et les phénomènes cosmiques (le macrocosme). Tout ce qui suit immédiatement va découler de cette analogie. Dès maintenant, nous comprenons que la loi des correspondances entre les mondes définit la structure qui permet le *ta'wîl,* l'herméneutique qui promeut toutes choses au rang de symboles, parce que le *ta'wîl* consiste à « reconduire » toutes choses d'un plan à

Simplement, celle du prophète a la priorité, parce que le *ta'wîl* présuppose l'antériorité du Livre sur lequel il s'exerce. Toutes ces particularités signalées ainsi, en même temps qu'elles caractérisent notre roman initiatique par rapport à la littérature ismaélienne connue d'autre part, aussi bien que par rapport à la prophétologie shî'ite en général, doivent nous en permettre une compréhension sans malentendu.

l'autre, et en les reconduisant ainsi, à découvrir, à chaque plan les figures homologues. La même loi de correspondance s'applique aux figures dans l'espace et aux figures dans le temps; c'est elle qui permet l'herméneutique typologique. Sans elle, qui maintient indissociablement unis le *ẓâhir* et le *bâṭin,* il n'y aurait plus de symboles; le monde serait muet. C'est donc elle qui est le secret du Verbe, car par elle toute chose devient « parlante », toute histoire devient une parabole.

Le Sage conclut son exposé sur ce point par quelques propos qui apportent toute la précision désirable : « L'ésotérique (le sens intérieur), c'est la Religion divine que professent les Amis de Dieu. L'exotérique, ce sont les Lois religieuses (*sharâ'i'*) et les symboles de la Religion divine. Ainsi la Religion divine (la Religion intérieure des Amis de Dieu) est-elle pour les Lois religieuses l'âme et l'esprit, tandis que réciproquement les Lois religieuses sont pour la Religion ésotérique un corps matériel et un indice qui y réfère. De même que le corps ne subsiste que par l'Esprit, puisque celui-ci en est la vie, et de même que l'Esprit ne subsiste en ce monde que par le corps, puisque celui-ci en est le volume (ou l'enveloppe, *joththa*), de même l'exotérique de la Loi religieuse ne subsiste que grâce à la Religion ésotérique (*al-Dîn al-bâṭin*), parce que celle-ci en est la Lumière (*nûr*) et l'Idée (*ma'nâ,* le sens spirituel), l'Esprit de la vie dans les pratiques exotériques, mais réciproquement l'ésotérique ne subsiste que par l'exotérique, parce que celui-ci en est le volume (l'enveloppe visible), l'indice permettant de le trouver. Ainsi l'exotérique est la connaissance de ce monde-ci; il n'est visible que par celui-ci. Mais l'ésotérique est la connaissance de l'outremonde; il n'est visible que par celui-ci. » C'est en quelques lignes toute la charte de la gnose ismaélienne;

nous pouvons dire que, pour celui qui l'observe, jamais la Parole ne sera perdue. Quant au Sage, il ajoute encore : « Il n'y a pas un mot (ou pas une lettre) d'entre les mots de l'ésotérique, ni un seul Ami d'entre les Amis de Dieu, dont les témoins ne soient multiples dans l'exotérique (dans le monde extérieur), étant données la multitude des symboles et l'ampleur de ce qu'embrassent les prescriptions exotériques. »

C'est à ce moment du dialogue que le disciple, tout en étant émerveillé par ce qu'il vient d'entendre, manifeste un certain trouble.

– *Le disciple* : (S'il en est ainsi), pourquoi arrive-t-il que les Sages dénigrent ce monde et font profession d'y renoncer, tandis que les Ignorants s'éprennent d'amour pour ce monde et en font tout l'objet de leur ambition ? Ne sont-ce pas ces derniers qui visent juste et qui en rencontrent le sens caché ?

– *Le Sage* : Non pas, les Sages ne se sont pas trompés. Ils savent ce qu'ils veulent dire, tandis que les Ignorants, dans le prix qu'ils attachent à ce monde, ne peuvent viser juste, puisqu'ils en ignorent le sens spirituel caché, et que quiconque ignore une chose, passe forcément à côté.

– *Le disciple* : Alors montre-moi le mensonge des Ignorants, puisque l'apparence va à l'encontre. Mon cœur est dans l'angoisse et ne retrouvera la quiétude que lorsque je l'aurai compris.

La réponse du Sage est pathétique. Parce que les Ignorants ignorent le sens caché qui est l'Esprit et la vie des choses de ce monde, ils ne manipulent qu'un cadavre. Pour la même raison, ceux qui ignorent ou refusent l'ésotérique de la Religion, ont fait de la religion un cadavre. Or, il n'est pas permis de toucher à un cadavre, car on ne peut le faire sans contracter d'impureté. Et c'est le drame de la « Parole perdue ».

– *Le Sage* : Ce monde-ci, avec tout que je t'ai décrit, est l'apparence d'une réalité cachée (*ẓâhir li-bâṭin*, le « phénomène d'un noumène »); il ne subsiste que grâce à celle-ci, et cela parce que l'ésotérique est pour l'exotérique comme l'Esprit par rapport au corps. Celui qui connaît l'Esprit peut se réjouir du corps. Mais, pour celui qui ne connaît pas l'Esprit et ne reconnaît que ce qui est corps, pour celui-là le corps n'est en fait qu'un cadavre. Or, le cadavre est quelque chose qu'il n'est pas permis de toucher. Par conséquent, si nos Sages prohibent ce monde-ci, c'est parce que ce monde est un cadavre; ils défendent d'y toucher, parce que telle est la prescription qorânique (5/4), jusqu'à ce que la vie lui soit donnée pour autant que Dieu le veut.

En sourdine ici se fait entendre le leitmotiv de la résurrection des morts spirituels. À un autre passage du dialogue sur lequel nous ne pouvons insister ici, là où le Sage a l'occasion d'expliquer à son disciple l'herméneutique des songes du Pharaon par Joseph (12/49), il précise encore : « Dieu ne dit pas dans son Livre (31/39) « que ce monde ne vous séduise pas », mais « que *la vie de ce monde* ne vous séduise pas ». Car la vie peut s'entendre en plusieurs sens : il y a la vie extérieure (exotérique) en ce monde-ci, dont l'issue est anéantissement; et il y a la vie de l'outremonde, dont l'issue est pérennité. Ce que signifie la première, c'est une vie par la simple connaissance du *ẓâhir*; ce que signifie la seconde, c'est une vie par la connaissance du *bâṭin*, car la connaissance de l'exotérique, c'est la vie de ce monde-ci, et c'est la connaissance inférieure, tandis que la connaissance de l'ésotérique, c'est la vie de l'outremonde. Et c'est à cause de cela que le verset déclare : « que ne vous séduise pas la vie de ce monde-ci », c'est-à-dire que ne vous séduise pas la connaissance de l'exotérique qui s'attache à la lettre et à l'apparence.

D'où, pour apaiser l'angoisse du disciple, le Sage peut conclure : « Le mensonge des Ignorants est éclatant, quand ils font l'éloge de ce monde, puisqu'ils n'en connaissent pas le sens caché (la réalité intérieure), ni ce que Dieu a voulu par le monde. Leur opinion est que Dieu a créé le monde, sans que cela ait aucun sens. Or, Dieu n'a pas créé le monde par jeu. Si le monde était à soi-même sa propre fin, il n'y aurait pas d'issue; cette Création serait absurde, car toute création qui n'a pas d'issue est une dérision, et tout discours qui n'a pas de sens est une futilité.

– *Le disciple* : Voici bien établie la véridicité des Sages et mise en évidence leur précellence ainsi que le mensonge des Ignorants. Dès lors il nous reste à comprendre l'ésotérique, le sens caché de ce monde, mais l'angoisse dont je m'étais plaint à toi, déjà se relâche.

Nous voyons alors à l'œuvre la pédagogie ismaélienne; elle n'oppose pas un dogme à un autre dogme, elle n'initie pas à un dogme; elle apprend à découvrir le sens caché de toutes choses, y compris des dogmes. Elle est une illustration anticipée de la devise du second Faust : « Tout l'éphémère n'est que symbole ».

– *Le Sage* : Eh bien! ce monde-ci avec l'ensemble de ses symboles est l'exotérique de l'outremonde et de ce qu'il contient. Cet outremonde est l'Esprit et la Vie. Quiconque ne travaille en ce monde que pour ce monde-ci, sans connaître l'outremonde, agit dans l'égarement; son travail n'a pas de sens, puisqu'il est sans issue. »

Le dialogue va alors tourner à une sorte d'exercice pratique sur la symbolique, et il en découlera que l'aptitude à déchiffrer les symboles et à penser en symboles est aussi ce qui détermine les catégories des humains. La leçon culminera en rappelant comment s'accomplit le passage du Verbe divin au Verbe humain en la personne de l'Imâm-parlant (*Imâm-Nâṭiq*), ce qui, d'une manière ou d'une autre, postule la notion commune au shî'isme de l'Imâm comme *Qorân nâṭiq*, le « Livre parlant », garantie de la permanence du Verbe : la présence continue du « Livre parlant » est la garantie contre le danger de la « Parole perdue », lorsque « celui qui parla » le Livre, n'est plus là. Par là-même nous faisons un nouveau pas vers la conclusion du dialogue : le temps des prophètes ne peut jamais être clos. Mais à ce moment-là, une question posée par le disciple va orienter l'action dramatique vers la grande scène d'initiation qui marque le sommet du livre.

– *Le disciple* : Explique-moi alors les points de repère (*ma'âlim*, pluriel de *ma'lam*, signes de route, bornes milliaires) de ce monde et de ce qu'il renferme. Confronte pour moi les symboles (*amthâl*) avec les symbolisés (*mamthûlât*) qui en sont les aspects intérieurs, ésotériques (*bawâṭin*).

– *Le Sage* : Dieu n'a créé aucune chose en ce monde, ni bête sur la terre, ni oiseau volant avec ses ailes, ni rien d'humide ni rien de sec, ni le minéral qui se dresse comme les montagnes, ni les pierres, ni les arbres, ni les métaux tels que l'or et l'argent, ni les pierres précieuses, bref aucune chose dans l'ensemble des choses grandes ou infimes, sans que cette chose propose un SYMBOLE (c'est exactement le principe mis en œuvre dans les *Arcana caelestia* de Swedenborg).

Déjà précédemment, le Sage avait donné une brève leçon de symbolique; elle est reprise ici avec quelques variantes et additions. Le Ciel qui contient l'ensemble des choses symbolise avec l'Imâm-parlant (le prophète « parlant le Livre »); les douze Signes du zodiaque symbolisent avec les douze *Noqabâ*; les étoiles avec les *dâʿî*. La Terre en son immensité symbolise avec l'héritier spirituel du prophète (l'Imâm, au sens propre du shîʿisme, comme le « Livre parlant », parce qu'il en connaît l'ésotérique et le *ta'wîl*). Les douze *jazîra* symbolisent avec les douze *Ḥojjat* de chaque Imâm héritier d'un prophète; les sept Anges des sept cieux avec les intermédiaires entre Dieu et chaque Imâm-parlant (ou prophète); les sept mers avec les sept intermédiaires entre Dieu et les Imâms succédant à l'Imâm-parlant. L'eau salée et amère symbolise la connaissance de l'exotérique réduit à lui-même; l'eau douce symbolise la connaissance de l'ésotérique, qu'il s'agisse des sources invisibles sous terre ou de l'eau qui ruisselle à la surface des roches. Cela « parce que l'eau est la vie de l'être vivant, de même que la connaissance est la vie de l'être connaissant ».

Finalement il y a l'Espace. De quoi est-il le symbole ? L'Espace qui renferme tout et que rien ne renferme, ne symbolise avec rien d'autre. Cela même renferme un sens ésotérique où l'idée de symbole se transcende et s'annule, car c'est en ce sens que l'Espace est le symbole de ce qui ne symbolise avec rien, de « Celui à qui rien ne ressemble » (42/9). Il n'est pas le symbole de Dieu, car il ne peut y avoir de symbole de Dieu comme il y a un symbole de l'Imâm, des *Noqabâ*, des *dâʿî*, etc. L'Espace suprême, qui ne symbolise avec rien, est le symbole de l'incognoscibilité divine, de l'ineffabilité de Celui qui ne symbolise avec rien. En ce sens ésotérique, l'Espace suprême est le symbole suprême, à la limite où fait halte tout symbolisme, et c'est le sens qu'il faut donner au verset qorânique (16/62) : « À Dieu appartient le symbole suprême » (*al-mathal al-a'lâ*) [1]. Et au-delà de l'Espace, entre l'Espace et le Principe, il y a le Temps, non pas le temps de notre durée chronologique uniformément quantifiable, mais le Temps qualitatif pur, la « saison » éternelle qui est le temps de la Volonté divine proférant l'être à l'impératif, – ce temps justement qui devient Espace, symbole suprême...

Le disciple est pris de vertige. « Tu me fais pénétrer jusqu'en l'abîme de la mer, jusqu'au Plérôme suprême (*al-Malâ' al-a'lâ*). Revenons aux connaissances de ce monde-ci et à leurs symboles. Peut-être y trouverai-je un secours pour mon cas et la force de porter ce que j'ai à porter. »

– *Le Sage* (avec une amicale ironie) : Tu avais déjà pris de la hauteur... et voici que ton intellect est ébloui. Si je te dévoilais l'ésotérique de cet ésotérique, nous serions ensemble comme Moïse et Khezr (cf. sourate XVIII : Moïse choqué et scandalisé par les actes de Khezr, son initiateur, qu'il ne comprend pas).

– *Le disciple* : Veux-tu dire que cet ésotérique a un ésotérique encore plus ésotérique que lui ?

– *Le Sage* : Par ma vie ! j'atteste que l'ésotérique a un

1. À la différence des autres cas où le symbole, en symbolisant avec le symbolisé, fait connaître celui-ci comme l'ombre projetée fait connaître ce qui la projette, la vertu du « symbole suprême » est ici purement négative ; il symbolise avec la « non-symbolisabilité » du symbolisé, comme une négativité symbolisant avec une autre négativité. À la différence des symboles qui sont ailleurs l'armature de la théologie affirmative (*kataphatique*), le « symbole suprême » est ici à la limite de la théologie apophatique (*via negationis*). Il y aurait à comparer ici les pages très denses consacrées par Shaykh Aḥmad Aḥsâ'î à cette question, dans son *Sharḥ al-Ziyârat al-jâmi'a* (commentaire de la prière de pèlerinage spirituel aux douze Imâms) ; cf. notre résumé in *Annuaire*, année 1969-1970, pp. 241 ss.

ésotérique qui est la plus élevée des demeures, plus ample que le premier quant à la puissance, plus parfait que lui quant à la vertu de guider. C'est le but et le terme de tous les indices jalonnant la voie du salut (*najât*).

– *Le disciple* : Je discerne donc ici trois degrés (*ṭabaqât*) de la connaissance : il y a l'exotérique; il y a l'ésotérique; il y a l'ésotérique de l'ésotérique (*bâṭin al-bâṭin*) [1]. Y a-t-il un indice qui y mène?

C'est cette direction que le Sage entreprend de montrer à son disciple. Il nous faut encore malheureusement résumer ici à grands traits. Les conditions d'intelligibilité de toute proposition forment une triade : il faut un nom, une qualification, un sens qui les conjoint et qui est l'intention (*ma'nâ*) visée par la proposition. Dire « la Lune se lève » a un sens; énoncer séparément le nom (la Lune) et la qualification (se lève) n'aurait pas de sens [2]. De même si l'on se contente de prononcer isolément le mot « exotérique » et le mot « ésotérique »,

1. Très ancienne est donc cette triple gradation, qui fut de nos jours encore admirablement mise en œuvre par l'école shaykhie. C'est toute l'herméneutique shî'ite dont le principe est ainsi posé. En dernier ressort, la source en remonte au célèbre *ḥadîth* du Prophète : « En vérité le Qorân a un exotérique et un ésotérique; celui-ci à son tour a un ésotérique, etc. » Cf. notre ouvrage *En Islam iranien*... t. III, Livre IV, chap. II.

2. On relèvera donc que la théorie herméneutique fondamentale du *ẓâhir* et du *bâṭin* est présentée comme une application de l'argumentation philosophique découlant de la logique et de la grammaire, et formulant la loi d'intelligibilité et d'intégrité de toute chose. L'ésotérisme n'est ni un raffinement arbitraire, ni un phénomène de sélection sociale; il est fondé sur la nature même des choses. Privées de leur sens intérieur, ésotérique, les choses ainsi mutilées, ne sont que des cadavres. Mais d'autre part la découverte de ce sens intérieur ressortit à l'inspiration herméneutique des « Amis de Dieu ». C'est pourquoi refuser le rôle de ceux-ci, c'est laisser le monde à l'état de cadavre.

quelqu'un demandera : exotérique de quoi ou pour qui ? ésotérique de quoi ou pour qui ? Mais les mots prennent un sens, si je dis : « exotérique de la Religion », ou « ésotérique de la Religion ». On comprend alors que la Religion est quelque chose qui a un exotérique et un ésotérique, et on en accueillera comme symbole la structure de l'œuf, lequel a un exotérique qui est la coquille qui l'enveloppe; un ésotérique qui est le blanc de l'œuf, et un ésotérique de l'ésotérique qui est le jaune de l'œuf, lequel en est la substance et le sens [1].

Or, à ces trois degrés ou modes de connaître et de comprendre une chose (*modi intelligendi*) correspondent trois modes d'être (*modi essendi*) : 1) Celui qui connaît l'exotérique sans connaître l'ésotérique, est au rang des bêtes (« il n'a pas la Parole »). 2) Celui qui connaît l'ésotérique est un vrai croyant; il est au rang de ceux qui méritent le nom d'hommes. 3) Enfin la connaissance de l'ésotérique de l'ésotérique est la connaissance propre aux Anges. « Celui qui la possède est spirituel par la connaissance, tout en étant matériel par le corps. C'est un prophète que Dieu suscite comme son vicaire sur sa Terre... Il est l'organe et l'herméneute de la Révélation divine; il a les *clefs du paradis* dans lequel n'entrent que ceux qui le suivent » (pensons ici au blanc chevalier de l'Apocalypse XIX, 11 ss.). Et c'est pourquoi ceux qui méritent le nom d'hommes se répartissent en deux catégories : il y a le Sage divin (*'âlim rabbânî*, le *theo-sophos*), et il y a ceux qui reçoivent son enseignement

1. Application au cosmos religieux ou hiérocosmos (*'âlam al-Dîn*) du symbole de « l'œuf cosmique », bien connu de plusieurs mythologies. Cependant il ne s'agit pas ici de mythologie. Le *ma'nâ* du *ẓâhir al-Dîn*, c'est le *bâṭin;* le *ma'nâ* du *bâṭin al-Dîn*, c'est le *bâṭin al-bâṭin*. Le *ma'nâ* de la proposition « la Lune s'est levée », c'est « l'Imâm est manifesté » (l'Imâm dont la Lune est le symbole).

sur la voie du salut. Tout le reste est populace, sectateurs de n'importe quel charlatan propageant son égarement et n'entraînant les autres que dans son ignorance [1].

– *Le disciple* : Comment s'enhardir à viser quelque chose comme le rang auquel Dieu élève ses amis... Est-il possible, à toi, de m'aider ?

– *Le Sage* : Il est possible à l'agriculteur d'améliorer le sol ; il lui est possible de semer et d'abreuver la terre ; il n'est pas en son pouvoir de faire sortir de terre la plante et le calice des fleurs [2]. Il est toujours possible à l'homme de faire des expériences *quand il veut* ; il ne lui est pas possible d'en créer *ce qu'il veut*. Il me serait pénible, ô mon fils, que tu me demandes mon aide en quelque chose, et que je ne puisse t'aider. Que Dieu éclaire ta conscience intime... Tu es sur la voie du salut... la voie des hommes de vigilance. Suis le chemin qui est le tien, tu n'es encore qu'au début. Tiens solidement ton câble, jusqu'à ce que, par un câble venant de Dieu, tu sois guidé jusqu'au câble de Dieu.

1. Cette répartition a pour origine un *ḥadîth* du Ve Imâm, Moḥammad al-Bâqir (cf. Kolaynî, *Kitâb al-oṣûl mina'l-Kâfî* : *Kitâb al-Ḥojjat*, avec le commentaire de Mollâ Ṣadrâ Shîrâzî). Comparer également l'anthropologie de Nâṣir-e Khosraw (dans le *Jâmi' al-Ḥikmatayn*, Le Livre réunissant les deux sagesses) où le *statut* de l'homme est décrit comme un état intermédiaire, ange ou démon en puissance.

2. Cette réflexion s'accorde parfaitement avec l'éthos shî'ite en général. Nous en avons fait maintes fois l'expérience au cours de nos conversations en Iran. Si le shî'isme (à la différence du sunnisme) n'a pas l'esprit missionnaire, c'est parce que, si l'auditeur n'est pas conduit par « l'Imâm intérieur », toute argumentation et toute discussion ne sont que des *flatus vocis*. Celui qui est guidé intérieurement, rencontrera *eo ipso* celui qu'il pourra interroger ; mais si la Parole fructifie en lui, ce n'est plus l'œuvre de celui qui l'y a semée. Nous avons vu que le « missionnaire » ismaélien procède en vertu de la même éthique ; il ne s'agit pas de s'adresser à la masse, mais de découvrir un par un « celui qui a l'aptitude », le *ṣâliḥ*.

– *Le disciple* : Le câble de Dieu n'est-il pas l'Imâm vers lequel tu m'as appelé ?

– *Le Sage* : Il est ce qui en est visible (*ẓâhir*) et il est *ton câble*, l'« anse solide » [1].

– *Le disciple* : Alors qu'est-ce que le câble de Dieu et qu'est-ce qu'un câble de Dieu ?

– *Le Sage* : C'est le but de la direction qui te guide, et c'est le terme auquel aboutissent les Sages.

En peu de mots, le Sage vient d'instruire son disciple de cette éthique de la Quête qui s'avèrera, dans la seconde partie du dialogue comme le ressort de l'éthique du dépôt confié. La mention du câble de Dieu est d'une remarquable densité allusive : l'Imâm est la partie *visible*, manifestée, de ce câble. Est-ce là suggérer ce qu'est l'ésotérique de l'ésotérique, tel qu'il se révèle au secret de chaque chercheur, quand il a atteint au terme de sa Quête ?

Le disciple, intimidé devant ces lointains, profère l'invocation que tout pieux musulman a l'occasion de répéter plusieurs fois par jour : *lâ ḥawl wa lâ qowwat illâ bi'llâh*, « il n'y a de force et de puissance que par Dieu ». Heureuse imprudence de sa part, car le Sage se saisit de cette formule pour poser à son élève ce qu'au Moyen Âge on désignait, dans nos écoles, comme une *bona dubitatio*, ce qui dans la langue de nos jours peut se traduire par une « bonne colle ». Et voici que la solution de cette « bonne colle » débouche sur le secret même de la prophétologie et de l'imâmologie : le passage du Verbe

1. Le symbole du « câble de Dieu » est qorânique (3/98 : « Attachez-vous au câble de Dieu » ici symbole de l'Imâm), de même que le symbole de « l'anse solide » (*al-'orwat al-wothqâ*, 2/257), lequel sert de titre à maints traités, notamment à un grand traité de théosophie mystique de 'Alaoddawleh Semnânî. Cf. notre livre *En Islam iranien...* t. III, Livre IV, chap. IV.

divin au Verbe humain et le retour du Verbe humain à l'Esprit qui en est la vie.

Le Sage interroge donc le disciple sur le sens de cette pieuse formule, telle que nous venons de la traduire comme on la traduit communément. Le jeune homme ne peut répondre que ce qu'on lui a enseigné à la *madrasa*, et il s'aperçoit que l'exégèse qu'il y a apprise n'est pas fameuse; elle est même tout à fait piteuse. Se glisse ici un bref intermède comique qu'accentue l'humour du Sage, lequel reprend rapidement toute sa gravité. Il apparaît, dès l'abord, que l'exégèse enseignée à la *madrasa* est justement un exemple criant du genre de *ta'wîl* dont il faut absolument se garder, relevant de la pire des herméneutiques, celle dont se contentent les exotéristes, lesquels, loin d'avoir le moindre sentiment des symboles et de pratiquer un *ta'wîl* authentique, réduisent tout à des figures de grammaire et de rhétorique, les seules qui les préoccupent et qui soient à leur mesure.

Traduire le mot *ḥawl* par force? Soit. Mais la racine *ḥwl* comporte l'idée de changement, mutation, passage d'un état à un autre [1]. Il réfère ici au *Nâṭiq*, au prophète

1. Une question ironique que va poser le Sage, permet d'apprécier la valeur des amusements exégétiques appris par le jeune homme à la *madrasa*, où l'on substituait les mots les uns aux autres, en sautant d'un verset à l'autre; l'« explication de texte » tenait parfois du coq-à-l'âne. Ce jeu de substitutions, dont nous ne pouvons retracer ici le détail, conduit le Sage à demander : « Alors, quand tu dis : pas de puissance ni de force sinon par Dieu, – c'est comme si tu voulais dire : pas d'année ni de mulet sinon par Dieu? Car c'est cela, selon toi, le *ta'wîl*? » En revanche, le Sage va maintenant aborder avec gravité, dans toute sa profondeur, le sens de la double mutation (*taḥwîl*) du Verbe de Dieu modulé dans le Verbe humain des prophètes qui en est l'exotérique (c'est le *tanzîl*), et du Verbe humain reconduit à son ésotérique qui en est le Verbe divin, reconduction (*ta'wîl*) qui est l'œuvre de l'Imâm. Cf. Déjà ci-dessus p. 102 n., la question du rapport entre la Parole de Dieu et le Livre de Dieu.

« parlant », parce que la personne de celui-ci est le lieu même où, par la dictée de l'Ange de la révélation s'accomplit la mutation, le passage du Logos ou Verbe divin (*Kalâm al-Khâliq*) au Verbe humain (*Kalâm al-adamîyîn*), de sorte que le Verbe divin est alors manifesté et compréhensible aux hommes. « Le Verbe de la Sagesse (*Kalâm al-Ḥikmat*, le Verbe du Sage de Dieu, du prophète, *Verbum theosophicum*) devient alors pour le Verbe divin un corps et une enveloppe matérielle; réciproquement le Verbe divin, le Verbe du Créateur, est pour le Verbe de la Sagesse l'Esprit de la Vie et la Lumière du salut. C'est pourquoi le Verbe de la Sagesse est élevé au-dessus de tous les autres Verbes, à cause de la précellence du Verbe du Créateur qui en est l'ésotérique. » Ainsi parle le Sage de notre roman initiatique.

Nous pouvons donc dire que le Verbe de la Sagesse (le Verbe du Sage divin) est le seul *subjectum incarnationis* concevable; il représente la *caro spiritualis* du Verbe divin, car le Verbe divin ne peut que spiritualiser toute *chair* en laquelle il s'« incarne », et c'est dans le Verbe humain qu'il s'incarne comme une *épiphanie* de l'ésotérique, de l'intériorité suprasensible dans l'extériorité sensible. Le prophète « parlant la Révélation » (le *Nâṭiq*) est ainsi, en sa personne, le lieu du passage, de la mutation, où le Verbe divin se transforme, se métamorphose en Verbe humain. Et c'est ce passage, cette mutation, que signifie étymologiquement le mot *ḥawl*. Dire *lâ ḥawl illâ bi'llâh*, cela revient à dire : pas de mutation du Verbe divin en Verbe humain qui s'accomplisse sinon par Dieu. Et c'est cela le *tanzîl*, « faire descendre » le Verbe divin par l'organe du prophète.

Maintenant, le prophète, celui qui « parla la Révélation » de par la dictée de l'Ange, n'est plus là; il a laissé aux hommes le « Livre parlé » par lui, le Livre qui est pour son Verbe ce que celui-ci fut pour le verbe divin qui en fut l'Esprit et dont il fut le corps. Que soit présent à ce corps, à ce Livre, l'Esprit qui le vivifie, cela postule qu'il ne soit pas seulement le « Livre parlé » jadis par l'organe du prophète, mais qu'il soit en permanence le « Livre parlant ». Ce « Livre parlant » (*Qorân nâṭiq*), c'est justement la qualification donnée par le shî'isme à l'Imâm comme à celui qui est en personne le maître de l'herméneutique (*ṣâḥib al-ta'wîl*), celui sans lequel, par conséquent, la Parole serait définitivement perdue, parce que le Livre serait désormais muet (d'où le rapprochement que nous avons fait entre l'Imâm et le blanc chevalier de l'Apocalypse, chap. XIX). Comme l'explique le Sage à son disciple, l'Imâm (au sens de ce mot dans la littérature ismaélienne classique) est « celui à qui Dieu donne la force de porter ce Verbe »; il est celui à qui incombe l'herméneutique du sens ésotérique, c'est-à-dire l'office de « reconduire » le Verbe humain exotérique au Verbe qui se cache en lui, tout en s'y manifestant, et c'est cela le *ta'wîl*.

C'est pourquoi le Sage peut conclure : la pieuse formule *lâ ḥâwl wa lâ qowwat* revient à dire : pas de *tanzîl* ni de *ta'wîl* sinon par Dieu. Il en découle donc que pour celui qui ne connaît ni ne reconnaît l'Imâm, le « Livre parlant », il n'y a plus qu'un livre qui est un Verbe humain vide du Verbe divin. Le refus de l'ésotérique, c'est-à-dire de la gnose, c'est donc le drame même du Verbe perdu, de la « Parole vidée de son sens », et c'est pourquoi ici-même l'initiation ismaélienne a pour fin de conduire l'initié à retrouver le Verbe perdu. La pensée profonde de la gnose ismaélienne s'accorde avec ce que nous connaissons sous le nom de gnose dans les trois rameaux de la tradition abrahamique. Le « phénomène du Livre révélé » comme épiphanie du Verbe secret de Dieu, a mis de part et d'autre les herméneutes de l'ésotérique devant les mêmes tâches ; c'est pourquoi la même loi des correspondances, c'est-à-dire la même connaissance des symboles, s'est imposée de part et d'autre aux herméneutes spirituels.

Ce n'est point un hasard si c'est précisément à ce moment du dialogue que l'auteur fait intervenir l'interprétation des songes du Pharaon par Joseph ; nous nous sommes référé brièvement ci-dessus à ce que le Sage en dit à son disciple. Nous en retiendrons essentiellement ceci, que cet épisode du dialogue conduit à la double question que tout a préparée jusqu'ici : « Qu'en est-il, demande le disciple, de celui qui a la science du *bâṭin*, mais qui néglige le *ẓâhir* ?» Le Sage répond qu'il est dans la situation de quelqu'un qui prétend cueillir les fruits avant que soit venu le temps de la récolte [1]. « Et qu'en est-il de celui qui s'attache au *ẓâhir*, sans connaître le *bâṭin* ? – C'est la pire des situations », répond le Sage. Il nous a été dit en effet précédemment que c'est le mode de connaissance qui est au niveau des bêtes ; il nous a été dit aussi que celui-là ne manipule

1. C'est ce qui faisait dire au grand théosophe shî'ite duodécimain Ḥaydar Âmolî, que c'était cela, et rien d'autre, qui séparait des shî'ites les Ismaéliens. Cf. notre édition (en collaboration avec Osman Yaḥya) de son *Jâmi' al-Asrâr (La Philosophie shî'ite,* Bibl. Iranienne, vol. 16, Téhéran-Paris, 1969) p. 388. En vérité Ḥaydar Âmolî ne pouvait penser ici qu'à l'Ismaélisme réformé d'Alamût ; sinon le maintien simultané du *ẓâhir* et du *bâṭin* que professe ici notre traité, s'accorde parfaitement avec la position de Ḥaydar Âmolî. C'est un point sur lequel il est dangereux de durcir les interprétations, car bien des positions restent secrètes et s'accordent dans le fond des cœurs. Le problème correspond ici à celui du rapport entre l'Église invisible et les Églises visibles dans le christianisme.

qu'un cadavre. Pour celui-là, la Parole est perdue. En revanche, pour celui qui accède à la connaissance de l'ésotérique, la Parole est recouvrée, puisqu'il en perçoit désormais le sens ésotérique, c'est-à-dire le Verbe de la Sagesse comme enveloppe du Verbe divin. Nous comprenons ainsi comment le gnostique ismaélien, le théosophe shî'ite en général, a pu vivre l'opposition dressée contre lui par les théologiens officiels, comme la tragédie la plus profonde de l'Islam. Nous pouvons d'autant mieux le comprendre que tout ce que dit le gnostique ismaélien, vise aussi bien, comme par anticipation, le monde postchrétien de nos jours, où nous assistons à la tragédie d'une théologie qui a perdu son *Logos*.

C'est donc un groupe immense que vise une réponse du Sage venant dans la suite immédiate du dialogue. Prendre position, dit-il, en ce monde-ci, sans le regarder comme le font les Sages, à la lumière de la Vie au sens vrai, est du même ordre que de poursuivre une science qui ignore la réalité du monde suprême à laquelle elle est ordonnée. Tous ceux-là devraient savoir qu'ils n'ont pas d'excuse, pas d'argument à faire valoir contre Dieu, car, comme le dit ce verset qorânique, « leur sont parvenues des informations où il y avait de quoi les mettre en garde » (54/4). En revanche, Dieu aura un argument contre eux, car il a mis aussi à leur disposition, à l'intérieur d'eux-mêmes, le même organe que chez les Sages. Seulement, ils n'en ont pas fait usage; ils l'ont laissé s'atrophier. Un verset qorânique le dit encore : « Ils ont des cœurs avec lesquels ils ne comprennent rien, des yeux avec lesquels ils ne voient rien, des oreilles avec lesquelles ils n'entendent rien » (7/178).

Signalons encore un épisode du dialogue au cours

duquel le Sage montre à son disciple que, si les gens de ce monde forment, dans leur monde à eux, des « classes » (*ṭabaqât*), les spirituels, les « profès » de la Religion ésotérique (*Ahl al-Dîn*) forment également une hiérarchie. Mais, à la différence de la hiérarchie profane, cette hiérarchie ne dépend d'aucune considération ni circonstance extérieure (« sociale », dirait-on aujourd'hui). Aucune considération de fortune n'entre en jeu; la capacité spirituelle impartie à chacun et mise en valeur par chacun, est le seul critère. Que cette capacité spirituelle ne soit pas à égalité chez tous, il faut bien le constater, mais cela n'empêche en rien qu'ils ne forment tous ensemble qu'une seule compagnie (l'Ordre d'une même *fotowwat*) avec les prophètes, les justes, les martyrs, ainsi que le disent les versets qorâniques (4/71-72).

Nous approchons ainsi du moment décisif de l'action dramatique. Le disciple demande au Sage de lui indiquer la limite à laquelle doit tendre le maximum de son effort. Avec la générosité d'une fougue juvénile qui émeut son initiateur, il se déclare prêt à y engager toute son âme et toute la fortune dont il peut disposer en ce monde [1]. Le Sage, retenant à peine ses larmes, lui dit : « Ô mon fils! c'est pour tes pareils que les Sages entreprennent leurs voyages (c'est-à-dire que les *dâ'î* sont missionnés dans les *jazîra*). C'est par tes pareils que la Terre est portée et que le Ciel demeure... C'est par tes pareils que la rosée du Ciel spirituel descend par les

1. Le disciple expose qu'il a fait cinq parts de sa fortune qu'il désigne comme cinq *flèches*. 1) Une flèche qui est la *zakât* (la dîme légale). 2) Une flèche destinée à compenser le mal qu'il a pu causer. 3) Une flèche en reconnaissance à Dieu pour ce qu'il lui a été donné de comprendre. 4) Une flèche pour les pauvres, ses frères. 5) Une flèche qu'il réserve comme un viatique pour le Sage, son initiateur

fentes des nuages... Quant à la part que tu voudrais me réserver de ta fortune, je n'en ai pas besoin. Non! il y a longtemps que je me suis exilé de la fortune, et que j'ai pris la fuite devant ses séductions. Ce ne serait pas faire œuvre pie, ô mon fils, que de me ramener à ce que toi, tu as pris en dégoût. Quant à la part que tu réserves à tes frères et celle que tu réserves pour la *zakât* (la dîme légale) [1], tout cela est également un dépôt qui t'a été confié et qui appartient à son possesseur. Garde donc le tout par devers toi jusqu'à ce que tu le rencontres, car il est celui qui décidera de toi et pour toi. (Nous comprenons à demi-mots qu'il s'agit de l'Imâm).

– *Le disciple :* Qui est donc celui dont la noblesse par rapport à toi est telle que tu ne transgresserais ni son jugement ni son ordre?

– *Le Sage :* Celui-là, c'est quelqu'un à qui Dieu me fait un devoir, à moi et à tous les croyants, de faire droit. C'est quelqu'un dans la main de qui sont les clefs du paradis (*mafâtîḥ al-jinân,* c'est-à-dire les clefs de l'intelligence spirituelle, comme le blanc chevalier de l'Apocalypse commentée par Swedenborg) ainsi que les hautes connaissances du monde spirituel (le *Malakût*);

1. Rappelons que le mot *zakât* en même temps qu'il désigne la dîme légale, a aussi le sens de pureté, purification. C'est en ce double sens que le Sage pourra parler ici du *devoir* de la méditation comme *zakât* des cœurs. Là même est la source du *ta'wîl* de la *zakât* (et des quatre autres obligations fondamentales) dans la tradition d'Alamût. Dans son sens ésotérique, la *zakât,* ce n'est pas l'argent, l'impôt payé; c'est donner aux cœurs des hommes la connaissance qui les *rend libres.* C'est la grande pensée de l'Ismaélisme, dans son interprétation du jeûne, du pèlerinage (voir ici à la fin), de la Prière (*Ṣalât*). Il y est d'ailleurs rejoint par les théosophes shî'ites duodécimains; voir notre étude sur Qâzî Sa'îd Qommî, *La configuration du Temple de la Ka'ba comme secret de la vie spirituelle,* in *Temple et contemplation,* Paris, Flammarion 1980, pp. 197 ss. Cf. encore ci-dessous p. 146 n.

quelqu'un dont les paumes des deux mains, en s'ouvrant, dispensent la lumière du Sinaï [1]. Il est la cause des Signes (c'est-à-dire l'ésotérique des versets qorâniques), quelqu'un qui par sa connaissance s'élève jusqu'aux plus hauts sommets. Par lui sera complète ta lumière, par lui Dieu parachèvera ce qui te concerne.

– *Le disciple :* Qui est-il par rapport à toi, et toi, qui es-tu par rapport à lui ?

– *Le Sage :* Je suis son fils spirituel, un bienfait d'entre ses bienfaits.

– *Le disciple :* Ai-je une excuse de ne l'avoir pas connu jusqu'ici ?

– *Le Sage :* Certes, tu as une excuse, tant que l'on ne t'a pas parlé de lui [2].

Alors le disciple pose la question décisive, la question qu'il *faut* poser pour être agréé. Comme Parsifal posant la question qui le fait admettre enfin au mystère du saint

1. Sur le symbolisme du Sinaï et l'Imâm, cf. notre *Trilogie ismaélienne,* index s. v. *Sinaï.*

2. Une idée profonde se cache sous cette phrase très simple : elle rejoint le thème d'un célèbre prône gnostique attribué au Ier Imâm, la *Khoṭbat al-taṭanjîya* (le « prône entre les deux golfes »). C'est l'apparition de l'Imâm à la conscience des hommes qui décide *eo ipso* de la formation des deux groupes : les fils de la Lumière qui l'accueillent ; les fils des Ténèbres qui le récusent. À la différence de tout néo-zervanisme, ce n'est pas que la Lumière *et* les Ténèbres procèdent de l'Imâm ; c'est que l'Imâm opère la séparation de la Lumière et des Ténèbres, de par le fait qu'en sa présence les hommes optent pour l'un ou l'autre camp, dévoilent ce qu'ils sont. Ensuite, il n'y a plus d'excuse. Cf. notre résumé de ce prône in *Annuaire* 1969-1970, pp. 235-241. Un grand théosophe shî'ite iranien du XIXe siècle, Ja'far Kashfî, a développé ce même motif en tout un système cosmologique. Avant le lever du soleil, on ne sait pas qu'il y a un mur qui fera de l'ombre. Dès que le soleil se lève, le mur fait de l'ombre ; ce n'est pas l'ombre du soleil, mais bien l'ombre du mur. Cf. notre résumé in *Annuaire* 1970-1971, pp. 220-224.

Graal, il demande si l'heure n'est pas venue qu'il soit conduit au Temple de lumière de l'Imâm.

– *Le disciple :* Dois-je parler ou m'abstenir ?

– *Le Sage :* Dis ce qu'il te semble devoir dire.

– *Le disciple :* Le moment n'est-il pas venu où il faut que tu me conduises au Seuil où sera effacée ma négligence, afin que je pénètre dans le Temple de la Lumière (*Bayt al-Nûr*) pour y recevoir moi-même la lumière. Cette obligation ne fait-elle pas partie de l'ensemble du dépôt confié, dont il faut maintenant que j'acquitte le prix envers toi ?

– *Le Sage* (comprenant que le grand moment est venu) : Certes, cela s'impose à toi, mais il faut que ce soit de par sa permission et décision (c'est-à-dire qu'il faut que l'appel vienne de l'Imâm, de même que c'est le Graal qui appelle ses Élus; sinon, personne n'en peut trouver le chemin).

Ici se place un nouvel intermède, marquant la nouvelle progression de l'action dramatique dont nous informe le « récitant ». Le Sage doit s'absenter. Il faut qu'il se rende chez celui qu'il désigne comme son « père majeur » (*al-wâlid al-akbar*; en termes de notre chevalerie, quelqu'un comme le « grand-prieur »). Est-ce l'Imâm en personne, ou bien l'un des hauts dignitaires faisant fonction de substitut ? Notre roman est muet sur ce point, volontairement à coup sûr. Il le désigne simplement comme « le Shaykh », et c'est sous ce seul nom que celui-ci interviendra dans le dialogue; force nous sera donc d'observer la même discrétion. Il s'agit en tout cas d'un dignitaire ismaélien de grade supérieur dans la hiérarchie ésotérique. Pendant le bref intermède causé par l'absence du Sage initiateur, nous pouvons faire le point : mesurer toute la distance parcourue depuis le jour où notre *dâ'î* iranien pénétrait prudemment dans le *tchay khâneh* ou une maison du même genre, dans la bourgade inconnue. Il a fait son œuvre de *dâʿî*; il l'a menée à bien; il a trouvé, comme il le désirait, un héritier de sa gnose, quelqu'un que l'éthique du dépôt confié lui imposait de chercher. Maintenant il doit en référer au dignitaire qui est au-dessus de lui. Peu importe que leurs noms à l'un et à l'autre ne nous soient pas dévoilés; notre roman ne met en scène ni des allégories, ni des figures imaginaires ou mythiques, mais des personnages-archétypes : le *dâʿî* en son essence, le *mostajîb* (néophyte) en son essence. Aussi bien nous apprendrons bientôt le nom de celui-ci.

Le Sage se rend donc auprès de son « prieur » pour lui faire son rapport, lui expliquer le cas de son néophyte. Ce qu'il dit de celui-ci lui vaut immédiatement cette réponse : « Hâte-toi de m'amener ce jeune homme, car j'espère qu'il sera la porte d'une Miséricorde que Dieu ouvrira à ses contemporains (la seconde partie de notre roman initiatique nous montrera qu'il devait en effet en être ainsi) ».

Alors notre *dâʿî* revient en hâte vers la bourgade où réside son disciple. Il le retrouve mal portant, accablé de tristesse, souffrant de langueur. Il s'informe. C'est leur séparation qui l'a mis dans cet état. Mais la bonne nouvelle qu'il lui apporte dissipe toutes les ombres.

– *Le Sage* : En vérité Dieu savait ce qu'il y a dans ton cœur. Il t'a facilité l'épreuve. Il a projeté dans le cœur de son Ami (*Walî*, l'Imâm ou son substitut) Miséricorde à ton égard. Prends tes effets de voyage. Voici que je vais te conduire à ce qui fait ton espoir, et te faire atteindre au seuil de ton but.

Le jeune homme pleure de joie et de crainte révérentielle, multiplie ses remerciements, prend ses effets de voyage et quitte sa demeure pour une longue absence, tandis que son père selon la chair, le shaykh al-Bokhtorî, est maintenu dans l'ignorance de tout. Tel Gurnemanz conduisant Parsifal au domaine du Graal, le Sage ismaélien conduit alors son disciple vers le Temple de la Lumière, vers le mystérieux « grand-prieur » que nous avons entendu désigner comme le « sage majeur » (*al-'âlim al-akbar*) et comme le « père majeur » de notre *dâ'î*.

IV. Le rituel d'initiation et le mystère du Nom

Nos deux pèlerins font route ensemble et atteignent à la résidence du Shaykh (aucune précision topographique ne nous est donnée, notre roman allant toujours droit à l'essentiel, à ce qui se passe dans les âmes). Une première entrevue a lieu, toute de courtoisie, pendant laquelle le protocole ne leur laisse d'autre rôle que de garder le silence avec le sourire, en écoutant les propos du Shaykh. Celui-ci ordonne à son majordome de les accueillir dans l'hôtellerie, de les traiter avec honneur et de pourvoir à tout ce dont ils auront besoin. Nous apprenons, en passant, que ledit majordome est en fait quelque chose comme le « frère hôtelier »; il est lui-même membre de la fraternité ismaélienne et est un ami du Sage. Il demande à celui-ci : « Est-ce le jeune homme dont nous avions entendu parler ? – Oui, c'est bien celui dont la nouvelle fait du bien dans les cœurs. » Émotion du disciple : « Mon histoire est-elle déjà parvenue chez les Amis de Dieu, pour qu'ils parlent de moi au cours de leurs réunions [1]. »

1. Ce même sentiment du gnostique, celui de l'étranger, de l'exilé, qui découvre soudain avec ravissement qu'il a toute une

Le Sage et son disciple passent la soirée à s'entretenir ensemble. Lorsque le jour s'est levé, ils font demander au Shaykh la permission de se présenter. Alors s'ouvre la partie inaugurale d'un rituel d'initiation au cours duquel le Shaykh prononce un prône émouvant, aussitôt suivi d'un dialogue entre lui et le disciple. Prône et dialogue nous apparaissent non pas comme improvisés, mais comme étant le texte liturgique d'un rituel régulièrement observé chaque fois, lors de la réception d'un nouveau membre dans la fraternité ismaélienne.

On ne peut citer ici qu'en l'abrégeant, le prône du Shaykh : « Gloire soit à Dieu qui par sa Lumière a séparé des cœurs les ténèbres [1]; il a, en son équité, ouvert ce qui dans l'objet de la recherche était resté clos (...) [2]. C'est un charisme dispensé aux intelligences que de se vouer à la recherche (*ṭalab,* la Quête); le dénouement de la recherche, c'est de trouver. Le signe qui marque l'acte de trouver, c'est la douceur que l'on goûte dans ce que l'on trouve. De toute eau douce l'apparent (l'exotérique)

famille pour laquelle il existe et qui se préoccupe de lui, on le trouve aussi nettement exprimé par le pèlerin du fameux récit du « voyage à l'Île Verte sise en la Mer blanche ». Voir la traduction de ce récit dans notre ouvrage *En Islam iranien*... t. IV, Livre VII, chap. II.

1. Transposition au niveau du monde intérieur (le « monde des cœurs ») de l'acte initial de la cosmogonie : la séparation de la Lumière et des Ténèbres; cf. ci-dessus p. 132 n. 2.

2. Le mot *équité* n'est pas prononcé ici au hasard; cf. ci-dessous l'argumentation concernant l'équité divine, qui fera s'épanouir le motif de la prophétologie sur laquelle s'achèvera le livre : le temps des prophètes n'est pas encore achevé. – Quant au texte, il se trouve ici coupé par les mots qui marquent dans tous les livres, après la doxologie initiale, l'entrée en matière (*faṣl al-khiṭâb*), à savoir les mots *ammâ ba'd* : « Et maintenant... ». C'est ce qui conduit à penser que le Shaykh n'improvise nullement ici ni le prône ni le dialogue qui va suivre, mais *lit* le texte liturgique prévu dans le rituel d'initiation.

est un breuvage. Mais le caché (l'ésotérique) en est voilé. Quiconque le cherche, ne se fatigue jamais de méditer, tandis que le commun des gens (les exotéristes) ne comprennent rien à ce qu'il cherche. » Et le prône de préciser : cette recherche de la gnose est un droit, et parce qu'elle est un droit elle est un devoir. Quiconque refuse de faire droit à ce droit [1], est un oppresseur et un

1. Le vocabulaire de tout ce passage appelle plus d'une remarque. On sait que le terme courant en arabe pour désigner l'*étant* (*ens*) est le mot *mawjûd,* lequel est le participe passif répondant à l'acte de *wojûd.* Ce dernier mot (racine *wjd*) signifie l'acte de trouver, de rencontrer. Le *mawjûd* est donc proprement « ce qui est trouvé là », ce qui est l'objet de l'acte de trouver, de rencontrer (cf. l'allemand *das Vorhandene*). Il est capital de préciser sous quel aspect l'*être* se présente dans une métaphysique donnée (cf. notre communication sur *Philosophie prophétique et métaphysique de l'être en Islam shî'ite,* Actes du XIIIe Congrès des Sociétés de philosophie de langue française, Neuchâtel 1966). Ici donc nous avons un *étant* qui est *mawjûd,* et de l'*être* qui est *wojûd.* Il peut se faire que le sujet parlant ou écrivant n'ait pas conscience de l'étymologie des termes techniques couramment employés, mais il arrive aussi que cette étymologie, antérieure au sens technique (issu ici des traductions du grec), reparaisse avec toute sa force. C'est ainsi que ci-dessus la phrase que nous avons traduite par « le signe qui marque l'acte de trouver est la douceur que l'on goûte dans ce que l'on trouve », pourrait être traduite aussi : « Le signe (ou l'indice) de l'acte d'*être* est la douceur goûtée dans l'*étant.* » Et cela suffit, semble-t-il, à nous plonger dans un abîme de réflexion, mais la seconde traduction ne ferait saisir aucun lien avec l'idée de recherche et de trouver. Que le mot *mawjûd* ait été ressenti parfois comme peu satisfaisant, c'est ce dont témoigne l'usage des métaphysiciens ismaéliens lui préférant les mots dérivés de la racine *ays* (comme forme positive de la particule négative *laysa.* On a alors : *ays,* l'être; *âyis,* l'étant; *ta'yîs,* faire être, etc.). Les métaphysiciens iraniens ont ressenti la même difficulté, puisque souvent ils recourent au persan pour briser l'équivoque d'une tournure comme *al-wojûd mawjûd,* à laquelle ils substituent le persan *hastî hast* (*esse est,* l'être est, mais n'est pas *un étant*!) Il convient également de s'arrêter sur tout ce que connote le mot *ḥaqq* : à la fois l'idée de droit, de devoir, de vrai, et partant, d'être au sens vrai (*Ens et verum*

inique. Si chercher la connaissance, la gnose, est un droit, œuvrer par elle, la mettre en œuvre, est un devoir. Et ce devoir implique fidélité envers les Gardiens de la Cause [1], aussi bien quand le cours des choses est favorable que dans les périodes d'épreuve. Et le prône du Shaykh s'achève sur ce verset qorânique : « Personne n'atteindra cette perfection hormis ceux qui persévèrent. Personne ne l'atteindra hormis celui qui a reçu une part immense » (41/35).

Alors s'engage le dialogue extraordinaire d'une liturgie ismaélienne d'initiation dont nous ne connaissons pas jusqu'ici d'autres exemples.

convertuntur!), aspects qu'il faut suivre de très près ici pour rendre fidèlement l'argumentation du Shaykh à propos de la recherche, de la Quête de la gnose : elle a droit à ce qu'on la cherche, et ce *droit* impose le *devoir* du chercheur. Elle est un droit, et partant, un devoir, et réciproquement. Quiconque refuse de faire droit à ce *droit,* et empêche l'ayant-droit de remplir son *devoir,* et partant l'empêche d'être *vrai,* est par conséquent un inique et un oppresseur.

1. *Ûlû'l-Amr.* On traduit souvent, assez banalement, par « ceux qui détiennent le commandement, l'autorité », mais cela est très loin de rendre la tonalité d'un texte shî'ite ou ismaélien. *Amr* ne désigne pas forcément l'ordre, le pouvoir, le commandement formel, mais connote aussi l'idée de chose, d'affaire, ce qui reconduit notre idée de *chose* à son étymologie, à savoir le latin *causa.* La « chose » ici, c'est la *cause* qu'il s'agit de défendre ; la chose divine (*amr ilâhî, res divina*) est la *cause divine* confiée aux « Amis de Dieu » qui en sont les gardiens. Corollairement, l'idée de *ṭa'at* est beaucoup plus qu'une obéissance formelle comme peut en comporter un règlement extérieur quelconque. Le mot implique l'idée de fidélité, de dévouement total « au service de la cause », bref tout ce qu'implique l'éthos de la *fotowwat,* de la « chevalerie spirituelle ». Je crois donc que parler « d'obéissance aux gardiens de l'ordre » ne serait pas une traduction. Mais en parlant de fidélité et de « dévouement aux gardiens de la Cause divine », on traduit vraiment l'éthos shî'ite en général.

– *Le Shaykh* : Ô chevalier! (*Yâ fatâ*!) [1] tu as été honoré d'un ami venu à toi en messager, d'un visiteur délégué vers toi. Quel est ton nom?

– *Le disciple* : 'Obayd Allâh ibn 'Abdillâh (« Petit serviteur de Dieu fils du serviteur de Dieu »; c'est là une qualification qui convient à n'importe quel croyant anonyme, ce n'est pas encore un *nom propre*).

– *Le Shaykh* : C'est là ta qualification, et nouvelle de toi nous était déjà parvenue (c'est-à-dire que nous savions déjà cela sur toi). [Es-tu un homme libre?][2].

– *Le disciple* : Je suis un homme libre fils du serviteur de Dieu (*anâ ḥorr ibn 'Abdillâh*) [3].

– *Le Shaykh* : Et qui est-ce qui t'a affranchi de la servitude, pour que tu deviennes un homme libre?

– *Le disciple*, désignant de la main le Sage qui l'avait

1. Cf. note précédente. Déjà le Sage avait été salué de ce titre au début de notre roman. Le mot arabe *fatâ* est l'équivalent du persan *javânmard*. Il connote, certes, l'idée de juvénilité, mais déborde la simple idée de « jeune homme ». Les termes de « chevalier » ou de « compagnon » (au sens de nos « compagnons des Devoirs » en Occident) le traduisent au mieux. Le concept et l'organisation de la *fotowwat* comme « chevalerie spirituelle » interviennent ici allusivement. Pour plus de détails et pour la mise en correspondance avec l'institution de la chevalerie et du compagnonnage en Occident, voir notre livre *En Islam iranien*... t. IV, Livre VII, chap. III.

2. Les mots mis ici entre crochets manquent dans nos trois manuscrits. Il faut absolument y suppléer, pour comprendre la réponse du disciple qui vient immédiatement après : « Je suis un homme libre. » La liberté est ici la liberté spirituelle que confère la connaissance, la gnose, à celui qui y accède, comme le texte nous l'a dit précédemment.

3. Autrement dit, je suis un ésotériste, fils de quelqu'un qui ne l'est pas, ou ne l'est pas encore, s'il s'agit de son père naturel. Mais l'expression « serviteur de Dieu » pourrait aussi se rapporter au Sage, son initiateur. D'où la question suivante du Shaykh : comment un serviteur a-t-il pu faire de toi un homme libre? D'où l'embarras du disciple.

« appelé » (qui avait été son *dâ'î*) : C'est ce Sage qui m'a libéré.

– *Le Shaykh* : Mais, ne le vois-tu pas, si celui-ci était lui-même un serviteur et non pas un seigneur, avait-il lui-même le pouvoir de te libérer [1]?

– *Le disciple* : Non, il n'en avait pas le pouvoir.

– *Le Shaykh* : Alors quel est ton Nom [2]?

– *Le disciple,* stupéfait et perplexe, s'abstient de répondre et baisse les yeux.

– *Le Shaykh* : Ô chevalier! (*Yâ fatâ*!), comment connaître quelqu'un qui n'a pas de nom, même s'il est né?

– *Le disciple* : Mais je suis un nouveau-né à toi, alors donne-moi un nom.

– *Le Shaykh* : C'est ce que je ferai dans un délai de sept jours.

– *Le disciple* : Pourquoi retarder jusqu'à l'expiration de sept jours?

– *Le Shaykh* : Par respect pour le nouveau-né.

– *Le disciple* : Mais si le nouveau-né mourait avant que les sept jours soient achevés?

1. Seule l'initiation conférée par le dignitaire supérieur confère donc cette liberté. La preuve que le disciple n'est pas encore tout à fait un homme libre, c'est qu'il n'a pas encore de Nom, c'est-à-dire le nom secret conféré par l'Imâm, connu seulement de celui-ci et de celui à qui il le confère, et qui est pour ce dernier comme l'emblème secret de sa vocation personnelle et le nom sous lequel il existe au *Malakût*. Ce Nom propre, le *dâ'î* n'avait pas le pouvoir de le conférer.

2. Pour avoir un Nom propre, ou mieux dit, pour être l'homme d'un Nom propre, non pas d'une qualification commune et anonyme pouvant convenir à tous les croyants, il faut être un homme libre, un « ressuscité d'entre les morts ». C'est cet état qu'actualise la cérémonie d'initiation à laquelle nous assistons ici.

– *Le Shaykh* : Non, rien de fâcheux ne lui arrivera, et il sera *nommé* à l'expiration de ce délai.

– *Le disciple* : Le nom par lequel tu me nommeras, m'appartiendra-t-il ?

– *Le Shaykh* : Alors tu serais une idole! (*ma'bûd*, c'est toi que l'on adorerait) [1].

– *Le disciple* : Comment faut-il donc s'exprimer ?

– *Le Shaykh* : C'est le Nom qui est ton seigneur (*mâlik*) et toi qui en es le serviteur (*mamlûk*). N'insiste que sur ce qui est dans ta limite. Va maintenant, et dispose jusqu'au délai qui t'a été fixé.

Ce que l'on retiendra principalement de ce dialogue liturgique d'initiation, c'est le lien qu'il établit entre le « phénomène du nom » et le mystère de la naissance spirituelle. On peut y distinguer deux phases : Une première phase où précisément le disciple s'aperçoit qu'il n'a pas encore de nom propre. Rappelons-nous la triade conditionnant l'intelligibilité de toute proposition : il faut un nom, il faut une qualification, et il faut

1. Nos trois manuscrits sont d'accord. Le regretté Ivanow (*Studies*... p. 77, note 1) a entrevu la difficulté, sans vraiment en sortir. Il n'y a rien à changer au texte; le mot *idhan* n'introduit pas une proposition conditionnelle, mais constate l'état de fait qui découlerait de la réponse affirmative à la demande du disciple : serai-je le propriétaire de ce Nom ? Tout ce qui suit éclaire fort bien la réponse du Shaykh : ce n'est pas ce Nom qui est *à toi*, c'est toi qui es *à ce Nom*, au service de ce Nom, bref tout ce qui, mystiquement, peut découler de cette simple tournure : « *porter* un Nom », *porter* tel ou tel Nom. L'explication que nous en donnons ci-dessous, en nous inspirant de la théorie des noms chez Ibn 'Arabî, nous semble mettre les choses au clair. Le nom conféré par l'Imâm au nouvel initié n'est connu que d'eux seuls. Pour mesurer la gravité de cette « nomination », voir également ce qui sera dit plus loin concernant l'*équité* divine, non point comme Attribut conféré à une essence divine abstraite, mais comme attribut dont la réalité est investie dans les « Amis de Dieu » qui sont les contrepoids *équilibrant* l'infirmité des hommes.

un sens intérieur qui relie l'une à l'autre. Or, à la première question du Shaykh, le disciple répond en fait par une qualification qui peut être commune à tous les croyants. C'est donc une qualification encore anonyme, non point un nom propre. Mais un être ne prend une individualité, ne sort de l'anonymat, que lorsque l'on peut le nommer de son nom propre. Cependant il y a plus : du point de vue de l'individualité spirituelle, celle à qui donne naissance l'initiation, tous les noms portés par les individus de la société profane ne sont encore que des noms communs; ils ne font pas sortir de l'anonymat, puisqu'ils ne se rapportent pas à l'individualité spirituelle éclose de la nouvelle naissance. Ces noms ne valent donc pas pour l'outremonde. Seul le nom reçu au moment de l'initiation (celui que dans le soufisme on désigne comme le nom de *ṭarîqat*) est vraiment le nom propre de la personne, et ce nom doit en principe rester secret à l'égard de la société profane. C'est pourquoi un homme ne peut porter un nom propre sans être un homme libre, car il ne peut être un homme libre s'il n'est pas ressuscité d'entre les morts, c'est-à-dire s'il n'a pas reçu l'initiation; autrement dit, il n'est un homme libre que s'il est passé par la nouvelle naissance qui est la naissance spirituelle (*wilâdat rûḥânîya*; l'œuvre de la *da'wat* s'est annoncée ici, dès le début, comme étant par essence cette résurrection des spirituellement morts). Or, l'Imâm étant la source de l'initiation, c'est à lui qu'incombe l'initiative de conférer le nom propre.

Seconde phase du dialogue. Le disciple demandant si ce Nom lui appartiendra, le Shaykh lui répond qu'il serait alors une idole; puis il lui explique que si ce Nom est son nom en propre, ce n'est pas que son nom lui appartienne, mais inversement c'est qu'il appartient en propre à ce Nom. Il n'y a là aucune énigme, croyons-nous, si nous nous référons à la théorie des Noms divins, telle que nous la trouverons, quelque deux ou trois siècles plus tard, amplement systématisée chez le grand théosophe mystique Ibn 'Arabî (dont nous ne pouvons plus méconnaître ni négliger les sources shî'ites). Il y a le mystère des Noms divins – presque des hypostases divines – qui de toute éternité aspirent à être connus, c'est-à-dire à être investis dans des sujets qui seront respectivement les *dénommés* de ces Noms, les dénommés dans lesquels ces Noms « prendront corps [1] ». C'est ainsi que sont formés les noms d'Anges terminés en « *-el* » (Seraphiel, Gabriel, etc.) et les noms des humains, par exemple, formés avec le mot *'abd* : 'Abd al-Raḥmân (serviteur du Miséricordieux), 'Abd al-Qâdir (serviteur du Puissant), etc. (nous négligeons ici le phénomène de laïcisation de ces noms, l'omission courante du mot *'abd,* dans l'Orient dit moderne).

Tout nom propre est ainsi un nom *théophore,* un nom porte-Dieu, et celui qui *porte* ce Nom n'en est pas le

1. Cf. notre livre sur *L'Imagination créatrice dans le soufisme d'Ibn 'Arabî,* Paris, Flammarion, 2e éd., 1977, pp. 99 ss., 149-155, 195 ss. En outre la dernière parole du Shaykh semble évoquer un motif que nous trouvons longuement développé dans un traité, à vrai dire extraordinaire, rapportant un dialogue entre Qosṭâ ibn Lûqâ (Xe s.) et 'Amalâq le Grec, celui-ci demandant à son maître : « Ne me feras-tu pas connaître *mon* Dieu (*ma'bûdî*) ?... Et qu'y a-t-il au-delà de *mon* Dieu ?... » – Au-delà de lui, il y a celui qui est pour lui tel que lui-même est pour toi, un Unique pour un Unique (cf. notre *Épiphanie divine dans la gnose ismaélienne,* ci-dessus p. 105 n.). Nous espérons revenir bientôt ailleurs sur ce traité, dont le passage cité ici illustre la recommandation du Shaykh : « N'insiste que sur ce qui est dans ta limite », c'est-à-dire ne cherche pas au-delà du Nom que tu *portes* et qui est le nom de *ton* Dieu. [Voir : Une liturgie shî'ite du Graal in *Mélanges d'histoire des Religions offerts à H. C. Puech,* PUF 1974, pp. 81 ss.]

propriétaire ; il est plutôt la propriété de ce Nom, et c'est ce rapport privilégié qui fait de lui un homme libre devant tous les ordres profanes. Il y a entre le Nom et le dénommé (*Ism* et *mosammâ*) le même rapport qu'entre *Rabb* (le Dieu déterminé comme seigneur personnalisé) et le *marbûb,* le fidèle dont il est en propre personnellement le seigneur, le suzerain). Ils sont solidaires l'un de l'autre, ont besoin et répondent l'un de l'autre, pour que chacun, *rabb* et *marbûb,* soit ce qu'il est. Celui qui porte un nom théophore est donc tout le contraire d'une idole. C'est son rapport avec son Nom qui détermine son individualité spirituelle, son *heccéité,* et qui par là le fait sortir de l'anonymat spirituel. L'imposition initiatique du Nom propre équivaut donc à susciter chez l'initié (le spirituellement ressuscité) le Verbe divin au service duquel il sera désormais, dont il sera le « chevalier », mais qui sera gardé secret devant le profane. Si le malheur veut qu'il trahisse ce Nom, ce sera pour lui, à la lettre, le drame du Verbe perdu ; il aura « perdu la Parole ». Tel est ce que provisoirement nous pouvons dire sur cette partie d'un rituel dont nous ne connaissons pas, pour le moment, d'autres exemples.

À la fin du dialogue liturgique, le jeune homme se retire en compagnie du Sage qui est son « père spirituel » dans le logis mis à leur disposition. De nouveau le frère-hôtelier leur témoigne son intérêt : « Eh bien! dit-il, qu'en est-il de notre frère que voici, quant à son aspiration ? » Le Sage de répondre : « Il a reçu une promesse, et celui qui a reçu une promesse souffre de soif ardente, mais le délai est proche. » Tous deux, le Sage et son disciple, passent ensemble les sept jours en entretiens spirituels. Au septième jour, le jeune homme procède à des ablutions complètes, revêt des vêtements neufs, puis en compagnie du Sage, son père spirituel, se rend de nouveau chez le Shaykh. Ils le trouvent prêt à procéder au rituel d'usage.

L'instant est solennel. On se salue de part et d'autre, puis le Shaykh et le récipiendaire marchent gravement à la rencontre l'un de l'autre, et vient le moment pour le Shaykh de dire l'indicible. Malheureusement le lecteur de notre roman est tenu à l'écart de cette révélation. Il lui faut compenser la discrétion à laquelle s'oblige ici l'auteur, par tout ce qu'il apprendra dans la seconde partie du livre (lorsque le nouvel initié deviendra à son tour un initiateur) et par tout ce que nous pouvons connaître, d'autre part, grâce à la littérature ismaélienne qui nous est accessible. Dès qu'ils sont face à face, le Shaykh, nous est-il dit, « commence à dire ce que les pensées ne peuvent cerner, ce que les calames ne peuvent tenter d'enregistrer, ce qui n'est monté au cœur d'aucun homme. C'est quelque chose dont il est impossible de traiter dans les écoles (les *madrasa*) où l'on enseigne à faire des prônes; quelque chose de trop sublime pour que l'on puisse le dire explicitement dans aucun livre : c'est quelque chose qui ne peut être que révélé personnellement à celui qui en est digne [1] ».

1. Ce « quelque chose » ne peut être que l'ésotérique de l'Imâmat et de la *walâyat* depuis les origines, un enseignement que nous trouvons dans les ouvrages ismaéliens accessibles et qui recroise, en plus d'un point, celui des Imâmites duodécimains, parce qu'aussi bien les *ḥadîth* des six premiers Imâms forment une tradition commune aux shî'ites duodécimains et aux Ismaéliens. Quelque chose de plus est peut-être sous-entendu ici, ce « quelque chose » qui éclate dans les propos de Ṣâliḥ à la fin du dialogue et qui a une résonance préfâtimide. Ce « quelque chose » est d'autant plus intéressant qu'il nous fait apparaître l'Ismaélisme réformé d'Alamût comme plus proche des conceptions originelles qu'il ne nous apparaît, lorsque nous en jugeons par comparaison avec les textes de la période fâtimide.

Maintenant, une fois accomplie la cérémonie d'initiation, la conclusion que tire l'auteur offre d'emblée un remarquable exemple de *ta'wîl.* Il nous est dit que le nouvel initié connut alors son Seigneur, et que, se saisissant du « câble solide » il lui fut désormais licite d'accomplir les rites du pèlerinage, d'accomplir les circumambulations autour du Temple sacro-saint de la *Ka'ba* et de toucher au terme de son pèlerinage dans le « Signe majeur ». Or, tout indique que topographiquement nous sommes fort loin de La Mekke, et il n'est pas question de s'y rendre, puisque le lieu de la scène ne change pas au cours de tout ce qui suit. Tout s'éclaire et s'explique, si nous nous référons à d'autres textes ismaéliens nous donnant le *ta'wîl,* l'herméneutique du sens spirituel du pèlerinage (*ḥajj*) [1]. Le pèlerinage, au sens ésotérique, c'est l'œuvre de toute une vie. C'est abandonner graduellement ses anciennes croyances (l'attachement à l'exotérique pur et simple); c'est progresser graduellement depuis le degré du néophyte (*mostajîb*) jusqu'à celui du *Ḥojjat,* le plus proche de l'Imâm. Les étapes correspondant ici à un « chemin de Saint-Jacques » tout spirituel, sont donc les degrés de la hiérarchie ésotérique terrestre symbolisant avec les degrés de la hiérarchie céleste. Maintenant que le jeune homme a été agrégé à la confrérie, il lui est licite d'entreprendre ce pèlerinage. Faire le tour de la *Ka'ba,* c'est se hâter vers l'Imâm; celui-ci reste la *Qibla,* l'axe d'orientation du pèlerinage, dont il est lui-même le point d'aboutissement, le « Signe majeur ». Enfin, s'il nous est

1. Sur le *ta'wîl* ou herméneutique donnant le pur sens spirituel des cinq pratiques fondamentales (Prière, jeûne, dîme légale, pèlerinage, combat pour la foi), cf. *Kalâm-e Pîr,* éd. W. Ivanow, p. 96 du texte persan. Cf. déjà ci-dessus p. 131 n.

dit que le nouvel initié connut alors son Seigneur, on se rappellera la maxime si souvent répétée : « Celui qui se connaît soi-même (*nafsa-ho,* son âme), connaît son Seigneur », car dans les commentaires des théosophes shî'ites, l'Imâm apparaît fréquemment comme une figure ou un symbole de ce Soi.

L'agrégation du néophyte à la fraternité ismaélienne étant maintenant chose faite, celui-ci, toujours en compagnie du Sage qui fut son guide, prolonge son séjour auprès du Shaykh afin de parachever son instruction spirituelle. La suite prochaine du dialogue nous fait entendre de nouveau les deux leitmotive que nous avons dégagés dès le début : motif de la résurrection des morts et motif du dépôt confié. Rappelons-nous la question que le néophyte posait au début : « Y a-t-il un chemin pour moi vers la Vie ? » C'est avec raison que maintenant il déclare au Sage qui fut son guide : « Que Dieu te récompense ! Ainsi l'en prie celui qui était mort et à qui tu as redonné la vie. » Et le Sage peut lui répondre que sa requête a été satisfaite, puisque « la gnose lui a donné la vie au-delà de la mort » (autrement dit encore : la seconde mort n'a pas de pouvoir sur ceux que la gnose a ressuscités, cf. *Apocal.* XX, 6). Quant à l'éthique du dépôt confié qui, en transmettant l'ésotérique de la Parole, maintient la Parole vivante et opère cette résurrection, le *dâ'î* lui a été fidèle. Elle était tout son propos, nous a-t-il été dit au début, et elle nous est rappelée avec insistance en ce moment qui marque le sommet du livre. La scène d'adieux entre le Shaykh et le nouvel initié est poignante.

– *Le Shaykh* : Je te donne congé, ô mon fils, et je t'autorise à disposer. Certes, il m'est pénible de me séparer de toi, mais trois circonstances m'y obligent. L'une est que je suis sur le point de partir pour un autre pays. La seconde est que tu es séparé de ta famille depuis longtemps, outre le fait pénible que tu as dû quitter ton père sans le prévenir; or, j'ai des espérances sur lui, si tu sais t'y prendre. La troisième est que tu dois t'acquitter désormais du devoir dont te charge la grâce que tu as reçue, et à ton tour *appeler* (à la résurrection des morts)... Je te recommande la piété vigilante envers Dieu qui t'a créé; je te recommande la *garde du dépôt confié* dont tu as désormais la charge.

Là-dessus le Shaykh et le nouvel initié se lèvent et s'embrassent. Chacun dit adieu à l'autre. Tous deux ne peuvent retenir leurs larmes; tous deux ne sont plus capables de parler que par gestes. Enfin l'on se sépare.

Le jeune homme reprend en compagnie du Sage le chemin de son pays. Lorsqu'ils arrivent aux approches de la bourgade, le Sage estime venu le moment de leurs adieux. Une dernière fois ils tiennent conseil ensemble. Le Sage connaît bien l'hostilité du père de son disciple à l'égard des Ismaéliens; à lui son fils de l'apaiser et de changer les dispositions de son âme.

– *Le Sage* : Ô mon fils! tu sais les recommandations que t'a faites le Shaykh... Immense est l'espoir que nous mettons en toi. À toi donc de *préserver le dépôt* que t'a recommandé ton père spirituel. À toi d'être constant au service de la cause *qui t'a été confiée*. Rappelle-toi que la vigilance et la discrétion (*taqîya*) sont les anges de ta religion et de ton comportement.

Ayant mentionné les ultimes recommandations du Sage, notre texte s'achève ainsi : « Lorsque le Sage eut ainsi conduit le disciple jusqu'à son lieu de sécurité et qu'il eut achevé de le nourrir comme une mère, il lui dit : « Ô mon fils! maintenant à toi de te prendre en charge toi-même, car j'ai à m'occuper d'autres que toi. Cette fois le moment de la séparation est venu. »

On constate ainsi l'importance que prend l'éthique du dépôt confié au moment des adieux, c'est-à-dire au moment où le nouvel initié se retrouve seul et appelé à prendre ses responsabilités. Ce dépôt confié est son viatique. Et c'est parfaitement conforme à ce que nous avions discerné dès le début. La Quête de la gnose est une chose; parvenue à son terme, elle met en devoir d'entrer dans une nouvelle Quête qui n'est en fait que le prolongement de la première : la Quête de celui à qui en transmettre le dépôt, conformément au principe de l'éthique ismaélienne déjà rappelé ici : le fidèle n'est un vrai fidèle que lorsqu'il a suscité un autre fidèle semblable à lui.

Il était donc impossible que notre roman d'initiation s'achève avec ce que nous venons de lire. Tout ce que nous venons de lire, d'analyser et de commenter, n'en constitue que la première partie, la Quête de la gnose, laquelle nous montre le chemin suivi par le néophyte ayant répondu à l'appel et aboutissant à l'initiation qui marque sa résurrection spirituelle. Maintenant il doit à son tour transmettre le dépôt confié, faire entendre l'« Appel » à ceux chez qui il discernera l'aptitude à y répondre. Pour commencer, c'est dans son propre pays, à son propre père que, le voulant ou non, il va devoir faire entendre cet « Appel ». De nouveau le lieu de la scène change. Nous nous retrouvons dans la maison du shaykh al-Bokhtorî et de son fils, dont nous allons apprendre maintenant seulement le nom, du moins le nom profane, sinon le nom d'initiation qui reste secret. Ce nom est Ṣâliḥ (le juste, celui qui a l'aptitude). Évidemment, étant données les circonstances dans lesquelles Ṣâliḥ a quitté la demeure familiale, les retrouvailles du père et du fils nous font présager quelque tempête.

V. L'éthique de la Quête et l'éthique du dépôt confié

Ṣâliḥ se retrouve donc dans la demeure familiale. Après de longs mois passés en compagnie de ses parents spirituels, le Sage qui fut son guide et le Shaykh qui lui conféra l'initiation et lui donna son Nom, il se retrouve seul. Il est inconsolable. Les larmes le suffoquent, à tel point que la famille et les voisins sont émus de compassion devant la violence d'un tel chagrin. Un jour et une nuit se passent. Puis voici que le père, le shaykh al-Bokhtorî, fait son entrée. Cette fois, c'est la tempête.

– *Le shaykh al-Bokhtorî* : Mon fils! Est-ce de cette manière que les fils récompensent leurs pères ? Je t'avais connu comme le meilleur des fils que pût avoir un père. Je n'ai jamais désapprouvé ta manière d'être ni désavoué ta manière de penser, sinon depuis l'arrivée de cet homme *étranger* (*gharîb*). Tu l'as alors préféré à moi. Tu es parti avec lui sur son ordre, hors de la voie de tes pères. Si j'ai méconnu quelque chose de vrai chez cet homme, eh bien! tu m'as trahi, tu es coupable envers moi, puisque tu m'as caché cette vérité. Et si cet homme était dans l'erreur, eh bien! c'est envers toi-même que tu es coupable, coupable de la perdition de ton âme. Et ce qui t'arrive à toi, m'arrive aussi à moi-même.

On remarquera ici l'emploi du mot « étranger » pour désigner le *dâ'î* ismaélien. C'est le terme caractéristique, bien connu dans d'autres gnoses, pour désigner le gnotisque, l'*allogène,* celui qui est étranger à ce monde. Que l'on pense ici encore au *Récit de l'exil occidental* de Sohravardî [1]. Le mot va revenir à plusieurs reprises, le

1. Sur la notion d'*allogène* chez les gnostiques, cf. H.-C Puech, *Fragments retrouvés de l'« Apocalypse d'Allogène »* (Mélanges

dâ'î ismaélien n'étant personne d'autre que l'*étranger*.

Pour apaiser le courroux paternel, Ṣâliḥ répond avec beaucoup de douceur et évoque les souvenirs d'enfance, l'attitude de son père au cours de ces années lointaines. Puis, se saisissant du dilemme de son père, il répond par un autre dilemme, non moins habile. Les deux dilemmes se croisent alors comme des épées.

– *Ṣâliḥ :* Quant à mon rapport avec toi [1], tout dépend

Franz Cumont, Bruxelles 1936, pp. 935-962) et *Les Nouveaux écrits gnostiques découverts en Haute-Égypte* (Coptic Studies in honor of W.E Crum, Washington 1950, pp. 126 ss). Cf. aussi le *Récit de l'exil occidental* de Sohravardî, dans notre ouvrage *En Islam iranien...* t. II, Livre II, chap. VI; et l'*Archange empourpré...*

1. Il est curieux de constater que nos trois manuscrits s'accordent ici sur la même leçon : « Mon rapport avec toi depuis *quarante* ans dépend de la question de savoir s'il y a une issue à ce dilemme, etc. » Si l'on se réfère au début du livre, où il nous est parlé de la grande jeunesse de Ṣâliḥ au moment de sa rencontre avec le Sage, ainsi que de ses progrès très rapides, il apparaît difficile qu'il ait maintenant atteint l'âge de quarante ans. Combien d'années aurait alors duré son absence de la maison paternelle ? Il est exclu qu'il soit resté près du grand Shaykh, son initiateur, presque le temps d'une génération. On serait alors tenté de corriger par un autre chiffre, vingt-quatre ans, par exemple. La question est alors : « Voici vingt-quatre ans que je suis ton fils; notre rapport à venir dépend de la question de savoir si, etc. » La solution ne nous apparaît cependant pas très satisfaisante, et il y a lieu de se diriger sur une autre voie. En fait, les propos tenus ici par Ṣâliḥ transposent le rapport entre père et fils au plan spirituel. Ce qu'il faut prendre en considération, c'est l'âge *spirituel* comme âge réel résultant de l'initiation. À deux reprises il va être fait allusion au renversement que l'initiation produit dans le rapport naturel entre père et fils. Ici même Ṣâliḥ dit à son père qu'il *aurait pu* être son aîné (or il l'est selon le rapport naturel, mais il ne l'est pas, quant à l'âge spirituel, puisqu'il n'a pas prêté attention à l'enseignement de l'*étranger)*. Plus loin, après sa conversion, le shaykh déclarera qu'il est devenu le propre fils de Ṣâliḥ, puisque c'est par son fils qu'il a été ressuscité à la vie spirituelle. Dans l'ordre de la naissance spirituelle, le fils est devenu le père, le père

de la question de savoir s'il y a une issue au dilemme que voici : ou bien tu es quelqu'un qui sait (*'âlim*, un sage), et tu m'as interdit l'accès de ton savoir. Alors ne me blâme pas, puisque tu me l'avais interdit, d'avoir cherché le salut pour mon âme auprès d'un autre que toi. Ou bien tu es ignorant; alors tu es excusé dans mon cœur, mais tu as encore plus besoin que moi de l'homme *étranger*, car si tu m'avais précédé près de lui, tu serais mon aîné; le temps de ta naissance serait antérieur au mien, car, à ce qu'il me semble, tu avais entendu le discours de l'*étranger*, comme moi-même je l'ai entendu.

Ṣâliḥ vient ainsi de faire allusion, à ce renversement des rapports naturels entre père et fils, qui résulte du nouveau rapport institué par l'ordre de la naissance spirituelle; nous entendrons plus loin son père lui-même l'affirmer en termes émouvants. Pour le moment, Ṣâliḥ a visé juste; le shaykh est touché. Il comprit, nous dit le récitant, qu'il n'y aurait pas d'issue pour lui à ce dilemme. Ses yeux se remplirent de larmes.

– *Le shaykh al-Bokhtorî* : ô mon fils! l'argument qui vaut contre moi en ta faveur, vaut également contre toi en ma faveur (c'est-à-dire : tu ne m'as rien dit de ce que l'enseignement de l'*étranger* t'avait dévoilé; si tu l'avais fait, peut-être t'aurais-je suivi). Raconte-moi donc ce

est devenu le fils. Alors tout apparaît simple : les « quarante » ans se rapportent à l'*âge naturel* du père (nous pouvons accorder dix-huit ou vingt ans à Ṣâliḥ). La position du dilemme par Ṣâliḥ signifie donc ceci : voici quarante ans que tu es né à ce monde. Notre rapport futur (notre rapport d'âge *spirituel)* va dépendre de la question de savoir pourquoi, étant mon père selon la nature, tu n'as pas été aussi mon père spirituel (alors tu serais vraiment mon aîné selon l'âge spirituel), ou de savoir si, parce que tu accepteras à ton tour l'enseignement de l'*étranger,* c'est moi qui serai ton père spirituel, et par conséquent ton aîné.

qu'il en est. Si la chose est vraie, je l'accueillerai de ta part par respect pour mon âme. Mais si elle est fausse, je l'écarterai de toi par respect pour ton âme et sollicitude pour elle.

Nous comprenons dès maintenant que la tempête est définitivement apaisée. La partie semble gagnée d'avance. Le père et le fils ont ensemble de longs entretiens, les progrès sont rapides. Alors Ṣâliḥ dépêche un message vers l'*étranger,* le *dâʿî* qui avait été son guide, pour lui dire que tout allait bien du côté de son père et qu'il serait temps qu'il vienne le voir. Il fut ainsi le médiateur entre l'un et l'autre. Ce n'est donc pas sans raison que les deux dignitaires ismaéliens, nous l'avons vu, fondaient beaucoup d'espoir sur Ṣâliḥ.

Cela d'autant plus que le passage de Ṣâliḥ et de son père à la Religion ésotérique ne peut pas, étant donnée leur position sociale, passer tout à fait inaperçu. Aussi bien l'auteur nous dit-il que Dieu devait ensuite « ressusciter » par eux de nombreuses créatures. Pour le moment, l'alarme se répand parmi quelques notables de la localité; ils ne comprennent pas ce qui est arrivé au shaykh al-Bokhtorî et à son fils. Ils se rassemblent autour de leur *Mollâ* pour aviser à la situation. Leurs entretiens avec ce Mollâ vont remplir toute une section de la seconde partie de notre roman. Nous apprenons que le nom de cet éminent Mollâ est ʿAbd al-Jabbâr Abû Mâlik. C'est un homme de grande droiture, réputé pour l'étendue de son savoir, la prudence de son jugement, et à qui sa compétence a valu le surnom de « Cube des savants » (*Kaʿb al-aḥbâr*). Nous verrons bientôt que son premier mérite est peut-être d'avoir l'âme d'un chercheur sincère, et de comprendre ce qu'est l'esprit de la Quête.

Avec l'entrée en scène d'Abû Mâlik, de nouveau le

lieu de l'action et les interlocuteurs changent. L'action se transporte d'abord dans la demeure d'Abû Mâlik. Au cours des entretiens de celui-ci avec le groupe des notables alarmés, nous le voyons si bien réussir à ébranler chez eux le dogmatisme naïf et à les éveiller à l'esprit de la Quête, que tous ensemble finissent par se rendre à la demeure de Ṣâliḥ et de son père. Le résultat de la démarche est dès maintenant prévisible. Résumons de nouveau à grands traits.

Quelques notables viennent donc trouver Abû Mâlik.

– *Eux :* Nous venons t'informer de la venue en notre pays d'un certain *étranger* (toujours ce mot!). Cet *étranger* a appelé à une doctrine ou à une religion (*madhhab)* dont nous ignorons ce qu'elle est. Ṣâliḥ s'est converti, puis il a entraîné son père, le shaykh al-Bokhtorî, et tous deux tiennent maintenant les mêmes discours que l'*étranger;* ils « appellent » à la religion à laquelle celui-ci appelait. Que va-t-il advenir de la générosité qu'a toujours manifestée le shaykh al-Bokhtorî à l'égard de notre communauté, si notre lien de fraternité religieuse est rompu ? En outre, s'ils sont dans la vérité, il nous faudrait les suivre, et nous en sommes incapables dans notre ignorance. Et s'ils sont tombés dans l'erreur, il faudrait le leur démontrer et nous n'en sommes pas moins incapables. À toi de nous guider dans cette situation difficile.

Abû Mâlik tente d'apaiser leur alarme. Mais alors les notables se méprennent. Ils pensent qu'Abû Mâlik prend la défense des « hérétiques ».

– *Abû Mâlik* : Non pas! ce n'est pas d'eux que je prends la défense, mais c'est de vous-mêmes et de moi, en vous mettant en garde contre les propos mensongers et contre la tentation de lapider les absents en nous servant de ce que nous ne comprenons pas. (Détail de composition remarquable; ici l'auteur met sur les lèvres d'Abû Mâlik, à la façon d'un thème musical esquissé avant d'être développé, un propos avant-coureur de la conclusion intrépide qui remplira tout le finale du dialogue). En agissant ainsi, nous serions semblables à ces peuples anciens qui avaient une telle admiration pour leurs propres doctrines et s'imaginaient embrasser si totalement les desseins divins, qu'ils avaient décrété qu'après leurs prophètes Dieu n'enverrait plus de prophètes.

Ce que, dans toutes ses réponses, Abû Mâlik veut inculquer à ses interlocuteurs, c'est l'esprit de la recherche. Il est déjà ismaélien en puissance, en témoignant de cet « esprit de la Quête » qui correspond ici à l'esprit qu'illustra en Occident la Quête du saint Graal. La Quête du Graal s'appelle ici la Quête de l'Imâm, lequel est le « Livre parlant » (*Qorân nâṭiq*), et nous suggérerons plus loin, pour conclure, que tel est peut-être justement le sens du « Livre du Graal ». L'auteur de notre roman initiatique conduit tout l'entretien de façon à mettre les interlocuteurs sur la voie de la pédagogie ismaélienne dont nous avons déjà relevé les traits : ne pas opposer *dialectiquement* un nouveau dogme à d'anciens dogmes, mais procéder de façon *herméneutique;* ne pas rejeter ce qui est là, ne pas détruire l'exotérique (« ne pas frapper à la face », au visage, *wajh-e Dîn*, c'est le grand précepte), mais « appeler » à découvrir ce qui est caché au-dessous, d'où les livres intitulés *Kashf al-maḥjûb,* « Dévoilement de ce qui était caché ». Mais c'est cela que les interlocuteurs d'Abû Mâlik ont d'abord le plus de peine à comprendre.

Abû Mâlik se met donc en devoir de leur démontrer,

en premier lieu, qu'à l'inspiration divine ils ont substitué les dogmes des docteurs de la loi. Ils ont fait confiance aux hommes au lieu de faire confiance à Dieu, et c'est contre cela précisément que Dieu suscita ses prophètes. C'est pourquoi leurs devanciers sur cette voie « ont tué les prophètes de Dieu. Je prie donc Dieu de vous préserver de suivre des gens antérieurement tombés dans l'égarement. » Mais les notables affirment leur certitude : ils sont sûrs d'être dans le vrai. « Ce n'est pas ainsi, leur explique Abû Mâlik, qu'il faut procéder pour la recherche du sens caché des choses, pas plus que ce n'est en accusant les autres de mensonge que l'on trouve forcément la bonne direction. » Les notables sont un peu déroutés : en quoi peut consister la recherche, s'ils ne rejettent pas l'erreur et n'adhèrent pas à la vérité? Abû Mâlik, en grand sage, leur répond : « Lorsque vous avez reconnu et accueilli la vérité, reconnu et dénoncé le faux, vous n'êtes pas pour autant au nombre des chercheurs, mais vous êtes au nombre des docteurs en science de la prophétie (*'olamâ' bil'-nobowwat*), au nombre de ceux qui guident et jugent les Terrestres de par la Révélation divine. » Les notables, quant à eux, affirment se contenter de cela. Leur interlocuteur se fait alors provoquant.

– *Abû Mâlik* : Ne vous suffit-il donc pas que le shaykh al-Bokhtorî et son fils aient déjà sur vous une précellence, pour que vous vous contentiez d'être des pauvres dans les demeures des chercheurs?

– *Eux :* Une précellence? Laquelle?

– *Abû Mâlik* : C'est qu'ils connaissent ce que vous connaissez et quelque chose de plus que vous, vous ne connaissez pas (c'est le constant avantage de l'ésotériste sur le littéraliste). Si vous ne le recherchez pas auprès d'eux, ils vous provoqueront à le leur demander. Si vous ne leur prêtez pas l'oreille, ils vous contraindront à la lutte, de sorte qu'ils auront sur vous la triple précellence de la priorité, de la recherche et de la lutte.

Cette fois, les notables sont ébranlés. Qu'Abû Mâlik veuille bien leur ouvrir une porte par laquelle ils passeront; ils entendent alors de lui ce propos admirable où s'exprime toute l'éthique de la recherche, à rebours du dogmatisme si satisfait de lui-même qu'il ne s'aperçoit même pas qu'il a « perdu la Parole ».

– *Abû Mâlik* : S'étonner de ma manière de voir serait aveuglement. Négliger la recherche est une erreur. En revanche, les chercheurs ne courent aucun préjudice dans la recherche. Mais le chercheur a besoin d'en connaître les portes (*abwâb)*, afin de chercher le vrai avec une parfaite conscience de ce qu'est la recherche (*ma'rifat al-ṭalab*). C'est qu'en effet celui qui cherche le Vrai sans connaître les portes de la recherche, celui-là sera d'autant plus prompt à accuser les autres d'erreur, et cela, parce que les éclats du faux se manifestent par l'hypocrisie et l'accord des opinions (le conformisme ou dogmatisme de groupe), tandis que les éclats du Vrai se manifestent par l'épreuve que l'on affronte et les passions que l'on déchaîne contre soi. C'est pourquoi ne renonce à avoir les passions de son côté, et ne persévère contre les avant-gardes de l'épreuve, que celui qui est pourvu d'un cœur sain et fort, d'une conscience droite (*qalb salîm*).

– *Eux :* Qu'est-ce donc que cette conscience de la recherche et que cette conscience droite?

– *Abû Mâlik* : Quant à la conscience de la recherche, elle implique d'abord que vous ayez conscience d'être des pauvres. Celui qui est dans le besoin, cherche à combler ce besoin, en mettant sa misère au service de l'objet de sa Quête. Quant à la conscience droite, c'est un cœur qui ne s'obstine pas à accuser de fausseté tout ce qui se présente à lui, quoi qu'il en puisse être, de sorte qu'il laisse le vrai se manifester soi-même et manifester sa précellence.

Il y a plus. En accusant de mensonge (*takdhîb)*, c'est à soi-même que le dogmatique inflige une blessure, puisque le dénonciateur n'a jamais vécu lui-même ce qu'il dénonce. L'éthique de la Quête a pour premier impératif de faire sentir la limite du *ẓâhir,* de l'exotérique, comme insupportable. Les notables font alors un grand pas; ils comprennent que la porte de la recherche, c'est d'abord l'humilité du dévouement au service de l'objet de la Quête. Cependant ils s'inquiètent encore : cette humilité doit-elle venir avant ou après que l'on a compris ? À cette question naïve Abû Mâlik répond en leur montrant que cette humilité doit devancer la manifestation (*bayân)* de l'objet de leur Quête, puisque c'est seulement grâce à elle qu'ils comprendront cette manifestation même. D'avance, toute l'éthique ismaélienne culmine dans la réplique d'Abû Mâlik aux notables craintifs.

– *Eux :* Et si jamais l'objet de notre recherche se révélait vain et faux, s'il n'était pas ce que nous cherchions, vaine et fausse alors aurait été notre humilité ?

– *Abû Mâlik* : Non pas! car en fait c'est à Dieu même que s'adresse votre humilité. De toutes façons vous ne serez pas frustrés par votre Quête, car ce qui importe, c'est que vous fassiez droit à l'éthique qu'elle impose, et là-même est déjà votre récompense.

Parvenu à ce point, le dialogue n'a plus qu'une issue. Abû Mâlik doit lui-même conduire ses interlocuteurs auprès du shaykh al-Bokhtorî et de son fils Ṣâliḥ, afin d'être instruits par eux en toute vérité. Les notables sont d'accord. Abû Mâlik souligne le caractère solennel, unique, de leur démarche; qu'ils se repentent donc de leurs fautes, se libèrent de toutes leurs dettes, se purifient de toute souillure; qu'ils revêtent la plus blanche robe de la résolution, car en vérité « notre sortie ensemble, dit-il, est un exode vers Dieu » (comme l'exode d'Abraham, comme l'exode de l'exilé du *Récit de l'exil occidental* de Sohravardî).

– *Eux :* Eh bien! entendu. Nous ferons ce que tu ordonnes d'ici trois jours.

– *Abû Mâlik* : Non pas!

– *Eux :* D'ici deux jours.

– *Abû Mâlik* : Non! aujourd'hui même. Si oui, nous irons ensemble; sinon, j'irai seul.

Les notables en passent par la volonté d'Abû Mâlik, et satisfont à ses prescriptions. Une dernière fois le lieu de la scène change; nous nous retrouvons de nouveau dans la demeure du shaykh al-Bokhtorî et de son fils, où se rendent ensemble Abû Mâlik et ses compagnons (là-même il y aura un transfert de l'action dans l'appartement de Ṣâliḥ).

Le début de l'entretien est pathétique. Un *quiproquo* voulu de la part du shaykh al-Bokhtorî, suscite d'emblée un rappel des leitmotive essentiels : l'ordre de parenté spirituelle qu'instaure la naissance initiatique inverse le rapport de parenté naturelle; la vie à laquelle fait naître cette naissance est une vie impérissable. Le petit groupe se présente donc chez le shaykh al-Bokhtorî, sous la conduite d'Abû Mâlik. On échange des salutations et l'on prend place pour l'entretien.

– *Abû Mâlik* :Ô Abû Ṣâliḥ (père de Ṣâliḥ)! comment va *ton fils* Ṣâliḥ? Où est-il?

– *Le shaykh al-Bokhtorî* : En vérité, c'est Ṣâliḥ qui est aujourd'hui *mon père*, et c'est moi qui suis le *fils* de

Ṣâliḥ, et Ṣâliḥ est auprès de son Seigneur (le shaykh veut dire qu'il est en train de méditer).

– *Abû Mâlik* (se méprenant sur le sens de ces derniers mots) murmure pieusement : « Nous sommes à Dieu et nous retournons à Lui » (Qorân 2/151). Ṣâliḥ est donc mort ?

– *Le shaykh al-Bokhtorî* : Non pas ! Ṣâliḥ n'est pas mort, et jamais plus ne mourra ; il est vivant pour l'éternité.

Par l'échange de ces quelques phrases, l'auteur a marqué, d'une part, le merveilleux renversement des rapports naturels entre père et fils, du fait de la nouvelle filiation qu'établit entre eux leur naissance spirituelle respective. Ṣâliḥ a conduit son père à la *da'wat*, à l'ésotérique ; il lui a donné la vie. C'est ainsi qu'au plan du *Malakût* ou monde spirituel, les rôles sont inversés : le fils est devenu le père, tandis que le père est devenu le fils (que l'on pense ici à la dénomination de Fâṭima, la fille du Prophète, comme *Omm abî-hâ*, « mère de son père »). Déjà précédemment, Ṣâliḥ avait laissé entendre allusivement à son père cette inversion de leur rapport naturel. D'autre part, au malentendu d'Abû Mâlik, le shaykh répond avec force par ce que nous savons déjà être l'idée dominante de la gnose ismaélienne : la résurrection des morts, la naissance initiatique faisant naître à la vie au sens vrai, à la vie du monde spirituel, et garantissant à jamais l'initié contre le péril de la seconde mort. Car lors du phénomène biologique que l'on appelle l'*exitus*, seuls les vivants au sens vrai, c'est-à-dire les ressuscités, sortent effectivement de ce monde. L'affirmation triomphante du shaykh al-Bokhtorî nous fait comprendre que l'initiation ismaélienne opère, elle aussi, une « théurgie spirituelle », de même que dans la communauté groupée jadis autour des *Oracula Chal-*

daïca, l'initiation était vécue comme un « sacrement d'immortalité [1] ». Aussi bien est-ce cela la *gnose*, une connaissance salvifique donnant la vie immortelle.

Devant ces paradoxes gnotisques, Abû Mâlik a le pressentiment d'un secret extraordinaire. Son interlocuteur le devine.

– *Le shaykh al-Bokhtorî* : Ô Abû Mâlik ! Vise juste en visant ton affaire ; sois ferme dans ta requête, car tu es au début de l'épreuve.

– *Abû Mâlik* : Tu dis vrai. Les premiers pas dans la vérité sont une épreuve. Ma requête est la rencontre de l'Homme juste (*al-'abd al-ṣâliḥ*).

– *Le shaykh al-Bokhtorî* (jouant d'abord sur les mots) : Il n'y a pas de chemin qui y conduise. Mais peut-être veux-tu dire mon fils Ṣâliḥ ?

– *Abû Mâlik* : Oui.

Alors le shaykh se hâte d'aller informer son fils. Après une brève invocation : « Ô mon Dieu ! ouvre chez tes serviteurs les oreilles de leur cœur. Que ta Miséricorde les guide vers les indices de l'objet de leur Quête », Ṣâliḥ fait rapidement mettre en ordre le salon de réception, et les visiteurs sont introduits. Une fois que l'on a procédé aux échanges de politesse (Ṣâliḥ proteste qu'il aurait dû prendre les devants en rendant lui-même visite à Abû Mâlik), le vrai dialogue a quelque peine à s'engager. Deux Quêtes marchent à la rencontre l'une de l'autre : Abû Mâlik est à la Quête de la gnose, Ṣâliḥ est à la Quête de l'héritier légitime de cette gnose, de celui qu'il a mission de ressusciter d'entre les morts. Il faut donc que la rencontre se produise ; elle ne le peut qu'une

1. Cf. Hans Lewy, *Chaldaean Oracles and Theurgy*, Le Caire, 1956, pp. 177 ss., et notre ouvrage *En Islam iranien*... t. II, Livre II, chap. II.

fois Abû Mâlik amené sur le terrain de la vraie Question : en quoi consiste la recherche authentique, la Quête ? Que reste-t-il entre les mains de ceux qui la refusent ou qui l'ignorent ? Qu'est-ce que la Religion au sens vrai, c'est-à-dire au sens de l'ésotériste ? À ce moment-là le dialogue pourra prendre son essor vers sa conclusion.

Abû Mâlik ayant salué Ṣâliḥ comme s'il était un prophète, un « avertisseur » (*nadhîr)* missionné par le Ciel, Ṣâliḥ s'étonne.

– *Ṣâliḥ :* Est-ce comme quelqu'un qui me soupçonne, que tu es venu à moi, ô Cube des savants ? Ou bien est-ce dans un esprit de conformisme *(moqallidan)* ? Mais alors qu'en serait-il de ta parfaite intelligence, de la sagacité précellente que je connais chez toi ? (Autrement dit : comment pourrait-il s'agir pour toi de te rallier à l'opinion professée par un autre [1] ?)

– *Abû Mâlik* : Ton rang est au-dessus de tout soupçon, et la chose religieuse *(Dîn)* est au-dessus de tout conformisme *(taqlîd)*.

1. Le mot *taqlîd* comporte bien des nuances. Il peut correspondre à ce que nous appelons « conformisme », comme dans le cas présent. Il peut désigner aussi simplement, comme dans le shî'isme duodécimain de nos jours, l'usage de « se rallier » à l'opinion d'un *Mojtahid.* Tout croyant a en puissance la vocation de devenir un *Mojtahid* (un chercheur consacrant toute sa vie à l'étude du *ḥadîth)*, mais il n'en a pas le temps. On choisit donc librement parmi les *Mojtahidûn,* celui à l'opinion duquel on se ralliera pour résoudre toutes les difficultés pratiques et théoriques. Cependant, si le *Mojtahid* fait autorité pour les *Oṣûlîyûn,* il n'en va pas de même pour les *Akhbârîyûn* (sur ces deux écoles, voir notre livre *En Islam iranien...* t. IV, Livre VI, chap. III). De même ici, en gnose ismaélienne, il ne peut être question de *taqlîd;* Ṣâliḥ y insiste avec force à plusieurs reprises. Le *dâ'î* n'est pas un *Mojtahid.* Il a à éveiller chez son disciple l'esprit de la Quête, et à le conduire, de degré en degré de l'ésotérique, jusqu'au « Livre parlant ».

– *Ṣâliḥ* : Comment donc m'attribues-tu le rang d'avertisseur, alors que l'Avertisseur est un prophète, et que le prophète est un témoin devant Dieu pour ou contre ses créatures (selon qu'elles accueillent ou récusent son message; or toi et tes amis, vous êtes restés jusqu'ici en dehors de ce message; je n'ai donc pas à témoigner pour vous ni contre vous).

– *Abû Mâlik* : Tu dis vrai... Mais du moins avons-nous reconnu l'excellence de la recherche. Aussi avons-nous commencé par nous mettre à la recherche (ou en Quête) de toi. Nous avons mis en toi notre espoir comme objet de notre Quête. Veuille donc accorder quelque attention à notre requête.

– *Ṣâliḥ* : Ô Abû Mâlik! Au moment où tu as compris la précellence de la recherche, as-tu reconnu le droit par lequel elle s'impose à toi (autrement dit : le *devoir* que t'impose le *droit* qu'elle a sur toi)?

– *Abû Mâlik* : Et qu'est-ce que son droit (ou à quoi a-t-elle droit)?

– *Ṣâliḥ* : Elle a droit à ce que tu en comprennes les modalités, et que tu poursuives parmi celles-ci, celle qui s'impose en propre à toi (sinon, comment estimes-tu être un chercheur?).

Ici Ṣâliḥ se met en devoir d'expliquer à Abû Mâlik les *trois* modes ou aspects de la recherche, de la Quête. Il y a un chercheur qui sait; il y a un chercheur qui apprend à connaître; il y a un chercheur qui désire apprendre. La fortune, ce sont les trésors des gens de ce monde (*ahl al-donyâ*); la connaissance, la gnose, ce sont les trésors des gens de l'outremonde (*ahl al-âkhira*). De même que la recherche des richesses de ce monde se présente sous trois aspects, de même la recherche de la chose religieuse (*ṭalab al-Dîn*, la Quête de la gnose) et des trésors de l'outremonde est de trois sortes : 1) Il y a un chercheur qui possède maintenant la Connaissance (*ṭâlib 'ârif*, le gnostique parfait). C'est le Sage divin (*'âlim rabbânî*, le *theo-sophos*), qui cherche les morts, les morts par l'ignorance et l'inconscience, afin de les ressusciter par sa connaissance, par la gnose (nous reconnaissons ici le grand thème de la spiritualité ismaélienne : la résurrection des morts, au sens vrai de la mort. Le chercheur qui a atteint à la gnose, désormais cherche ceux qu'il doit ressusciter par l'Esprit de la vie au sens vrai, afin que la « seconde mort » n'ait plus de pouvoir sur eux. Comme l'a dit le shaykh al-Bokhtorî : « Ṣâliḥ jamais ne mourra ». Cette Quête est *eo ipso* celle de l'héritier à qui transmettre le dépôt confié, car ce dépôt ne peut être transmis qu'à un vivant au sens vrai). 2) Il y a un chercheur qui est en train d'apprendre à connaître, c'est l'apprenti (*mota'allim)* qui a déjà connu certains degrés de la Connaissance, et qui cherche à aller jusqu'au bout. 3) Il y a le chercheur qui aspire à devenir un apprenti; c'est l'Ignorant qui a pris conscience de son ignorance et qui n'a d'autre connaissance que sa conscience d'être un *pauvre*. Alors il cherche ceux qui savent, afin d'apprendre. Tels sont les trois aspects de la Quête et le triple rang de ceux qui entrent dans la Quête (*al-ṭâlibûn*).

– *Abû Mâlik* : Quant à moi je suis le chercheur qui aspire à apprendre, celui qui ne sait rien. J'ai su déjà que je suis pauvre. Alors enseigne-moi (puisque le rôle du *dâ'î* ismaélien est essentiellement de proposer et d'exercer cette « hospitalité » spirituelle).

– *Ṣâliḥ :* L'as-tu su ou l'as-tu compris?

– *Abû Mâlik* : Quelle différence entre les deux? (entre *'ilm* et *ma'rifat)*.

– *Ṣâliḥ :* Savoir, c'est recevoir une information d'un autre. Comprendre, c'est voir soi-même de ses propres yeux.

Et, avant d'esquisser ce que nous pourrions appeler une phénoménologie de l'ignorance comme angoisse et de transposer au plan spirituel le sens de la *pauvreté*, Ṣâliḥ précise encore : le premier cas n'implique, chez celui qui ignore, aucune conscience préalable de son ignorance. Il rencontre un jour quelqu'un qui sait et qui l'instruit de ce qu'il ignorait. Alors seulement il *sait* qu'auparavant il était un ignorant, tandis que le second cas, celui du « comprendre » personnel, c'est le cas de l'homme qui connaît sa pauvreté; dès l'origine et de lui-même, il n'ignore pas qu'il est un ignorant.

– *Ṣâliḥ :* (Celui qui a compris sa propre ignorance) interroge sur quelque chose qu'il ne connaît pas, et il ignore la réponse. Son cœur est dans l'angoisse à cause de l'ignorance, et il n'espère d'apaisement que par la connaissance de ce qu'il ignore. C'est pourquoi son ignorance est d'ores et déjà connaissance, parce qu'elle lui révèle son dénuement, et ce dénuement est son angoisse, et c'est cette angoisse qui contraint l'homme à chercher le vaste espace, le grand large de la hauteur (*si'at al-'olow*), et c'est cela la Connaissance, la gnose, parce que la Connaissance est vastitude. Désormais, oui, tu as compris que tu es un pauvre. (Ce n'est donc pas une information extérieure qui te fait comprendre, mais la conscience d'une misère intérieure dont il te faut à tout prix sortir).

– *Abû Mâlik* : Tout ce que tu viens de décrire, je l'éprouve en moi-même. J'ai d'ores et déjà compris que je suis un pauvre, dans un dénuement extrême. Alors compense ma misère par ta surabondance.

– *Ṣâliḥ :* Je crains que tu n'ailles un peu trop vite.

– *Abû Mâlik* : C'est l'angoisse de ma misère qui me pousse. Alors je me hâte. J'ai compris l'excellence du vaste espace. Alors je cherche... Ta précellence ne fait pas de doute pour moi, c'est pourquoi je me suis adressé à toi. Tu proposes le sens caché, alors c'est bien toi que je cherche.

Mais Ṣâliḥ tempère l'ardeur de son nouveau disciple, afin de l'éprouver.

– *Ṣâliḥ :* D'où as-tu la certitude que c'est moi l'objet de ta Quête, pour t'adresser ainsi à moi ? Car aucun docteur en science de la prophétie (*'âlim bi'l-nobowwat*) ne m'a désigné à toi. Ne vois-tu pas que tu aspires encore, dans ta recherche, au confort du *taqlîd?*

Ṣâliḥ est vraiment un maître ismaélien en psychologie. En termes de psychothérapeutique moderne, nous dirions qu'il ne veut absolument pas qu'Abû Mâlik forme sur lui des « projections », un « transfert ». Il discerne fort bien qu'Abû Mâlik n'a pas encore le véritable esprit de la recherche, de la Quête; il porte encore les traces de l'esprit du *taqlîd* (conformisme); il cherche, mais il cherche encore une autorité. Or, la gnose n'est pas un *taqlîd,* un conformisme, le ralliement à un dogme. Elle consiste à échapper au *taqlîd;* d'où la pédagogie ismaélienne, non dogmatique, mais tout herméneutique. L'initiation qui est la *potestas clavium* de l'Imâm, n'impose pas un dogme; elle initie à l'ésotérique du dogme.

Nonobstant cette réserve, Abû Mâlik est enchanté de ce qu'il entend. Il y acquiesce, sans s'apercevoir qu'il reste un petit malentendu. Quand il entend Ṣâliḥ parler des falsifications qui ont substitué de la verroterie aux pierres précieuses, il ne comprend pas encore que les falsificateurs sont les hommes de la religion purement exotérique que lui-même a professée jusque-là, en toute droiture, certes. C'est pourquoi, il croit posséder lui-même un joyau (alors qu'il vient de confesser sa pauvreté!). Il demande à Ṣâliḥ de lui montrer le sien, afin qu'il juge de la supériorité de celui-ci. Mais, au jugement de Ṣâliḥ, les lapidaires se sont d'ores et déjà prononcés sur le prétendu joyau qui n'est que verroterie. Ainsi en va-t-il de la Connaissance : elle n'est une connaissance éprouvée que lorsqu'elle a été présentée, pour épreuve, à celui qui a la science de la physiognomonie.[1]

– *Abû Mâlik* : Certes, mais les spécialistes de cette science, nous n'en connaissons plus de notre temps; le temps des prophètes est passé. Désormais aucun prophète n'est promis aux hommes, depuis que la Révélation divine par les Livres a cessé. Les communautés du Livre ne professent plus (n'ont plus d'autre religion) que celle des traditions historiques (*riwâyât)*.

Le cher homme ne s'aperçoit pas qu'il met ainsi le doigt sur le point explosif, le secret d'où va jaillir le torrent emportant toute limitation imposée au temps des prophètes. Le problème des « religions du Livre », du Verbe divin révélé dans les Livres saints, c'est le problème posé ici au début. La Révélation divine est-elle close ? Et si elle est close, cela veut-il dire que la Parole est perdue ? Et si elle est close sans que la Parole soit perdue, ne faut-il pas que l'Esprit en fasse perpétuellement éclore le sens caché ? Cette éclosion, c'est cela le *ta'wîl,* c'est la Parole perpétuellement recouvrée, et c'est toute la gnose ismaélienne. Aussi notre roman initiatique ne pourra-t-il admettre que le temps des prophètes

1. *'Ilm al-sîmâ,* la physiognomonie au sens très large, couvrant aussi bien l'alchimie, la chiromancie que la physiognomonie au sens restreint (*'ilm al-firâsa*). Les manuscrits portent *'ilm al-samâ'* (ouranologie) qui n'a rien à faire ici, outre que l'on emploierait plutôt dans ce cas *'ilm al-nojûm* (astronomie).

soit désormais achevé. À partir d'ici nous nous acheminons vers l'issue dramatique du dialogue. L'humanité ne peut pas se passer de prophètes. Qu'en est-il, s'il est vrai que le dernier prophète soit venu, et si la Révélation est désormais close ? Mais sinon, qu'en est-il alors du dogme de l'Islam exotérique ?

Ici Ṣâliḥ, en parfait *dâ'î* ismaélien, commence par différencier la gnose et la foi historique. « Toute religion que l'on professe comme en la recevant purement et simplement de la transmission historique (*riwâyât*) ne mérite pas le nom de Religion (*Dîn*). » Nous dirions qu'elle est ce que Luther appelait *fides historica seu mortua*. En termes ismaéliens, cette religion-là est le mort qu'il faut ressusciter. Aussi bien Ṣâliḥ va-t-il employer un argument *ad hominem*. N'y a-t-il pas souvent désaccord entre les *riwâyât* de la tradition historique ? Qui tranchera ? « Ce qui se trouve dans les livres », répond Abû Mâlik. Mais qui en fera l'analyse et la synthèse ? Ṣâliḥ a été le témoin et l'auditeur de jugements rendus par Abû Mâlik lui-même, jugements avec lesquels Abû Mâlik, incapable de trancher entre les opinions différentes, renvoyait son malheureux consultant perplexe et désorienté. Abû Mâlik a alors un mot désenchanté, un mot terrible en vérité, qui ne résonne pas seulement dans l'Islam du Xᵉ siècle, mais dont l'écho se propage ailleurs à travers les siècles.

– *Abû Mâlik :* Nous ne nous cramponnons plus qu'au seul nom de la religion.

– *Ṣâliḥ :* Mais qu'est-ce donc que la Religion selon toi ?

– *Abû Mâlik* (qui jusqu'ici a eu la bonne conscience d'un docteur en droit canonique) : Mais ce sont les commandements et les défenses, le licite et l'interdit, les coutumes et les obligations.

– *Ṣâliḥ :* Alors selon toi, la Religion n'est rien d'autre que cela ?

L'instant est pathétique. La réponse va décider entre la puissance légalitaire de l'Islam exotérique et la spiritualité de l'Islam ésotérique de la gnose. Abû Mâlik garde les yeux baissés, en réfléchissant à ce qui peut lui rester, si la Religion s'est vidée de son contenu, s'il « ne se cramponne plus qu'à un nom » vide de sens. Puis il relève la tête :

– *Abû Mâlik :* Je ne sais pas s'il me reste encore quelque chose. Mais alors selon toi, qu'est-ce que la Religion ?

La réponse vient dans une envolée lyrique :

– *Ṣâliḥ :* La Religion (celle qui est sagesse divine ésotérique, *theo-sophia*), c'est ce dont le Voile est la plus sûre protection contre les corrupteurs. Les portes en sont ouvertes aux chercheurs. S'illustre par la priorité celui qui la procure. S'attache au meilleur celui qui la cherche (...) Elle est le lien entre le Ciel et la Terre, un lien continu et sans rupture. Elle est l'anse de ceux qui s'y agrippent, le câble de ceux qui cherchent un refuge. Elle est *l'Arche de la Sakîna* (*tâbût al-Sakîna*), l'Arche du salut; elle est la Lumière de la vie. »

Ces dernières expressions sont frappantes : *Tâbût al-Sakîna. Tâbût,* c'est l'Arche d'alliance. Ici, je crois qu'il faut donner au mot *Sakîna* un sens beaucoup plus précis que son sens courant en arabe : quiétude, repos de l'âme. Je crois que ce mot signifie pour le gnostique ismaélien ce que signifie son équivalent *Shekhina* dans la gnose hébraïque, la « Présence divine » [1]. Quant à

1. Nous manquons malheureusement, et pour longtemps peut-être encore, d'une étude comparative approfondie de l'ésotérisme islamique et de l'ésotérisme juif de la Kabbale. Les rencontres ne sont ni fortuites ni purement verbales entre mots de même racine

l'Arche du salut, c'est l'Arche de Noé. Pour les Ismaéliens, c'est la confrérie ésotérique, la *da'wat*. Pour les Shî'ites en général, c'est le plérôme des Imâms. Quant

sémitique, comme ici entre l'hébreu *Shekhina* et l'arabe *Sakîna*. La *Shekhina,* c'est la mystérieuse « Présence » divine; c'est aussi la Gloire (*Kabod*), la dixième des Sephirot (*Malkût*), la Sophia, le Chérubin sur le trône, l'Ange Metatron, etc. (Cf. Gershom Scholem, *Les Origines de la Kabbale,* trad. Jean Loewenson, Paris 1966, et Georges Vajda, *Recherches sur la philosophie et la Kabbale dans la pensée juive du Moyen Age,* Paris 1962, index s.v.). En mystique islamique, c'est la quiétude de l'âme, la paix intérieure, signe de la mise en présence directe, comme dans le cas de Moïse admis à entrer en dialogue avec Dieu, ou de Moḥammad lors de son assomption céleste (*Mi'râj*). Sohravardî lui a consacré quelques pages essentielles (*Safîr-e Sîmorgh,* in *Opera metaphysica et mystica III,* p. 99-100, traduction française in *L'Archange empourpré,* pp. 449 ss.) et perçoit dans la *Sakîna* la même manifestation que dans le *Xvarnah,* la Lumière-de-Gloire, qui domine le zoroastrisme (or Shekhina = Kabod !). Ce que notre texte offre de remarquable, c'est la composition du terme *Tâbût al-Sakîna,* l'arche de la *Sakîna. Tâbût,* c'est l'arche d'alliance, cf. *Exode* 25/10 ss. « Ils feront une arche de bois d'acacia. » *Deut.* 10/1-5, l'arche contient les tables de la Tora. *I Rois* 8/6 ss., l'arche est portée dans le sanctuaire du Temple ; 8/10-11, la Gloire (Kabod Yahweh) remplit le Temple (et de cette présence dans le Sanctuaire découle toute l'idéologie du Temple, jusqu'à Willermoz et la maçonnerie templière dominée par l'idée de l'héritage spirituel de l'Ordre du Temple, cf. René Le Forestier, *La Maçonnerie templière et occultiste aux* XVIIIe et XIXe siècles, publié par Antoine Faivre, Paris 1970). Dans le Qorân, le mot *tâbût* apparaît deux fois : 2/249, où il s'agit bien de l'Arche d'alliance, tandis qu'au verset 20/39 il s'agit du coffret dans lequel l'enfant Moïse fut porté sur les eaux. Quant à la *Sakîna* elle est mentionnée quatre fois (toujours avec le verbe *anzala,* « il fait descendre »), et trois fois sur quatre avec la mention des cohortes ou armées célestes invisibles (Yahweh Sabaoth !) 48/4 : « C'est lui qui fait descendre la *Sakîna* sur les cœurs des fidèles, afin qu'ils ajoutent encore de la foi à leur foi, et à Dieu appartiennent les armées célestes invisibles (*jonûd al-samâwât*). » 48/18 : « Il fait descendre sur leurs cœurs la *Sakîna.* » 9/26 : « Dieu fait descendre sa *Sakîna* sur son Envoyé et sur les croyants, et il fait descendre les armées invisibles. » 9/40 : « Il a fait descendre sur le Prophète sa *Sakîna* et à la lumière de la vie, c'est celle de la vie contre laquelle la « seconde mort » est sans pouvoir. Tout se passe comme si l'extraordinaire « appel » (*da'wat*) de Ṣâliḥ, était un « appel » adressé à toutes les « communautés du Livre » issues de la tradition abrahamique, comme si elle préludait à ce que nous appellerons plus loin l'œcuménisme de l'ésotérisme. C'est bien ce que pressent Abû Mâlik, bouleversé par l'envolée de Ṣâliḥ.

– *Abû Mâlik :* S'il doit exister un jour quelque Religion de Dieu par laquelle Dieu agréera qu'on l'honore, elle répondra, certes, à la description que tu viens d'en donner.

Mais en attendant ? ... Pour le *dâ'î* ismaélien il n'y a pas à attendre.

– *Ṣâliḥ :* Ô Abû Mâlik ! mets ta lumière dans la niche de ton intellect, et tâche de comprendre ce que l'on veut de toi...

Et Abû Mâlik, cette fois, comprend.

– *Abû Mâlik :* Il ne me reste alors qu'à connaître ce à quoi tu *appelles.*

Ce qui veut dire : connaître la *da'wat* ismaélienne, cette « convocation » qui a commencé dans le Ciel avec l' « appel » de la première des Intelligences chérubiniques et dont la « convocation ismaélienne » n'est que la forme finale sur terre. La conversion d'Abû Mâlik est en bonne voie.

il l'a soutenu par des armées invisibles. » Il convient donc d'attacher la plus grande importance à cette définition ismaélienne de la Religion, c'est-à-dire de la Religion ésotérique (*al-Dîn al-bâṭin*) comme *Tâbût al-Sakîna,* l'Arche de la *Sakîna.* Cette définition pourrait être le point de départ d'une étude comparative des deux concepts biblique et qorânique, dont la mise en rapport ne peut être cherchée que du côté des gnostiques de part et d'autre, car leur herméneutique est seule en mesure d'entrevoir le Temple commun de la *Shekhina-Sakîna.*

VI. Le temps des prophètes n'est pas encore achevé

Nous nous acheminons désormais vers l'issue finale, on serait tenté de dire vers l'explosion finale du dialogue. Jalonnons d'avance la route : Ṣâliḥ commence par expliquer à Abû Mâlik que ce à quoi il l'« appelle », c'est à reconnaître l'*équité* divine. Cela semble inoffensif et parfaitement conforme au dogme islamique le plus exotérique. Mais céder à cette apparence, ce serait tomber dans le piège du malentendu qu'engendrent habituellement les propos de l'ésotériste, tels que les entend la théologie exotérique. Car il ne s'agit pas de la justice divine comme attribut moral d'un Dieu abstrait que toute la théologie islamique s'accorde à professer. La théosophie ésotérique du shî'isme professe que l'Essence divine en sa transcendance ne peut recevoir ni Nom ni Attribut. En fait, comme le déclarent de nombreux *ḥadîth,* ce sont les Imâms ou les « Amis de Dieu » qui sont les supports ou les sujets de ces Noms et de ces Attributs. La question est donc celle-ci : lorsque l'on parle de l'*équité* divine, quels sont les supports réels de cette équité, ceux qui en sont l'acte et la manifestation ? Aussi bien est-ce à condition de poser ainsi la question, que l'on comprendra comment l'idée de l'équité divine nous permet de répondre à cette autre question : la Parole, oui ou non, est-elle perdue ? La Révélation divine est-elle close et l'humanité n'a-t-elle plus rien à attendre, ou bien a-t-elle encore quelque chose à attendre ? Suivons alors la ligne du dialogue aux péripéties imprévues.

D'emblée Abû Mâlik se déclare d'accord. L'équité divine ? Certes lui aussi la professe de toute sa foi. Mais immédiatement Ṣâliḥ le met en garde : « Il ne s'agit pas de ce que tu t'imagines croire, ô Abû Mâlik. » Ce à quoi pense Abû Mâlik, c'est en effet une qualification donnée à Dieu par un monothéisme abstrait, sans connaissance réelle de la chose décrite, c'est-à-dire sans conscience de ce par quoi Dieu peut bien se manifester à nous sous cet aspect, et qui nous rend possible de parler de son équité. Abû Mâlik est alors décontenancé : si la thèse de ceux qui professent l'Unité (*tawḥîd*) et l'équité divine est elle-même dégénérée et corrompue, alors, pense-t-il, il n'y a plus sur terre aucune vérité ferme, à moins que le sens, l'Idée (*ma'nâ*), de ce *tawḥîd* et de cette équité soient tout autre chose que ce qu'en disent les discours tenus par tout le monde. Eh oui ! il en est justement ainsi ; sinon, il n'y aurait pas le drame de la Parole perdue. Certes, ce ne sont ni l'Unité ni l'équité divines qui sont corrompues, car elles sont en soi et par essence incorruptibles. Mais ce sont les discours que tiennent les hommes sur l'une et sur l'autre qui corrompent la thèse qu'ils professent.

Abû Mâlik énonce, certes, la doctrine exotérique la plus édifiante : « Je professe que Dieu est unique. Il n'est rien qui lui ressemble. Il est équitable, il n'impose pas aux hommes une charge qu'ils seraient incapables de supporter. » Mais Ṣâliḥ l'interrompt : tout ce que dit Abû Mâlik est très édifiant, mais les noms et qualifications qu'il énonce à propos de Dieu, sont aussi abstraits qu'inutiles. Il en va tout comme lorsqu'il dit, par exemple : le feu est chaud. C'est vrai. Mais à quoi bon, s'il n'a rien à réchauffer ni à faire cuire ? Et si le nom tenait lieu de la chose, le seul fait de mentionner le feu suffirait à brûler la langue d'Abû Mâlik. Or Abû Mâlik l'a avoué tout à l'heure : « Nous ne nous cramponnons plus qu'au seul *nom* de la religion. » Alors comment est-on tombé dans ce que, pour notre part, il nous faut bien appeler un « nominalisme » pur et simple ? Mais ce nominalisme, quand il s'agit de Dieu, c'est bel et bien cela la Parole perdue. Il devrait en être quand nous parlons de Dieu, si la Parole n'était pas perdue, comme il en serait dans le cas où la seule mention du feu suffirait à nous brûler la langue. C'est pourquoi Ṣâliḥ demande à Abû Mâlik : « As-tu simplement entendu parler du feu, ou bien as-tu senti réellement la brûlure du feu ? »

Poursuivant sur sa lancée, Ṣâliḥ propose à Abû Mâlik un petit exercice sur la graphie arabe du mot ALLH (*Allâh*) [1], où l'*alif* initial est isolé, sans ligature, tandis que les trois autres lettres sont reliées entre elles par un trait d'écriture. Y a-t-il une de ces lettres qui est *Allâh* ? Laquelle ? Ou bien le sont-elles toutes ensemble ? Ou bien sont-elles un indice montrant *Allâh* ? Quel est le Nom ? Qui est le Dénommé ? Est-ce à l'un des deux que s'adresse ton culte ? Mais alors qu'est-ce qui fait la différence entre le Nom et le Dénommé ? Malmené par ces questions, Abû Mâlik perd un peu la tête. Il tente une échappée édifiante, comme l'ont fait tous les catéchismes de l'univers, en parlant de Dieu connaissable dans ses œuvres. Ṣâliḥ le ramène au propos : pas de fuite dans l'analogie; il n'y a pas d'analogie entre l'œuvre d'un artisan et la création divine. Abû Mâlik n'a pas été témoin de celle-ci. Dans le rapport entre un sujet et la qualification qu'il reçoit, cette qualification préexiste logiquement à ce sujet, puisque son extension dépasse celui-ci et qu'elle peut être attribuée à d'autres.

1. Bien que Ṣâliḥ insiste sur la graphie du mot ALLH (*Allâh*), sa proposition vise au début l'énoncé *Allâh wâḥid* (Dieu est Unique) dont la graphie comporte huit lettres (ALLH WAḤD). Nous sommes ici dans la nécessité d'abréger l'exercice « idéographique » sur la recherche du vrai rapport entre le Nom et le Dénommé.

Impossible d'atteindre par cette voie la réalité foncière *au singulier,* celle d'une individualité angélique ou d'une individualité humaine (disons qu'il nous faudrait, par exemple, percevoir directement dans sa singularité la *socratité* de Socrate, la *michaëlité* de Michaël, etc.). Non, le rapport du sujet divin avec ses attributs n'est pas le rapport d'un sujet avec les concepts généraux de la Logique. Pressé de répondre quelque chose, le pauvre Abû Mâlik baisse la tête en murmurant : « Cette fois la Parole est partie; il n'y a plus de parole à dire (...). Parole suppose un sujet parlant, un sujet qualifié par le discours. Or Dieu transcende tout attribut. » C'est toute la question : qui est le sujet de ces attributs ?

Profitant de cet avantage, Ṣâliḥ se fait pressant (nous résumons à grands traits toute une argumentation dialoguée). Le Sublime Indicible pourra-t-il laisser ses fidèles dans l'ignorance de ce qu'il exige d'eux, ou même exiger d'eux l'impossible ? Or, il les a créés non pas à l'état de savants, mais, tels qu'ils viennent au monde, comme des ignorants qui ne savent rien. Il faut donc que cette ignorance soit compensée, *équilibrée* par un contrepoids, lequel ne peut être qu'une connaissance directement inspirée de Dieu (*'ilm ladonî*). Or, ceux à qui est inspirée cette connaissance, ce sont ceux-là que l'on appelle les « Amis de Dieu », et ce sont eux qui *font contrepoids* à la carence de la créature humaine; ils sont les médiateurs entre le Dieu transcendant, indicible, et ses fidèles, à qui ils font connaître ce qu'il exige d'eux. Ils sont les *contrepoids* divins de l'ignorance humaine, et c'est en cela que consiste l'*équité* divine : susciter ces contrepoids qui équilibrent l'ignorance des hommes. L'équité divine n'est pas l'attribut moral d'une entité suprême abstraite. Nous n'aurions aucune raison, aucune preuve, pour lui conférer cet Attribut ou n'importe quel autre plutôt que leur contraire. Bref, cela seul que nous connaissons de l'équité divine, ce sont les Amis de Dieu suscités pour *faire contrepoids*. Les Amis de Dieu *sont* cette équité divine, le secret du mystérieux *équilibre* en lequel consiste cette *équité*. C'est pourquoi les Amis de Dieu, ces contrepoids divins, seront l'objet du même dévouement que Dieu lui-même, puisque c'est par eux que le Verbe divin indicible est cependant proféré en un Verbe humain, audible et compréhensible, et que sous ce Verbe humain peut être recouvré le sens caché qui en est le Verbe divin.

Tous ont eu la même connaissance de l'Invisible, bien qu'il y ait entre eux un certain ordre de préséance, selon que cette connaissance leur est donnée comme un *tanzîl*, dans l'acte de « faire descendre » la Révélation divine vers les hommes sous son revêtement littéral, et c'est le cas des prophètes qui ont apporté un Livre, ou selon que cette connaissance leur est donnée comme *ta'wîl*, l'herméneutique qui, en découvrant le sens caché, « reconduit » cette Parole à son archétype, et c'est le cas des Imâms. Ce qui nous apparaît ici capital et original dans le discours de Ṣâliḥ (par rapport aux textes shî'ites classiques), c'est que le *ta'wîl* est mis de plein droit à égalité avec le *tanzîl*, quant à la source qui en est la révélation divine. Certes, il y a un ordre de priorité tenant au fait que le *ta'wîl* présuppose le *tanzîl*, de même que l'ésotérique présuppose l'exotérique; mais c'est cela seul, et rien d'autre, qui détermine la priorité du prophète « parlant » la lettre de la Révélation, « parlant le Livre », sur l'Imâm « parlant l'herméneutique » (comme « Livre parlant »). Et c'est un point qu'Abû Mâlik a d'abord un certain mal à comprendre. Aussi Ṣâliḥ lui rappelle-t-il le cas de la précellence d'Abraham : la révélation qui fut ensuite donnée à

Ismaël et à Isaac présupposait la révélation donnée à Abraham.

Dès maintenant nous pouvons dire que, si le *tanzîl* appelle nécessairement le *ta'wîl,* c'est-à-dire si la Révélation littérale des prophètes appelle nécessairement l'herméneutique spirituelle des Imâms – et c'est là ce que professe toute la gnose shî'ite – jamais les créatures ne sont coupées de la Révélation divine; jamais les contrepoids de l'ignorance ne sont absents, et partant jamais l'ignorance n'est licite, ce qui signifie que jamais il n'est licite de dire que la Parole est perdue. Et c'est le point capital de la conception ismaélienne (du moins tant que la *da'wat* garde sa vitalité), et au sens large la conception de toute la gnose et de la gnoséologie shî'ites. Les Amis de Dieu étant les médiateurs du Verbe, par eux le Verbe permane parmi les hommes. C'est pourquoi le *ta'wîl* est promu ici au rang de connaissance inspirée. Si en effet le *ta'wîl* n'est pas une interprétation allégorique et arbitraire, c'est parce qu'il postule, lui aussi, comme le *tanzîl,* une inspiration divine. C'est uniquement pour ceux qui refusent le *ta'wîl,* l'herméneutique spirituelle des symboles, la voie anagogique du sens ésotérique, c'est uniquement pour ces négateurs que la Parole divine est perdue. Le *ta'wîl* fait donc partie intégrante du « phénomène du Livre saint révélé ». Et cela m'apparaît capital aussi bien pour comprendre le sort de la gnose shî'ite à l'intérieur de la masse de l'Islam, que pour comprendre le sort de l'herméneutique spirituelle dans les trois rameaux de la tradition abrahamique.

Les déclarations de Ṣâliḥ sont on ne peut plus claires.

– *Ṣâliḥ :* L'herméneute spirituel (*ṣâḥib al-ta'wîl*) apporte par son *ta'wîl* (son herméneutique) une connaissance venant du Ciel et une explicitation (*bayân*) [1] venant du Plérôme suprême; il lui en est rendu témoignage dans le Livre lui-même.

– *Abû Mâlik* (enchaînant) : Je rends donc témoignage à ce dont rendent témoignage les Livres révélés, à savoir que le *tanzîl* (révélation littérale) témoigne que chaque *ta'wîl* (herméneutique spirituelle) est une révélation venant de Dieu (*waḥy min 'inda'llâh*) [2], sinon il faudrait démentir tous les Livres et les Envoyés, puisque leur sens caché (*ma'nâ*) est un seul et même sens caché.

Et c'est en cet *équilibre* que s'affirme l'*équité* divine.

L'herméneutique des symboles donne donc son fondement à l'œcuménisme de l'ésotérisme. En outre, comme cette herméneutique postule une inspiration divine, elle postule *eo ipso* que le temps des prophètes n'est pas clos. On s'achemine ainsi vers l'issue du dialogue qui s'annonce de loin. Abû Mâlik va poser une question scabreuse, brûlante, inouïe, si l'on se réfère aux positions de l'Islam officiel.

– *Abû Mâlik :* Qu'ont donc alors tous ces gens dans leurs assemblées à contrefaire les prophètes, et à proclamer qu'après leur prophète il n'y aura plus de prophète ni d'avertisseur, et qu'ils sont ceux qui se chargent du soin de la religion de Dieu ? Toi, Ṣâliḥ, tu

1. Pratiquement, dans les textes ismaéliens, les termes *ta'wîl* et *bayân* sont souvent employés l'un pour l'autre.

2. Ces lignes constituent un passage décisif. Tandis que la gnoséologie des *ḥadîth* shî'ites (le *Kitâb al-Ḥojjat* des *Oṣûl mina'l-Kâfî* de Kolaynî) réserve le nom de *waḥy* à la révélation ou communication divine reçue par le prophète sous la dictée de l'Ange, et range sous la catégorie de *ilhâm* l'inspiration donnée aux Imâms, notre texte ismaélien fait rentrer aussi bien *tanzîl* que *ta'wîl* sous la catégorie de *waḥy*.

affirmes tout autre chose. Comment les docteurs (*'olamâ*) de cette communauté ont-ils omis de réfléchir sur cette question ?

– *Şâliḥ* : Ce n'est pas qu'ils l'aient omis, mais leur réflexion n'était pas ce qu'elle aurait dû être, et personne ne leur a parlé de la question. Ils y ont prêté attention, tout en portant dans leur cœur la conviction qu'après leur prophète il n'y aurait plus de prophètes, comme l'avaient fait avant eux les trompeurs des anciennes nations, car chaque nation a estimé qu'après son prophète il n'y aurait plus de prophète.

D'ores et déjà nous pressentons que c'est tout l'Islam officiel, la religion exotérique de la Loi, qui est visé, et l'initiation d'Abû Mâlik comme étant l'un des héritiers présomptifs du « dépôt confié », prend alors une résonance dramatique. Abû Mâlik demande comment tout cela, comment cette imposture a commencé. Şâliḥ lui répond par tout un cours d'histoire des religions, en lui ouvrant toute grande la perspective de la théosophie ismaélienne de la hiérohistoire : le grand combat contre la sclérose dont sont responsables les docteurs de la Loi qui ont refusé de reconnaître les Amis de Dieu (les saints Imâms) ; la protestation contre l'étouffement du Verbe, voulu par ceux qui ont séquestré l'inspiration divine. C'est cette protestation qui nous suggérera, pour finir, l'idée d'une étude comparative approfondie avec semblable protestation en chrétienté, celle des joachimites aux XIIe et XIIIe siècles. La tâche déborderait celle d'une simple histoire comparée ; comme le montre Şâliḥ, il s'agit d'une perpétuelle récurrence dont le sens est tout intérieur et ne peut être saisi, semble-t-il, que par une herméneutique typologique s'attachant à identifier les récurrences et les rôles des mêmes *dramatis personae.*

– *Şâliḥ* : À chaque époque ces choses ont eu le même

commencement : un *Satan* rebelle, un orgueilleux obstiné, un docteur de la Loi (*faqîh*) hypocrite. Comme ils voulaient amputer les vestiges des prophètes des vertus propres au message prophétique, et constituer entre eux un État (*dawlat*, un pouvoir temporel), ils ne pouvaient y réussir qu'à la condition d'imprégner les cœurs de la conviction professée par chaque peuple, à savoir que Dieu ne susciterait plus de prophète après leur prophète, et qu'il n'y aurait plus après ce dernier ni prophète ni avertisseur envoyé du Ciel (...). Alors chaque peuple s'est cramponné à son prophète, en démentant d'avance celui qui viendrait après (...). Ainsi, par la faute de cette conviction, l'idée de la mission prophétique et des institutions des prophètes comme formant un ensemble, a été détruite chez les peuples (...). Les puissants ont eu le pouvoir de tuer les prophètes, et ils les ont tués (...). Et tout cela, parce que les cœurs des hommes n'inclinent pas vers les prophètes, lorsque ceux-ci se manifestent, et ne les cherchent pas, lorsqu'ils sont absents. Il arrive que le désespoir les pousse vers les prophètes, jusqu'au moment où ceux-ci les appellent publiquement au Vrai (*Ḥaqq*), mais alors ils les démentent. Et les prophètes sont tués au milieu d'eux, sans qu'ils prennent leur défense.

Ici, il faut avoir présent à la pensée le schéma ismaélien de la hiérohistoire tel que nous le rappelions au début, c'est-à-dire nous représenter, comme le faisait Nâṣir-e Khosraw et comme le fait déjà ici Ṣâliḥ, la succession des grandes religions dans l'ordre de l'*hexaéméron* : chaque grande religion est apparue successivement à l'un des six « jours » (six époques) de la création du cosmos religieux (c'est l'enseignement même que Ṣâliḥ reçut de son initiateur dès le début). Les Mazdéens sont apparus au troisième jour; les Juifs au quatrième jour; les Chrétiens au cinquième jour; les Islamiques, au sixième jour. C'est ce schéma qui permet de concevoir les grandes religions comme formant l'ensemble du hiérocosmos. Or, au lieu de cela, chacune a voulu arrêter à son propre jour la création du cosmos religieux. Il fallait que cette création (nous dirions « l'histoire des religions ») s'arrêtât avec elle. C'est pourquoi Ṣâliḥ poursuit ainsi son réquisitoire : Les Mazdéens se sont cloisonnés dans leurs sanctuaires du Feu; après leur prophète (Zoroastre) il n'y aurait plus de prophète. Les Juifs ont professé qu'il n'y aurait plus d'Envoyé de Dieu après Moïse. Les Chrétiens, le peuple de l'Évangile (*Ahl al-Injîl*), se représentant leur prophète comme étant Dieu en personne, ont cherché l'approche divine par la Croix, et professé que Dieu ne missionnerait plus d'Envoyé après Jésus.

Jusqu'ici tout musulman pourrait encore entendre, mais il est probable qu'il sentirait le sol se dérober sous ses pas, en prêtant l'oreille à l'intrépide véhémence dont vibre la péroraison du réquisitoire de Ṣâliḥ.

– *Ṣâliḥ :* Et vous, les Musulmans, à votre tour vous vous êtes engagés dans la voie de ceux qui vous ont précédés. Votre communauté a hérité le Livre (le Qorân) de gens qui étaient des indignes [1]; elle a suivi des

1. Ces mots font allusion à la tragédie qui suivit la mort du Prophète, telle que la décrit la tradition shî'ite. Sous l'instigation du « Pharaon et Nemrod de l'Islam », c'est-à-dire le futur Khalife 'Omar ibn al-Khaṭṭâb, on refusa de recevoir du Ier Imâm, 'Alî ibn Abî-Ṭâlib, l'exemplaire intégral du Qorân qu'il avait lui-même transcrit et relu sous le contrôle du Prophète. Au lieu de cela, on préféra reconstituer pièce par pièce, les sourates et les versets dispersés chez tous les *Moslimîn*; d'où le manque de lien, voire l'incohérence, entre les versets, et l'élimination de tout ce qui confirmait la position de l'Imâm. Voir le long texte de Majlisî, *Biḥâr al-Anwâr*, vol. XIII, pp. 146-147, traduit dans notre ouvrage *En Islam iranien*... t. IV, Livre VII, note 39.

meneurs arrivistes; elle s'est vouée au service de maîtres qui l'égarent; elle s'est avilie devant des docteurs de la Loi orgueilleux (...). Les Musulmans ont tous été d'accord pour supporter ces derniers, sûrs et certains d'avoir besoin d'eux et de pouvoir se passer des autres, et pour affirmer qu'après leur prophète (Moḥammad) Dieu ne susciterait plus d'Envoyé ni d'avertisseur. Alors toi, Abû Mâlik, et tes pareils, vous avez suivi la thèse de l'écrasante majorité; vous avez été subjugués par l'ampleur du *consensus* et par la violence des souverains de ce monde; vous avez accepté cela de leur part, vous l'avez paré de la beauté de vos discours (...). Vous avez suivi, par crainte, des orgueilleux inférieurs à vous, et d'autres, à leur tour, vous ont suivis avec empressement, parce qu'ils s'imaginaient que c'était cela la vérité. S'il faut juger de cette communauté (l'Islam) par cela qu'elle a elle-même décidé contre Dieu en mettant un barrage entre les créatures et les preuves divines (c'est-à-dire entre les créatures et les Amis de Dieu, contrepoids divins et herméneutes de la Parole), la juger en la marquant d'une caractéristique unique, eh bien! je dirai ceci : les peuples passés (Mazdéens, Juifs, Chrétiens) méritent mieux que vous, Musulmans, d'être trouvés véridiques, à cause d'une triple marque qui leur fait un devoir de témoigner contre vous, et qui fait que la véridicité est nécessairement de leur côté, non pas du vôtre.

Abû Mâlik est dans la stupeur. Jamais, sans doute, il n'avait approché un ésotériste, shî'ite ou ismaélien. Jamais il n'a entendu, venant d'un musulman, un pareil réquisitoire contre l'Islam officiel. Il ne peut que formuler timidement sa question.

– *Abû Mâlik :* Ces trois marques, quelles sontelles ?

– *Ṣâliḥ :* Celles-ci : 1) Les anciens « peuples du

Livre » ont sur vous le privilège de vous être antérieurs. 2) Vous êtes d'accord avec eux pour reconnaître la vérité du message prophétique qui leur fut adressé. 3) En revanche, aucun d'entre eux n'a rendu témoignage à votre prophète (Moḥammad), ni quant à sa mission prophétique, ni quant à sa véridicité... Ils affirment que toute la science que vous possédez est transcrite de leurs propres sciences, et que c'est eux qui détiennent le privilège de l'original... Si c'est aux créatures à se prononcer sur le Créateur, le jugement de ceux-là (Mazdéens, Juifs, Chrétiens) s'impose par priorité. Mais si c'est au créateur à se prononcer sur ces créations, eh bien! il abroge ce qu'il lui plaît et maintient ce qu'il veut, sans que personne ne retarde son jugement. Mais alors, par ma vie! c'est la prétention de tous qui s'écroule, la leur et la vôtre... « Il est chaque jour dans une condition nouvelle » (Qorân 55/29), et il n'appartient à personne de démentir ou de dénier son action, *même si chaque jour il suscite un prophète.*

Cette péroraison est explosive. Elle laisse même loin derrière elle ce que nous pouvons lire dans la littérature ismaélienne classique. Pour ma part, je n'ai rien lu jusqu'ici d'aussi audacieux que les propos mis par notre auteur sur les lèvres du juvénile Ṣâliḥ. Car la question se pose : comment accorder cette péroraison avec le dogme officiel de l'Islam posant qu'après le « Sceau des prophètes », et conformément au propre témoignage de celui-ci, il n'y aurait plus de prophète? Mais de tels propos nous font mieux comprendre le sens du procès de Sohravardî, Shaykh al-Ishrâq, quelque deux siècles plus tard[1]. Certes, les *'olâma* d'Alep qui intentèrent ce

1. Sur le sens du procès de Sohravardî, voir notre introduction aux *Opera metaphysica et mystica* III, éd. S.H. Nasr, pp. 15 ss.,

procès, pas plus, il est vrai, que l'affirmation de Ṣâliḥ faisant procéder à égalité *tanzîl* et *ta'wîl* de la même inspiration divine, ne se préoccupaient de différencier entre la lignée imâmique des herméneutes spirituels et la lignée prophétique des prophètes législateurs ayant révélé un Livre. Mais c'est précisément parce que cette préoccupation n'apparaît pas ici, que Ṣâliḥ est d'autant plus à l'aise pour affirmer triomphalement que « jamais le Verbe de Dieu ne meurt », que jamais la Parole n'est perdue pour ceux qui savent la chercher là où elle se trouve.

Pour le moment, le réquisitoire de Ṣâliḥ plonge Abû Mâlik dans de tristes réflexions.

– *Abû Mâlik :* Il a donc fallu que cette communauté (l'Islam) s'empêtrât dans un égarement qui l'a menée très loin.

– *Ṣâliḥ :* Certes, et cela date de loin. Ils ont frustré de leur droit les Amis de Dieu (les saints Imâms). Ils ont frustré l'attente et l'espoir des hommes. Ils se sont donné l'apparence de la piété et de la véridicité, pour agir en hypocrites (...). Et s'il n'y avait les survivants d'entre les Amis de Dieu, d'entre les contrepoids (*'odûl*) de Dieu sur la Terre, la petite minorité des justes ne pourrait tenir contre la masse du mensonge.

La « cause divine » repose ainsi sur les Amis de Dieu, les contrepoids divins à la carence humaine. Nous avions relevé précédemment l'idée shî'ite selon laquelle il est impossible que l'Être divin, en sa transcendance, soit un

ainsi que notre ouvrage *En Islam iranien...* t. II, Livre II, chap. I. Voir *ibid.*, t. III, Livre IV, chap. III, en quel sens le *Dabestân al-Madhâhib* (encyclopédie des sciences religieuses en persan, composée en Inde au XVIIe siècle) explique que de chaque théosophe extatique on peut dire qu'il est le « Sceau de la prophétie ».

sujet recevant des qualifications et des attributs, quels qu'ils soient. Nous avions relevé qu'en réalité, conformément à la tradition shî'ite concernant les Attributs divins, le sujet qui est le support de l'attribut « équité », c'est tout le groupe des Amis de Dieu *équilibrant* la carence des créatures. Il y a là même un frappant exemple de cette *significatio passiva* dont traitent nos « grammaires spéculatives » médiévales. On se rappellera que l'herméneutique du jeune Luther comprend la justice divine, non pas comme l'attribut d'une Essence divine en soi, mais en sa *significatio passiva,* c'est-à-dire en ce sens qu'elle est la justice par laquelle l'homme est *fait juste,* justi*fié.* De même ici, l'équité divine est un attribut divin en ce sens qu'elle est ce par quoi les Amis de Dieu *sont faits* les contrepoids qui équilibrent l'impuissance humaine. Or, Ṣâliḥ était dans la nécessité de partir de ce thème pour initier Abû Mâlik au secret de la gnose ismaélienne. C'est par l'idée de l'équité divine ainsi comprise, qu'il va conduire son néophyte à reconnaître la nécessité que la lignée des Amis de Dieu ne soit jamais interrompue. En vérité, il n'y a jamais eu d' « interrègne » entre les prophètes, pas même après le « Sceau des prophètes », puisque permane la lignée imâmique. Nier la lignée imâmique, et partant, le ministère herméneutique des Imâms comme herméneutes du Verbe, comme le fait l'Islam sunnite, c'est *eo ipso* imputer à Dieu une iniquité et une injustice dont le négateur est, en fait, le seul responsable. Ici encore Abû Mâlik a beaucoup de peine à se débarrasser de ses vieilles habitudes de pensée.

– *Abû Mâlik :* Où et comment trouver ces médiateurs, ces Amis de Dieu ? Comment rattraper leur temps, maintenant que dans notre temps que voici, il n'y aura plus de prophètes ?

– *Ṣâliḥ* : Ô Abû Mâlik! Tu ne cesses d'avoir sur les lèvres l'équité divine... et maintenant que nous avons discuté avec toi sur ce point comme il le fallait dans ton cas, tu recommences à accuser Dieu d'iniquité et à faire remonter à lui l'injustice!

– *Abû Mâlik :* Dieu m'en préserve! Je ne dis pas du tout cela. Comment prétends-tu m'entraîner à cette conclusion?

– *Ṣâliḥ :* Simplement par ton dire affirmant que le temps des prophètes est passé pour toi, et que, dans ton temps que voici, il n'y a plus ni prophète ni Envoyé divin. Est-ce que le missionnement des prophètes chez les anciens peuples était équité de la part de Dieu, ou bien était-ce un jeu futile?

Non pas un jeu, certes. Mais alors, demande Ṣâliḥ, ne sommes-nous pas des servants de Dieu au même titre que les anciens? Son équité devrait-elle cesser quand il s'agit de nous, de sorte qu'il n'y aurait plus d'Amis de Dieu, de contrepoids divins, parmi nous? Ou bien le don en serait-il épuisé de notre temps, pour que nous ayons à nous cramponner à la vérité du don qu'il a fait aux autres? Sa décision ne s'applique-t-elle pas à nous comme aux autres, car il n'y a pas de mutation pour les VERBES DE DIEU (*Kalimât Allâh*)? Et qui mériterait ce nom de contrepoids divin, hormis les Amis de Dieu, élus comme tels par une décision divine qui est elle-même contrepoids, puisqu'elle consiste, en suscitant ces Amis de Dieu, à *équilibrer,* – de même que c'est le Vrai qui rend véridique, *véri-fie,* celui qui l'énonce? Certes, Abû Mâlik comprend désormais tout cela; il le dit, mais il constate l'absence des justes au temps présent, ou au moins leur occultation à nos regards, de même aussi que d'un prophète à l'autre il y a eu un vide, un intervalle, un « interrègne » de silence (*fatrat*); lui-même aujourd'hui ne parle-t-il pas pendant un tel interrègne ?

C'est la dernière méprise que Ṣâliḥ doit extirper de la pensée de son disciple. Il va répondre en évoquant les figures qui, selon la conception shî'ite, se succèdent au cours de chaque période du cycle de la prophétie. Chaque période est inaugurée par un prophète, auquel succèdent les Imâms, si bien qu'il n'y a jamais d'interrègne, puisque l'Imâm est toujours là, qu'il le soit à découvert ou qu'il soit obligé à la clandestinité. Qu'Abû Mâlik y réfléchisse : quel interrègne y a-t-il eu après Abraham, alors que Dieu suscita Ismaël, Isaac, Jacob, Joseph, Jonas, Jethro (Sho'ayb) nous conduisant jusqu'à Moïse ? Quel interrègne y eut-il entre la religion de la Tora et celle de l'Évangile, puisque, après Moïse, Dieu suscita Josué fils de Nûn, Élie, Saül, David, Salomon, Zacharie et Jean le Baptiste (Yaḥyâ) nous conduisant jusqu'à Jésus ? De même en fut-il depuis Jésus jusqu'à Moḥammad. Alors où est l'interrègne ? Quand y eut-il un interrègne ? Jamais il n'y eut de Parole perdue, de silence de la Parole, sinon pour ceux qui la refusèrent. La seule idée d'interrègne que l'on puisse retenir est celle qui correspond aux périodes comme la nôtre, où le « dépôt confié » ne peut être transmis qu'au milieu des périls et dans la crainte ; alors les Amis de Dieu ne sont pas réduits au silence, mais « ils propagent leur appel (*da'wat*) en secret et en observant strictement la discipline de l'arcane (*ketmân*), car le monde terrestre ne peut jamais rester privé, fût-ce un seul instant, de celui qui en est le contrepoids devant Dieu, qu'il soit manifesté publiquement et à découvert, ou qu'il doive rester caché et *incognito* ».

Cette dernière proposition énonce le suprême secret de l'imâmisme en théosophie shî'ite, duodécimaine ou ismaélienne, partagé d'ailleurs par les *Ishrâqîyûn*, les « théosophes de la Lumière » de l'école de Sohravardî, aussi bien que par l'ésotérisme du soufisme. Elle vise la personne de l'Imâm comme « pôle mystique » dont la présence à ce monde, visible ou invisible, connue ou *incognito*, est la condition nécessaire pour que continue de subsister le monde de l'homme. Privé de ce pôle mystique qui en garantit l'existence, même à l'insu des hommes, ce monde s'abîmerait dans une catastrophe définitive. Ce pôle mystique est le Douzième Imâm, l'Imâm présentement caché, pour le shî'isme duodécimain qui vit présentement le temps de l'occultation (*ghaybat*) de son Imâm. La conception est autre dans l'Ismaélisme, lequel a pourtant connu des périodes critiques où l'Imâm devait se tenir dans la clandestinité (*Imâm mastûr*). (Nous dirions que ce sont des temps où le blanc chevalier de l'Apocalypse ne peut apparaître aux hommes, incapables d'en soutenir, ou plutôt d'en accepter la vue.) Il y a là sans doute l'indice que notre texte est antérieur à la période fâtimide, à moins qu'il n'appartienne au groupe de ceux qui refusèrent le paradoxe fâtimide, le paradoxe d'une religion ésotérique devenant religion d'État. Peut-être a-t-il été rédigé en milieu qarmate et en porte-t-il la tonalité propre. Quoi qu'il en puisse être, c'est cette occultation qui trouble encore Abû Mâlik, et le pousse à poser une question à laquelle Ṣâliḥ donnera une réponse qui a le tranchant d'une épée.

– *Abû Mâlik :* Quel est le sens de l'occultation (*ghaybat*) des Amis de Dieu en notre temps que voici ? Quelle en est la cause ? (Autrement dit : pourquoi la Parole peut-elle nous sembler perdue, alors qu'il ne s'agit que d'une occultation ?)

– *Ṣâliḥ :* N'as-tu pas entendu dire que dans l'Islam

que tu professes, il y a eu de ces contrepoids de Dieu et des fils des prophètes de Dieu qui furent mis à mort pour des raisons de religion ?

– *Abû Mâlik :* Certes, un grand nombre ont été mis à mort.

– *Ṣâliḥ :* Alors lequel des contrepoids de Dieu voudrais-tu voir se manifester à toi et à tes contemporains ? Est-ce que c'est un tué, un assassiné, que Dieu missionnera vers vous d'au-delà de la mort, ou bien quelqu'un qui aura dû prendre la fuite devant vous, et dont vous voudriez qu'il revienne, pour que le mette à mort celui devant qui il avait dû fuir ? Non pas, la coutume de Dieu est constante à l'égard des prophètes et de ses Envoyés, concernant la patience dans la crainte et dans la clandestinité, jusqu'à ce que son jugement prononce entre ses prophètes et leur peuple.

Abû Mâlik ne peut qu'acquiescer : il n'y a aucun déshonneur à fuir comme le fit le jeune Moïse par crainte du Pharaon, car le déshonneur retombe, non pas sur les persécutés, mais sur les persécuteurs.

Et c'est cela qui conduit Ṣâliḥ à proposer à Abû Mâlik un sérieux examen de conscience.

– *Ṣâliḥ :* Alors que diras-tu concernant les meurtriers des contrepoids de Dieu, des guides vers Dieu ? Où aboutissent-ils, eux et leurs auxiliaires ?

– *Abû Mâlik* : Au feu infernal, ainsi que quiconque noircit pour eux un étendard ou même ne fait que leur préparer un encrier (allusion à l'étendard noir des Abbassides).

– *Ṣâliḥ* : Et que disent vos docteurs de la Loi sur ce point ?

– *Abû Mâlik* : Ils ont grande pitié pour la victime, mais n'envisagent pas la culpabilité du meurtrier.

– *Ṣâliḥ* : Tu dis vrai. Alors es-tu satisfait d'avoir pour

séjour l'empire de ces gens, de vivre dans le voisinage de leurs armées, dans la fréquentation de leurs sbires? Comme docteur de la Loi n'as-tu pas été jusqu'ici leur complice? Ne leur sers-tu pas toi-même de contrepoids, lorsque tes décisions satisfont le pouvoir, ou bien, lorsque faisant appel à eux, c'est toi qui en obtiens satisfaction? Tu pares leur injustice du diadème de ton équité. Tu habilles leur jactance de la robe de la légalité religieuse. Et après cela tu déplores que l'Ami de Dieu (l'Imâm) en soit réduit à l'occultation... Si vous aidiez les Amis de Dieu, alors ils se manifesteraient à découvert. Et si vous abandonniez les ennemis de Dieu, ces derniers ne triompheraient pas... C'est à cause de cela que les Amis de Dieu se cachent à vous, par précaution à ton égard et à l'égard de ces innombrables qui ont pris leur passion pour leur Dieu, se jettent sur la possession de ce monde et s'excitent mutuellement au crime de tuer les prophètes. Loin de se sentir coupables de violence et d'iniquité, ils font retomber sur Dieu leur propre iniquité. Alors ils déclarent que Dieu ne suscitera plus de prophète après leur prophète, et ils déclarent licite le meurtre des Amis de Dieu.

Cette fois, le siège d'Abû Mâlik est fait.

– *Abû Mâlik* : Oui, telle est bien la situation de notre communauté (l'Islam) de nos jours, et c'est bien ainsi qu'ils parlent. Alors où est le salut contre tout cela? Où est le refuge?

Et solennellement, Abû Mâlik adresse à Ṣâliḥ la requête décisive, faisant écho à celle qu'au début nous avions entendu formulée par Ṣâliḥ lui-même : Y a-t-il pour moi un chemin vers la vie?

– *Abû Mâlik* : Quant à moi, je prends refuge contre le châtiment divin en revenant à Dieu, et je cherche accès auprès de ce qu'il agrée. Alors accorde cette faveur à celui qui t'en prie, à celui qui demande à être dirigé dans la voie droite. Que ton Seigneur t'en récompense!

– *Şâliḥ* : Si tu fais cela, tu trouveras Dieu plus proche de toi que tu n'es de lui... Quant à moi, tu me trouveras avide de te diriger sur la voie droite.

La scène finale est brève. Épuisé par ce dialogue bouleversant, Şâliḥ, les yeux baignés de larmes, interrompt son discours; il prie Abû Mâlik et ses compagnons (que l'on avait un peu oubliés dans le feu de l'action) de se retirer dans l'appartement de son père. Lui-même se hâte d'aller trouver le Sage, son « père spirituel », qui avait été son initiateur, celui à qui il avait dû d'entendre l'appel, la *da'wat*. On ne nous dit pas dans quels parages mystérieux il réside, mais Şâliḥ sait où le trouver. Il veut le consulter sur le cas d'Abû Mâlik et de ses compagnons. Le Sage lui déclare qu'il est le meilleur juge de leur cas, et il lui prodigue quelques conseils de pédagogie spirituelle. L'auteur nous donne à entendre ensuite qu'après le temps d'épreuve nécessaire, l'Ami de Dieu, c'est-à-dire l'Imâm ou son substitut, se montra favorable à ce que leur fût ouvert à tous le chemin du salut, c'est-à-dire qu'ils furent agrégés à la fraternité ismaélienne. Puis ils revinrent vers leur peuple; à leur tour ils se firent des avertisseurs, et Dieu guida par eux vers sa Religion maintes créatures d'entre ses serviteurs.

« Ce n'est point là, conclut l'auteur, une histoire forgée de toutes pièces, mais témoignage rendu à la Disposition divine impliquant la persistance de ses Envoyés, les Signes marquant leurs héritiers (les Imâms), les usages réglant la formation des aspirants. Ici finit le Livre du Sage et du disciple. »

L'auteur de notre roman initiatique a raison. Dans l'histoire qu'il a « mise en scène », le personnage de

Ṣâliḥ, tout au long du drame nous apparaît comme le héros-archétype de la gnose ismaélienne. Son histoire est mieux qu'une histoire au sens courant du mot ; c'est une histoire vraie, parce qu'elle est exemplaire comme une parabole, et que les paraboles, avons-nous dit, sont peut-être les seules histoires vraies. Comprise ainsi, cette histoire nous permet un épilogue.

Épilogue

Comme tous les romans initiatiques, notre roman initiatique ismaélien du Xe siècle a une signification qui ne se limite pas à l'époque où il fut rédigé. Loin de s'y épuiser, sa signification déborde le cadre de l'ismaélisme dans lequel ce roman prit naissance. Cela, parce que son action dramatique constitue la « mise en scène » de la parabole du chercheur partant à la Quête de la Parole perdue. Le héros de cette Quête spirituelle, il n'est point surprenant que nous le retrouvions partout ailleurs où nous retrouvons le même « phénomène du Livre saint révélé », manifestation du Verbe divin modulé en Verbe humain des prophètes.

Cette Quête, telle que l'expose ce petit livre d'un intérêt inappréciable, se développe conformément aux règles initialement posées : le chercheur est d'abord à la Quête de la gnose ; il est ensuite à la Quête de l'héritier légitime à qui transmettre cette gnose comme dépôt qui lui a été confié. Ainsi agit le Sage persan, entré le premier en scène, à l'égard de Ṣâliḥ ; ainsi, à son tour, agit Ṣâliḥ à l'égard d'Abû Mâlik et de ses compagnons ; ainsi, à leur tour, ces derniers agiront-ils à l'égard de compagnons futurs. D'initié en initié, se propage la « résurrection des morts » ; de chaînon en chaînon s'étend et se prolonge la *silsilat al-'irfân*, la « chaîne de la gnose ».

Maintenant, pour comprendre la situation de ces ésotéristes en Islam, il suffit de considérer que l'idée de ce dépôt confié et à transmettre, les conduit à l'affirmation que le temps des prophètes n'est pas achevé, ce qui, exotériquement du moins, apparaît en contradiction flagrante avec le dogme officiel fondé sur cette sentence du Prophète : « Après moi il n'y aura plus de prophète (*nabî*). » Certes, l'ensemble du shî'isme reconnaît cette clôture et admet que la lignée prophétique est désormais close. Mais en fait il s'agit, pour le shî'isme, de la lignée des grands prophètes législateurs (*nobowwat al-tashrî'*) ayant apporté une Parole nouvelle transcrite dans un Livre nouveau. Et parce que le shî'isme professe que toute Révélation (*tanzîl*) implique un sens ésotérique qui en est le sens vrai, et postule ainsi une herméneutique spirituelle (*ta'wîl*) de ses symboles, le shî'isme professe que quelque chose continue postérieurement même au « Sceau des prophètes », à savoir la lignée imâmique des « Amis de Dieu » qui sont les herméneutes spirituels de la Parole; il professe que quelque chose est encore à attendre, à savoir la révélation du sens de toutes les révélations, lors de la parousie du dernier Imâm. Au temps ou au cycle de la mission prophétique (*nobowwat*) succède le temps ou le cycle de la *walâyat* ou de l'initiation spirituelle par les Amis de Dieu.

Nous avons constaté qu'à la différence des textes classiques du shî'isme duodécimain comme de l'ismaélisme, notre roman initiatique ne reconnaissait pas de différence essentielle, quant au mode d'inspiration, entre le *tanzîl* ou révélation communiquée aux prophètes (*waḥy*, dans les textes classiques) et le *ta'wîl* ou herméneutique inspirée aux Amis de Dieu (*ilhâm* dans les textes classiques). Dans notre roman, l'un et l'autre relèvent de la même inspiration prophétique. C'est la raison pour laquelle, puisqu'il faut que le *ta'wîl* se perpétue, étant donné que la résurrection des morts spirituels en dépend, il faut que le temps des prophètes continue, postérieurement même au prophète de l'Islam [1]. D'où les déclarations explosives de Ṣâliḥ dans la partie finale du dialogue. C'est que l'enjeu est une question de vie ou de mort, au sens vrai de ces deux mots, c'est-à-dire au sens spirituel. L'inspiration prophétique étant conçue en ces termes, admettre que Dieu n'enverra plus de prophète après le prophète de l'Islam, c'est admettre que le Verbe divin, communiqué aux anciens

1. Mollâ Ṣadrâ Shîrâzî, dans son commentaire du *Kâfî* de Kolaynî (*Kitâb al-Ḥojjat*), a fort bien précisé la position du shî'isme duodécimain sur ce point. Ce qui continue après le Dernier Prophète, c'est en fait une prophétie intérieure, ésotérique (*nobowwat bâṭina*), mais à laquelle en raison de la sentence émise par le « Sceau de la prophétie » (« Après moi il n'y aura plus de prophète ») on ne peut plus donner le nom de *nobowwat*; on la désigne comme *walâyat*. Ce mot n'était pas en usage antérieurement à l'Islam (on ne parlait que de *nabî* et de *nobowwat*), mais, quant à la chose, elle équivaut au charisme des anciens prophètes en Israël, c'est-à-dire de ceux des prophètes qui ne furent pas investis de la mission de révéler un nouveau Livre, une *sharî'at* nouvelle. On voit que la thèse est nuancée; la continuation de la *walâyat* ne contredit nullement la clôture de la prophétie législatrice (*nobowwat al-tashrî'*) professée par le dogme officiel de l'Islam, puisqu'elle n'est qu'une prophétie enseignante ou initiatrice (*nobowwat al-ta'lîm*). Mais ici, parce que l'ismaélisme de Ṣâliḥ range *tanzîl* et *ta'wîl* sous la catégorie de la même inspiration prophétique, la nuance a disparu. C'est le temps des prophètes qui continue, et nulle créature ne peut interdire à Dieu de susciter chaque jour, s'il le veut, un nouveau prophète. Or, ce sont là exactement les termes de la doctrine imputée à Sohravardî par les *'olamâ* d'Alep, et en raison desquels ils déclarèrent licite de le mettre à mort. Nous sommes donc ici au cœur de questions qui ont secoué l'Islam au cours des siècles.

prophètes jusqu'à Moḥammad inclusivement, est désormais muet et mort. Et comme *tanzîl* et *ta'wîl* ne se différencient pas ici en nature, il faut admettre cette mort, ou tout au moins un exil du Verbe, si l'on refuse de reconnaître la lignée imâmique des Amis de Dieu; il faut admettre que le sens ésotérique de la Parole, qui est l'Esprit et la vie de celle-ci, est perdu. Or, en l'absence de ce sens ésotérique, il n'y a plus de « résurrection des morts », puisqu'il n'y a plus d'initiation spirituelle. Si l'on refuse la nécessité et la perpétuation de la lignée des Amis de Dieu comme herméneutes spirituels, on accepte *eo ipso* que le Verbe humain en soit réduit à lui-même; il n'est plus l'enveloppe et le support du Verbe divin modulé en lui. Le Verbe divin du Livre est réduit au silence; seul subsiste le Verbe humain, livré dès lors à une sécularisation radicale et à tous les traitements que l'on appelle « scientifiques ». Tel est l'aspect sous lequel se présente à l'ésotériste la tragédie de la Parole perdue. C'est la tragédie qu'ont vécue en Islam les ésotéristes, ismaéliens ou shî'ites, et qui a trouvé ici son interprète en la personne véhémente de Ṣâliḥ.

Mais il importe de remarquer ceci. Bien que notre roman initiatique ramène à la même modalité d'inspiration *tanzîl* et *ta'wîl,* pour affirmer que le temps des prophètes n'est pas et ne peut être clos, parce que les hommes ne peuvent pas se passer de prophètes, il reste que ni notre roman ni la gnose ismaélienne en général n'attendent la venue d'un nouveau prophète apportant un nouveau Livre révélé, une nouvelle *sharî'at.* Ce qu'elle attend, en accord avec l'ensemble de la gnose shî'ite, c'est l'achèvement du « phénomène du Livre révélé », achèvement attendu au « septième jour » couronnant l'*hexaéméron,* l'œuvre des « six jours » de la création du cosmos religieux. Or cet achèvement, que prépare de génération en génération l'herméneutique des Amis de Dieu ressuscitant les morts spirituels, ne consistera pas en un nouveau Livre saint, mais en la manifestation plénière du Dernier Imâm révélant au « Dernier Jour » le sens ésotérique de tous les Livres, de toutes les révélations, parce que l'Imâm est en sa personne le « Livre parlant » (*Qorân Nâṭiq*), tandis que le Livre réduit à la lettre exotérique, n'est qu'un Imâm muet (*Imâm ṣâmit*). Il semble qu'ici tous les ésotéristes des communautés du Livre issues de la tradition abrahamique peuvent se retrouver en famille, formant un Ordre qui n'a pas encore dit son Nom, puisque la famille n'a jamais encore été réunie.

Récemment j'ai eu occasion d'étudier ailleurs l'exégèse du *Paraclet,* depuis le XIIe siècle jusqu'à nos jours, chez les philosophes et théosophes iraniens qui ont connu de première main les versets de l'Évangile de Jean qui l'annoncent et ceux de l'Apocalypse qui peuvent être interprétés en ce sens [1]. De cette recherche s'est dégagée une convergence remarquable entre leur idée des Âges spirituels du monde et l'idée que professent, en Occident, Joachim de Flore et les joachimites, aux XIIe siècle et suivants. De part et d'autre, il y a une même vision prophétique du règne du Paraclet, à la fois futur et déjà commencé, existentiellement du moins, chez un certain nombre d'Élus. D'une part, en Islam shî'ite, il y a l'idée du temps des prophètes, c'est-à-dire du temps de la religion de la Loi (*sharî'at*), auquel succède le temps de l'initiation spirituelle des Amis de Dieu, le temps de la *walâyat,* qui

1. Cf. notre étude sur *L'Idée du Paraclet en philosophie iranienne* [in *Face de Dieu, Face de l'homme*]. Voir aussi *En Islam iranien...* t. II, Livre VIII, chap. III : Le Douzième Imâm et le règne du Paraclet.

lui-même trouve son dénouement avec la parousie du dernier Imâm, identifié par un certain nombre d'auteurs shî'ites avec le Paraclet. D'autre part, en chrétienté, il y a l'idée des Âges du monde, telle que la formule, pour la première fois, Joachim de Flore en rapportant respectivement ces trois Âges aux trois personnes de la Trinité. De même qu'au temps de la Loi succède le temps de la *walâyat*, de même à l'Église de Pierre succède l'Église de Jean. Et nous savons quelle prodigieuse influence eut cette idée johannite sur la spiritualité et la philosophie de tous ceux qui, en héritiers de l'*Ecclesia spiritualis* des joachimites des XIIe et XIIIe siècles, ont voulu surmonter la sécularisation et la socialisation qui entraînaient dans leur fatalité la cléricature de l'Église officielle (Arnauld de Villeneuve, Cola di Rienzi, les Rose-Croix de Valentin Andreae, Boehme et son école, Schelling, Baader, Berdiaev).

On ne peut ici que choisir une citation entre mille, et je pense particulièrement à Cola di Rienzi protestant que l'effusion de l'Esprit-Saint ne peut être un événement accompli une fois pour toutes au temps des apôtres, mais que l'Esprit ne cesse de souffler à travers le monde et d'y susciter des *Viri spirituales*. « À quoi bon, demande-t-il, prier pour la venue de l'Esprit-Saint, si nous nions qu'il puisse encore venir ?... À coup sûr, ce n'est pas seulement jadis que l'Esprit-Saint est descendu sur les apôtres, mais chaque jour il descend, nous inspire et prend demeure en nous, à condition que nous voulions demeurer humblement et silencieusement avec lui [1]. »

1. Ernst Benz, *Ecclesia spiritualis*, p. 388. Pour toutes les considérations émises ici, l'ouvrage d'E. Benz reste fondamental. Nous voudrions cependant compléter les remarques faites ci-dessus dans les notes pp. 102 et 105. Si nous situons ici, à la croisée des chemins, métaphysique joachimite et histoire et métaphysique

J'ai l'impression qu'une telle protestation eût été fort bien comprise par le jeune Ṣâliḥ, car nous l'avons

shî'ites, de sérieux malentendus sont à éviter quant à l'usage des mots *temps* et *histoire,* mots prenant une acception autre que l'acception moderne courante.

1) Nous ne croyons pas qu'il convienne d'opposer radicalement l'expérience spirituelle que fonde et décrit la théologie mystique inspirée du néoplatonisme et celle que fonde et décrit une théologie eschatologique de l'histoire, comme si la première établissait, par la seule purification intérieure, un contact intemporel avec Dieu, tandis que la seconde ferait intervenir la catégorie de *temps.* Les degrés de la *via mystica* représentent les étapes de l'*histoire* intérieure, histoire qui a son *temps propre,* histoire et temps autres, certes, que le temps et que l'histoire empirique des événements extérieurs. Mais, d'autre part, ce n'est pas non plus cette histoire extérieure qui constitue la vision et la perspective eschatologique de ce qu'il convient de dénommer strictement *hiérohistoire,* parce que, à la différence de toute histoire positive profane, les perceptions de la hiérohistoire sont gouvernées par un schéma transcendantal sans lequel elle ne peut subsister, mais dont l'histoire positive n'a pas besoin pour être une « histoire ». On peut se demander, comme à propos du terme « être », s'il y a analogie ou équivocité dans l'emploi du mot « histoire ».

2) Il convient alors d'être prudent et précis lorsque l'on parle de l'être de l'homme comme « être historique ». De quelle historicité s'agit-il ? Il ne peut s'agir d'un *situs* défini purement et simplement par les coordonnées chronologiques extérieures, exprimées dans les dates de l'ère et du comput servant à classer les événements extérieurs. Beaucoup de théologiens de nos jours se réfèrent à cette fausse historicité chronologique, pour fonder sur elle leur éthique théologique, sans même se demander si cette conception *historiciste* n'est pas du même ordre que celle qui aboutit et en fut réduite à cette *fides historica seu mortua* qu'ont toujours refusée les spirituels. Il ne nous semble pas possible de dire, purement et simplement, qu'en vertu du schéma joachimite des Âges du monde, la connaissance ou « l'intelligence spirituelle » devient elle-même une connaissance historique. Celle-ci, comme telle, n'impliquerait pas un schéma transcendantal, tandis que la première ne peut s'en passer, qu'on l'exprime en termes métaphysiques ou en termes visionnaires. Ce schéma transcendantal est gouverné par l'attente et la perception anticipée du futur *Aiôn.* Or, comme le disait le grand joachimite Pierre-Jean Olieu (Olivi) : « Nous ne pouvons rien

entendu dire quelque chose de semblable dans l'enseignement qu'il donnait à Abû Mâlik.

connaître de l'autre *Aiôn,* s'il ne nous est pas révélé par des esprits célestes supérieurs. » Mais, sans cette *prae-cognitio* du futur *Aiôn,* il n'est point de *situs* possible de l'être *hiérohistorique* de chaque homme. Parler de l'être historique de l'homme, en dehors de cet horizon transcendantal de la hiérohistoire, c'est en rester et se réduire à l'extériorité pure.

3) C'est cet horizon transcendantal qui lui-même conditionne la « contemporanéité » au sens vrai. De celle-ci nous avons déjà dégagé ailleurs une idée exemplaire de l'œuvre d'un grand théosophe shî'ite iranien du XIXe siècle, Ja'far Kashfî, lorsqu'il parle du temps de la Loi (*sharî'at*) et du temps de la *walâyat* (initiation spirituelle), dont nous rappelons ici dans le texte l'homologie avec le temps de l'Église de Pierre et le temps de l'Église de Jean chez les joachimites. Il ne s'agit pas de deux époques aux frontières *chronologiquement* définies, l'une commençant lorsque l'autre est achevée. Les époques se recroisent et se recoupent à l'intérieur des consciences; elles doivent être comprises en un sens *existentiel,* non pas au sens de la chronologie extérieure. Tout en étant extérieurement (exotériquement) dans le temps de la *sharî'at* ou de l'Église de Pierre, le spirituel est déjà contemporain intérieurement (ésotériquement) de l'Église de Jean, parce qu'il appartient au temps de celle-ci ou au temps de la *walâyat.* En ce sens Ṣâliḥ et Cola di Rienzi sont « contemporains », comme le sont Ja'far Kashfî et Joachim de Flore. Il faut se libérer de l'illusion de la contemporanéité sociologique. C'est ainsi que, de nos jours, Berdiaev avait fort bien compris Joachim de Flore, en accord avec cette catégorie de la métaphysique joachimite dégagée par P.-J. Olieu, le *concurrere,* que E. Benz met de son côté en lumière. En vertu de cette « historicité » strictement existentielle, dont on ne peut « faire le point » qu'à l'aide d'un sextant dirigé sur l'horizon eschatologique ou métahistorique de la hiérohistoire, il importe de dire que ce n'est pas la date, le moment historique, au sens ordinaire de ce mot, qui définit cette historicité, mais inversement c'est ma situation existentielle (ici mon *situs* par rapport à l'Église de Jean) qui détermine *mon* temps historique, définit l'époque à laquelle j'appartiens et ceux dont je suis contemporain.

4) Par là même on devrait être préservé des tentations du genre de celles auxquelles semble céder parfois le très beau livre de Friedrich Heer, *L'Univers du Moyen Âge,* trad. Maurice de Gandillac, Paris, Fayard, 1970, montrant quelle « fournaise

En outre, prêtons encore attention au fait signalé ci-dessus. Bien que certains l'aient mécompris sur ce point, Joachim de Flore n'entendait pas par « l'Évangile éternel » un Livre nouveau, mais l'*intelligence spirituelle* des livres de l'Ancien et du Nouveau Testament.

d'idées, de recherches et de mouvements » fut ce Moyen Âge. Nous pensons principalement aux pages 295-301, condensant admirablement tout le drame des joachimites. Mais pour les mêmes raisons qui nous ont fait définir ci-dessus la *contemporanéité* au sens strictement existentiel, nous nous demandons si l'on peut employer le mot de « précurseurs », lorsqu'il s'agit de penseurs et de spirituels qui existentiellement ne vivent pas dans le même « temps », ou bien si ce n'est pas là s'accommoder du trompe-l'œil de la chronologie. Les « théosophes de l'histoire » dont les noms sont mentionnés dans notre texte, appartiennent existentiellement au même « temps » que les joachimites et que nos métaphysiciens shî'ites de la hiérohistoire. On ne peut parler de précurseurs, que lorsqu'il s'agit d'un « dépôt confié » à transmettre (comme dans notre roman initiatique ismaélien). Mais comment en parler lorsque le schéma transcendantal (l'essentiel de ce dépôt) disparaît, et que la perception de l'histoire n'est plus gouvernée par lui ? c'est-à-dire lorsque, sécularisée, la recherche de l'explication se limite au seul jeu des causes socio-politiques immanentes à la « matière historique », et que l'agnosticisme exclut toute considération de facteurs du genre de ceux auxquels se référait P.-J. Olieu ? Est-il encore possible de faire rentrer des perceptions aussi étrangères les unes aux autres sous la même catégorie de « philosophie de l'histoire » ? de prendre le terme de « philosophes de l'histoire » comme un dénominateur commun de penseurs qui ne vivent pas existentiellement dans le même « temps », et qui partant, n'ont ni le même passé ni le même avenir ? Si la « philosophie de l'histoire » peut être poursuivie par des voies positives et agnostiques, ses soi-disant précurseurs faisaient tout autre chose qu'une « philosophie de l'histoire ». En revanche, si ce sont ces derniers qui faisaient authentiquement une « philosophie de l'histoire », leurs soi-disant successeurs, révolutionnaires ou non, usurpent la dénomination. Si l'on accepte de poser ces questions, on y gagnera d'éviter les pièges qui mettent en péril de brillantes synthèses historiques, le premier de ces pièges étant l'ambiguïté de mots tels que « temps » et « historicité ».

Or, je viens précisément de rappeler que les ésotéristes shî'ites, duodécimains ou ismaéliens, n'attendent pas non plus un nouveau prophète apportant un nouveau Livre, une nouvelle *sharî'at,* mais le *ta'wîl,* l'intelligence spirituelle plénière des révélations antérieures, la révélation des révélations par celui qui est en sa personne le *Qorân Nâṭiq,* le « Livre parlant », et qui étant *eo ipso* l'Homme Parfait, assume le rôle du blanc chevalier de l'Apocalypse, tel que le comprenait Swedenborg. Et c'est bien le sens que les gnostiques shî'ites ont donné au Paraclet, en l'identifiant avec le Douzième Imâm. C'est pourquoi, de part et d'autre, nous percevons les mêmes conséquences jusque dans le refus qui sera opposé aux Spirituels. D'une part, en chrétienté, l'idée que la révélation de l'Esprit par l'herméneutique prophétique, loin d'être close, est celle de l'Évangile éternel, alors que le dogme officiel voulait limiter dans l'histoire l'Effusion de l'Esprit au temps des apôtres; d'autre part, en gnose shî'ite, nous avons entendu le réquisitoire prononcé contre toutes les communautés qui, sans en excepter l'Islam, ont prétendu qu'après leur prophète il n'y aurait plus de prophète. Le refus semblable auquel, de part et d'autre, se heurtent les Spirituels, d'une part refus de l'Évangile éternel, d'autre part refus de l'herméneutique spirituelle des Amis de Dieu, entraîne de part et d'autre les mêmes conséquences. Le Verbe divin est réduit au silence. Il ne reste que le Logos d'une théologie qui n'ose plus ou ne peut plus dire son nom, parce qu'en fait elle l'a perdu et qu'elle en est réduite à rivaliser avec les ambitions de la sociologie (jadis l'on aurait parlé du péché contre l'Esprit, qui ne peut être pardonné). Il reste que, si l'Église de Pierre peut être socialisée, l'Église de Jean ne peut être ni sécularisée ni socialisée, de même qu'il est impossible de séculariser et de socialiser la communauté ésotérique des Amis de Dieu.

Ainsi ce que l'on désigne d'une manière générale, mais incomplète, sous le nom d'« ésotérisme », nous apporte une lumière décisive pour comprendre le fond de la tragédie de notre monde post-chrétien, et peut-être ailleurs d'un monde déjà post-islamique. En ce sens il est vrai de dire que c'est encore l'idée johannite qui préserve secrètement l'existence de notre monde, de même que pour les shî'ites en général c'est la présence de l'Imâm à ce monde qui, même *incognito,* même à l'insu des hommes, permet au monde humain de durer encore. Or, nous avons eu plus d'une occasion de mettre en rapport le motif de la Quête de l'Imâm comme « Livre parlant », avec le motif de la Quête du Graal. Ce rapprochement est fondé sur les *faits spirituels* eux-mêmes, car le « Livre du Graal » relève, lui aussi, du phénomène du « Livre descendu du Ciel », et la Quête du Graal est aussi une Quête de la Parole perdue. L'Église secrète du Graal est un aspect de l'Église johannite, et il serait impossible de ne point en faire mention là où l'on tente de rassembler les membres d'une *Ecclesia spiritualis* commune à l'Occident et à l'Orient, parce que le thème ésotérique de notre cycle du saint Graal renferme peut-être le secret de la tradition spirituelle proprement occidentale.

Certes, il nous manque encore l'édition (et la traduction) d'un *corpus* systématique et vraiment complet de tous les textes entrant dans le cycle du Graal, *corpus* qui pourrait alors être déployé en une herméneutique spirituelle continue, échappant aux pièges dans lesquels sont tombées certaines exégèses partielles, un peu trop obsédées par les catégories de la psychologie de nos jours. D'autre part, on peut déceler certaines connexions avec le thème du Graal, tel qu'il apparaît dans l'épopée mystique de l'Iran comme herméneutique spirituelle de l'épopée héroïque de la chevalerie iranienne préislamique [1]. Mais ce à quoi il convient de penser particulièrement ici, c'est aux connexions qui font apparaître dans le cycle du saint Graal le thème de notre présente recherche, celui de la Parole perdue. Limitons-nous à deux exemples.

Dans le « Joseph d'Arimathie » de Robert de Boron, que la tradition désigne comme « le Petit saint Graal », Christ enseigne à l'auteur des paroles qui ne peuvent être exprimées ni écrites, à moins que l'on ait lu le grand livre dans lequel elles sont enregistrées, et qui est le secret se rapportant au grand sacrement accompli sur le Graal, c'est-à-dire le calice; mais l'auteur prie le lecteur de ne pas en demander plus sur ce point, car quiconque prétendrait en dire plus, s'exposerait à mentir. Que cette allusion vise les paroles de la consécration ou d'une *epiclêsis* inconnue [2], tout se passe comme si l'auteur voulait donner à entendre que ces Paroles sont perdues et que, depuis la disparition du Graal, aucune Messe n'a plus été célébrée *en vérité* en ce monde.

Un autre exemple, d'une portée allusive plus générale, puisque faisant entrer précisément le « Livre du Graal » dans ce que nous proposons d'appeler le « phénomène du Livre saint descendu du Ciel », se trouve dans le prologue de « l'Estoire del saint Graal », ou « le Grand saint Graal », ou plus simplement, le

1. Cf. notre ouvrage *En Islam iranien*... t. II, Livre II, chap. IV et V (sur le *Xvarnah* et le saint Graal), ainsi que notre étude *De l'épopée héroïque à l'épopée mystique,* [in *Face de Dieu, Face de l'homme*].

2. Cf. A.E. Waite, *The Hidden Church of the Holy Graal, its Legends and symbolism,* London 1909, pp. 256 ss.

« Livre du Graal [1] ». C'est le récit de l'ermite racontant comment il reçut le Livre au cours d'une vision et l'enferma dans le tabernacle de l'autel; comment au matin de Pâques il s'aperçut que le Livre n'y était plus, comme si le Livre avait lui aussi laissé le tombeau vide, comme vide est l'exotérique de la Parole, s'il est déserté par son sens ésotérique. Une Quête difficile le conduit à le retrouver sur l'autel d'une petite chapelle, là précisément où il livre un suprême combat contre les forces sataniques, en redonnant la vie à un « possédé » qu'elles laissent pour mort. Il reçoit, au cours d'une vision encore, la mission d'établir une copie de ce livre, avant le jour de l'Ascension, jour auquel ce Livre « remontera au ciel ». L'ermite se met au travail (le lundi qui suit la seconde semaine après Pâques), et le fruit de son travail fut ce « Livre du Graal » transmis jusqu'à nous, et qui est la copie du « Livre céleste remonté au ciel ». Le « Livre du Graal » appartient donc bien au « phénomène du Livre révélé du Ciel ». Aussi bien tous les poètes du Graal se réfèrent-ils à un Livre auquel ils ont puisé le contenu de leurs poèmes.

Alors, nous nous trouvons peut-être ici à la croisée des chemins, là où se croisent la Quête du Graal et la Quête de l'Imâm comme « Livre parlant », et où semblent s'être donné rendez-vous tous ceux qui sont entrés dans la Quête, qu'ils viennent de l'ismaélisme ou du shî'isme duodécimain, du joachimisme de l'Évangile éternel ou

1. C'est le texte publié dans le vol. I de *The Vulgate Version of the Arthurian Romances,* by H.O. Sommer, Washington 1909. Cf. A.E. Waite, *op. cit.* pp. 281 ss.; Jean Marx, *La Légende arthurienne et le Graal,* Paris, 1952, pp. 348 ss. Une traduction allemande du prologue est parue récemment avec introduction et commentaire : *Das Buch vom Graal...* von Wilhelm Rath, Stuttgart 1968.

du johannisme de la chevalerie du Graal. L'original du « Livre du Graal » est un Livre céleste, « remonté au ciel ». Est-il la Parole définitivement perdue? Il fut transcrit et ne pouvait être transcrit qu'entre les deux limites de la Résurrection et de la « remontée au ciel »; c'est seulement aussi entre les deux limites de la résurrection des morts et de la rentrée dans l'occultation que pouvait se jouer l'action de notre roman initiatique ismaélien. De même que l'initiation ismaélienne fut l'atteinte à l'Imâm comme « Livre parlant », parlant le sens ésotérique, céleste, des révélations divines confiées aux prophètes, – de même, pour qui sait le lire, le « Livre du Graal » est le « Livre parlant », parlant le sens ésotérique qui est le secret du « Livre remonté au Ciel ». Ce « Livre parlant », chaque chevalier du Graal, au terme de sa Quête, fut appelé à le devenir.

Entre la copie terrestre, transcrite au lendemain de la Résurrection, et l'original céleste du Livre du Graal qui, en ce même jour de la Résurrection laissa le tombeau vide, tient tout le secret de la Parole perdue.

Paris, juillet 1970

3

Juvénilité et chevalerie en Islam iranien [1]

J'ai proposé comme thème de cet entretien : « Juvénilité et chevalerie en Islam iranien », pour trois raisons. Premièrement, parce qu'il s'agit d'un univers spirituel qui m'est assez familier; en deuxième lieu, parce que je crois qu'il entre particulièrement bien dans le thème général de l'*Eranos* de cette année; en troisième lieu, parce que les deux termes du titre sont désignés par un seul et même mot, tant en arabe, *fotowwat*, qu'en persan, *javânmardî*.

Ce mot connote à la fois l'idée de juvénilité, de jeunesse et de chevalerie. Le mot persan *javânmardî* et son équivalent arabe *fotowwat* désignent une forme de vie qui s'est manifestée dans de vastes régions de la

1. L'auteur a traité en détail des questions envisagées ici, dans un grand ouvrage en quatre tomes intitulé *En Islam iranien*, Paris, Gallimard, 1971-1972 [rééd. 1978]. Il y a donné toutes les références aux textes et aux sources; ces références ne sont pas reproduites ici. Que le lecteur désireux d'approfondir ces questions, veuille bien se reporter à cet ouvrage, principalement au livre VII du tome IV, ayant pour thème *Le Douzième Imâm et la chevalerie spirituelle*.

civilisation islamique, mais qui, partout où on la trouve, porte nettement et pour cause – la suite le fera comprendre – l'empreinte shî'ite iranienne. On peut dire que la *fotowwat* est la catégorie éthique par excellence. Elle donne son sens spirituel à toute compagnie humaine, au fait du compagnonnage; c'est elle qui inspira l'organisation des corporations de métiers ou autres qui s'étaient multipliées dans le monde islamique.

Par un paradoxe ce sont surtout des formes de compagnonnage dans le monde turc qui ont été étudiées. Paradoxe, parce qu'il faut se rappeler que tout le monde est d'accord pour rechercher les origines de la *javânmardî* non seulement dans le monde spirituel iranien shî'ite, mais, au-delà encore en Iran préislamique, c'est-à-dire jusque dans la civilisation zoroastrienne. Ce paradoxe s'explique par la situation géographique : la Perse était très loin, avant l'ère des avions; aussi les orientalistes ont-ils étudié en premier lieu les pays du pourtour de la Méditerranée. Il en est résulté que les premières études concernant le phénomène de la *fotowwat* se rapportaient au monde turc, à l'ancien empire ottoman, bien entendu, car tout cela a disparu dans la Turquie kémaliste.

En Iran, où elle prend origine dans le soufisme, l'idée de la *fotowwat* donne forme et structure au compagnonnage des associations de métiers. Elle fit pénétrer dans toutes les activités de la vie un sentiment de service chevaleresque, comportant rituel, initiation, grade, pacte de fraternité, secret, etc. Un exemple nous en est fourni par un traité dont un de mes jeunes collaborateurs iraniens prépare l'édition pour la « Bibliothèque Iranienne [1] ». Il s'agit d'un rituel d'initiation des « impri-

1. [*Traités des Compagnons-Chevaliers,* Bibliothèque Iranienne, vol. XX, Téhéran-Paris, 1973.]

meurs sur étoffe » (*tchîtsâzân*). Le texte, en très beau persan, comporte une trentaine de pages de questions et de réponses. Leur extrême intérêt c'est que l'on interroge le récipiendaire non seulement sur les ancêtres de la corporation, mais aussi sur tout le symbolisme des objets dont on se sert pour l'impression sur étoffe, des gestes que l'on fait, des figures que l'on imprime. Tout cela devient autant d'actes liturgiques [1].

L'automne dernier, je m'entretenais avec le doyen de la Faculté des Lettres de l'Université d'Ispahan de la merveilleuse mosquée royale avec ses immenses surfaces couvertes de faïences émaillées bleues. Le doyen me dit : « Soyez sûr qu'une telle mosquée n'est concevable que comme l'œuvre de chevaliers bâtisseurs. » Il en est de même de nos cathédrales. On peut instituer une comparaison avec le phénomène correspondant en Occident, avec l' « Ordre des compagnons du Saint Devoir de Dieu », les « devoirants », et tous ceux que nous appelons encore en France les Compagnons du Tour de France. Ce serait une belle entreprise que d'établir le contact historique d'abord, ensuite peut-être de renouer le lien effacé depuis des siècles. Entreprise difficile, parce que sous l'impact occidental ces choses ont tendance à rentrer dans un ésotérisme de plus en plus fermé. Ces dernières années encore on a construit de superbes mosquées traditionnelles en Iran. Les architectes en conservent le secret. Mais toute tentative, même de la part d'Iraniens, d'obtenir d'eux un texte, ou même seulement quelques mots, se heurte à une discipline de l'arcane, à une discrétion, qui jusqu'ici décourage les enquêteurs.

1. [Voir la traduction de ce texte dans notre Introduction, *op. cit.* pp. 83-99.]

Aussi ne vais-je pas envisager l'extension de ce thème, mais plutôt préciser la signification du mot et ensuite traiter de l'essence de la chose ainsi désignée. Nous allons voir comment les penseurs shî'ites se représentent l'origine de la *fotowwat* et le rapport de ses manifestations avec le cycle de la prophétie et le cycle de la *walâyat*. Là nous entrons immédiatement en plein cœur de la spéculation shî'ite. Je prendrai comme principale source une œuvre de Ḥosayn Kâshefî, personnage de la fin du XVe siècle, qui a écrit en persan un gros traité sur la question, un *Fotowwat-Nâmeh* [1]. Tout en étant tardif, il a cet intérêt de nous conserver quantité de textes et de citations d'auteurs antérieurs, qui remontent jusqu'au IXe siècle de notre ère. Il étudie essentiellement ce qu'il appelle la science de la *fotowwat*, qu'il envisage comme un rameau de la science du soufisme et du *tawḥîd*, c'est-à-dire de l'attestation de l'Unique.

Quant au mot lui-même, on ne saurait en fait l'expliquer sans faire intervenir *eo ipso* l'essence de la chose qu'il désigne. Comme le précise en détail notre auteur, maintes citations à l'appui, le mot arabe *fatâ* a pour équivalent persan le mot *javân*. On reconnaît dans celui-ci le mot indo-européen de la même racine que le latin *juvenis*. Quand on dit en persan *mard-e javân*, cela désigne le jeune homme, environ de 16 à 30 ans.

L'arabe *fotowwat* a pour équivalent le persan *javânî*, correspondant au latin *juventus* ou *juvenitas*. C'est là le sens littéral, qui se rapporte à l'âge physique. Mais en son sens technique – et nous avons la chance ici que le sens technique soit le sens spirituel – le mot désigne une jeunesse sur laquelle le temps n'a aucune prise, car elle est justement une reconquête sur le temps et ses scléroses.

1. *Op. cit.*, p. 208 n.

Le mot se rapporte alors à la juvénilité qui est propre aux êtres spirituels. Il désigne les qualités qui évoquent l'idée de jeunesse. Nous le retrouvons au terme du chemin du mystique, c'est-à-dire du pèlerin, du *sâlik,* terme qui traduit exactement ce que nous désignons en Occident comme *homo viator,* le pèlerin, le voyageur. Ce pèlerin, après s'être progressivement libéré, au cours de sa marche intérieure, des liens et des passions de l'âme charnelle, arrive à la station du cœur, c'est-à-dire de l'homme intérieur, de l'homme vrai. Là même, il est arrivé à la demeure de la jeunesse, *manzal-e javânî,* et de la jeunesse à demeure.

C'est ce terme que nous allons apprendre à connaître comme étant l'aboutissement de la connaissance de soi, comme terme de l'épopée du chevalier mystique. Dès lors le composé *javânmard,* en arabe *fatâ,* désigne celui en qui sont actualisées les perfections humaines et les énergies spirituelles, les forces intérieures de l'âme. Le terme désigne ainsi celui qui est en possession de qualités éclatantes, de mœurs exemplaires, qui le distinguent du commun des hommes. D'où la solennité du vocatif *Javân-mardâ*! que l'on rencontre dans les textes soufis. Le nom abstrait, *javânmardî,* qui est l'équivalent de l'arabe *fotowwat,* désigne ainsi, avec un rappel du contraste qui caractérise toute perception iranienne du monde, la manifestation de la Lumière, de la nature initiale de l'homme, celle que l'on dénomme *fiṭrat,* et la domination victorieuse de cette lumière sur les Ténèbres de l'âme charnelle.

Déjà ici s'annonce la réminiscence, qui va s'imposer, du combat éternel de la Lumière et des Ténèbres. Arrivé à ce point, l'homme, guéri de tous les vices, possède alors toutes les précellences morales. Telle est la juvénilité essentielle de l'homme, tel est ce qui fait le sens de la chevalerie spirituelle comme terme de la connaissance de soi, de la possession de soi-même. D'emblée le concept de chevalerie spirituelle, de *javânmardî*, est donc lié à ce concept de la nature initiale de l'homme, *fiṭrat*, et au concept spécifiquement shî'ite de *walâyat* que je traduirai par la « dilection divine » dont certains élus sont l'objet. La *walâyat* est l'ésotérique de la prophétie; le terme connote l'idée de l'initiation spirituelle dont certains êtres aimés de Dieu sont investis.

Parler du sens de la *fotowwat*, c'est donc se référer à la notion fondamentale de *fiṭrat*, laquelle signifie la nature initiale de l'homme, autrement dit de l'homme tel qu'à l'origine son acte d'*être*, sa dimension de lumière, fit éclosion de l'acte créateur, tandis que sa *quiddité*, son essence propre, était déterminée par le ton de sa réponse à la question : *A-lasto* ? du verset qorânique 7/171. C'est ce *fait* de la métahistoire qui domine toute la spiritualité islamique. Toute l'humanité présente en Adam de façon mystérieuse, mais déjà présente individu par individu, est sommée de répondre à cette question : *A-lasto bi-rabbi-kom* ? « Ne suis-je pas votre Seigneur ? » Tout le monde a répondu « Oui ». Mais les shî'ites savent très bien qu'il y a plusieurs manières de répondre oui.

Cette attestation domine toute l'anthropologie, et l'on peut dire que ce verset qorânique détermine l'éthos de la chevalerie spirituelle. En effet, dans sa pureté intégrale, la réponse à la question *A-lasto* ? implique une triple attestation, une triple *shahâdat*. L'attestation ou profession de foi sunnite se contente d'affirmer l'Unité divine et la mission prophétique de Moḥammad. La profession de foi shî'ite y ajoute une troisième clause, la *walâyat*, la mission ésotérique des saints Imâms. C'est quelque chose de capital pour toute la *fotowwat*. C'est de cette triple attestation que dépend, selon le concept shî'ite, la foi intégrale, *îmân*, au sens shî'ite du mot. Il n'y a de vrai croyant, de *mu'min* au sens authentique du mot, que celui qui professe cette triple attestation, et qui par conséquent reconnaît l'Islam ésotérique. C'est pourquoi souvent le mot *îmân*, la foi du *mu'min* ou vrai croyant, est employé simplement comme équivalent de *fotowwat*.

La pureté de l'âme, c'est le signe du retour à la nature initiale. Cette conception de l'Islam shî'ite, notre auteur la retrouve dans la Bible, chez Moïse, en se référant à la Tora (sans plus de précision). Moïse pose la question : « Qu'est-ce que la *fotowwat* ? » Il lui est répondu : « C'est remettre à Dieu l'âme pure et immaculée, telle que l'homme l'a reçue en dépôt ». Ici il y a déjà une allusion à cette éthique du dépôt confié qui véritablement domine toute l'éthique de la *fotowwat*, et conséquemment toute l'éthique du shî'isme, toute son éthique initiatique. Prenons un exemple. L'idée de l'aumône rituelle dans l'ésotérisme shî'ite et ismaélien, ce n'est pas l'argent, c'est la connaissance. Je dois faire don de la connaissance, ce dépôt qui m'a été confié. Mais je ne dois en transmettre le dépôt qu'à celui que je reconnais en être digne. Si je parle indûment à quelqu'un qui n'a pas la qualité d'héritier, parce qu'il n'a pas la capacité de recevoir le message de cette vérité ésotérique, je trahis le dépôt confié, je le remets à un indigne.

Voici donc tous les échos qu'éveillent au passage ces termes techniques, qui sont chargés d'allusions. Et c'est cela qui nous permet de dire que la *fotowwat* est une lumière émanant du monde spirituel. Par le rayonnement de cette lumière à l'intérieur de l'être en qui elle effuse, sont manifestées les modalités angéliques, les caractéristiques du *Malakût*, du monde spirituel de l'ange. Nous voyons ici se profiler discrètement l'idée du chevalier « célestiel » dont Galahad est chez nous la typification par excellence. Tout *éthos* satanique, en revanche, tout comportement de la nature animale, qui suffoque l'âme plongée dans l'enveloppe charnelle, est désormais banni.

Parmi toutes les définitions de la *fotowwat*, notre auteur insiste sur celles qui ont été données par les douze Imâms. J'en retiens une ici particulièrement, parce qu'elle marque bien le lien essentiel entre la *fotowwat*, chevalerie spirituelle, et la *fiṭrat*, la nature originelle, authentique, de l'homme. C'est la définition que donne le IIIe Imâm, l'Imâm al-Ḥosayn, le martyr de Karbalâ. La chevalerie spirituelle (*fotowwat, javânmardî*) consiste, dit-il, à être fidèle au pacte prééternel conclu par la réponse à la question *A-lasto*? Ce choix prééternel, qui évoque pour nous le prologue du *Gorgias* de Platon, transforme complètement l'idée du destin qui a tant préoccupé la théologie islamique, nommément la théologie sunnite. Ici l'homme est responsable préexistentiellement de son destin par la réponse qu'il a donnée à ce moment-là. Aussi l'Imâm déclare-t-il que la *fotowwat* est la fidélité à ce pacte (dès lors que tu as répondu oui); c'est marcher de pied ferme sur cette grande route de la religion éternelle que désigne le terme de voie droite (*ṣirâṭ mostaqîm*).

Tel est le *javânmard*, le chevalier de la foi, tandis que d'autre part, la science de la *fotowwat* est un rameau de la science du soufisme et du *tawḥîd*. Cela implique *eo ipso* un rapport étroit de la *fotowwat* avec la triade que nous rencontrons tout au long de la spiritualité islamique : *sharî'at, ṭarîqat, ḥaqîqat*. La *sharî'at*, c'est la religion littérale, la Loi religieuse, la religion légalitaire, c'est celle que le prophète-envoyé est chargé de transmettre, de faire connaître aux hommes. La *ṭarîqat*, c'est la voie spirituelle, la voie mystique. Le terme peut désigner aussi tout simplement une congrégation soufie, parce que chaque congrégation soufie est une des *voies* vers la Vérité spirituelle. Mais au sens shî'ite du mot, et parce que la *walâyat* des saints Imâms est l'ésotérique de la prophétie, le shî'isme est d'ores et déjà lui-même la « *ṭarîqat* », la voie spirituelle. Enfin il y a la *ḥaqîqat*, mot admirable qu'il y a peut-être quinze façons de traduire. C'est à la fois la vérité qui est réelle et la réalité qui est vraie, le terme connotant ainsi les deux notions de réalité et de vérité; c'est l'idée métaphysique, c'est l'essence, c'est la gnose. C'est la vérité théosophique, au sens étymologique du mot, personnellement réalisée. D'une part donc, la *fotowwat* en son essence nous réfère à la *fiṭrat*, à la nature initiale, préexistentielle de l'homme. D'autre part, étant donné le lien entre *walâyat*, *ṭarîqat* et *ḥaqîqat*, les formes de manifestation de la *fotowwat* sont inséparables du cycle de la prophétie et du cycle de la *walâyat*, tels que se les représente la prophétologie shî'ite.

Je rappelle très brièvement que l'Islam sunnite accepte, lui aussi, l'idée du cycle de la prophétie. L'idée en est construite d'ailleurs sur le modèle de la théologie et de la prophétologie judéo-chrétiennes, sur l'idée du *Verus Propheta*, du « Vrai Prophète », qui se hâte de prophète en prophète jusqu'au dernier prophète, lieu de son repos. Celui-ci est le prophète Moḥammad comme « Sceau des prophètes ». Tout est accompli; désormais l'histoire religieuse est close. Or le shî'isme n'accepte pas d'en rester là. Au cycle de la prophétie succède le cycle des « Amis de Dieu », le cycle de la *walâyat*, cycle de l'Initiation spirituelle qui comporte essentiellement la réception du sens ésotérique des révélations divines. Ce qu'il y a de remarquable, c'est que le cycle de la *fotowwat* recroise l'un et l'autre cycle, celui de la prophétie (*nobowwat*) et celui de la *walâyat*.

Notre auteur nous apprend quels sont les trois grands moments du cycle de la *fotowwat*. Celle-ci prend origine avec Abraham, par l'initiative de qui elle est manifestée comme se différenciant alors de la *ṭarîqat*, de la voie du soufisme. Elle a son pôle, *qoṭb*, en la personne du Ier Imâm et elle a son Sceau, *khâtim*, en la personne du XIIe Imâm, l'Imâm « attendu », l'Imâm « désiré ». Un point sur lequel tout le monde s'accorde, c'est que la mission prophétique, la *nobowwat*, a commencé en ce monde avec Adam, lorsque Adam est sorti du Paradis. Et comme tel, Adam ne pouvait être que l'homme de la *sharî'at*, l'homme de la Loi. C'est à son fils Seth, premier Imâm de sa période, que fut confié l'ésotérique de la prophétie, qui devait s'appeler plus tard *walâyat*. Là s'organise, autour de la *fotowwat*, une périodisation, une représentation des âges du monde et partant aussi des âges de l'homme, ramenant celui-ci vers cette juvénilité, cette *réjuvénation*, qui est le privilège des êtres spirituels. C'est donc à Seth, Imâm d'Adam, qu'est confié l'ésotérique de la prophétie, qui devait s'appeler plus tard *walâyat*. Adam a déployé le tapis de la *sharî'at*, le tapis de la Loi, de la religion légalitaire, dans l'arène de la condition humaine assujettie à la Loi, tandis que Seth déployait le tapis de la voie mystique, la *ṭarîqat*. Un contraste originel est établi. Les autres fils d'Adam se livrent à des métiers divers; Seth se consacre tout entier au service divin et, tisserand mystique, ne tisse d'autre vêtement que celui du soufisme. Trait d'une importance capitale par rapport au personnage de Seth dans la gnose, où il fut identifié avec Zarathoustra/Zoroastre. Dans le manichéisme, il apparaît également. Dans la gnose ismaélienne on donne également à l'Imâm des premières périodes le nom de Melchisédek.

Tout cela présente un enchevêtrement d'un intérêt extraordinaire pour l'histoire des religions. Seth étant l'Imâm d'Adam, en détenait le secret ésotérique. Nous comprenons alors pourquoi et comment, pour Ḥaydar Âmolî par exemple, le shî'isme peut s'identifier, en tant que shî'isme intégral comportant essentiellement l'ésotérique, avec le soufisme originel, puisque le premier Imâm du premier prophète eut ce privilège, cette vocation du soufisme ou de l'ésotérique.

Tandis que les autres fils d'Adam se vouent à des métiers qui leur permettent de conquérir le monde, Seth se voue totalement au service divin. La grande question est là. Exilé du paradis, que s'agit-il de faire ? S'agit-il de conquérir le monde de l'exil, de s'installer dans l'exil ? ou bien faut-il reconquérir le paradis ? Et il ne faut pas commettre d'erreur ; il ne faut pas que la quête du paradis aboutisse à une sorte d'*Ersatz* du paradis. L'ange Gabriel, l'Ange de la connaissance et de la révélation, apporte du paradis une robe de laine verte, dont il revêt Seth. Les Anges viennent visiter Adam et, retournant au ciel, s'annoncent la nouvelle les uns aux autres : il y a un certain « vêtu de laine » qui se voue sur terre au service divin. On comprendra leur étonnement, si l'on se réfère à la sourate qorânique (2/28) où le Seigneur Dieu annonce aux Anges qu'il va créer sur terre un vicaire qui sera Adam, l'Homme. Comme par une intuition mystérieuse présupposant qu'il y ait eu déjà antérieurement une humanité et que cette humanité antérieure ait déjà témoigné de son aptitude aux catastrophes, les Anges répondent : Mais vas-tu créer sur terre un être qui répandra le carnage et le sang ? Alors le Seigneur leur répond : Je sais ce que vous ne savez pas. – Aussi les Anges qui visitent la terre, s'étonnent-ils d'y trouver cette créature idéale, Seth, qui se voue entièrement au service divin. Je signalerai, en passant, que les grammairiens arabes justifient leur explication du mot soufi comme signifiant « vêtu de laine », par le mot arabe *ṣûf*, laine.

En la personne de Seth nous avons la *fotowwat* qui se confond avec la *ṭarîqat*, avec la voie mystique, avec le soufisme. La *ṭarîqat* est alors elle-même la mesure de la *fotowwat*, et le vêtement en est la *khirqa*, le manteau qui, symbole de sa consécration spirituelle, caractérise le soufi et que l'on trouve aussi dans plusieurs autres rituels. Mais ensuite nous apprenons qu'au temps d'Abraham, les hommes n'eurent plus la force de porter la *khirqa*. Le manteau était « trop lourd ». Tout un groupe vint en faire l'aveu à Abraham. Ils prièrent celui-ci de leur indiquer une voie nouvelle, une voie par laquelle ils pourraient, désormais et malgré tout, suivre leur désir et leur vocation d'être des hommes de Dieu.

Il convient d'attacher une extrême importance à cet épisode, signalé dans tous les traités de *fotowwat*. La *fotowwat* y apparaît comme l'appel à un état spirituel qui ne sera pas celui du laïc, l'homme de la *sharî'at*, mais qui ne sera pas non plus celui de l'homme monastique, tel que nous apparaît Seth. La désignation de ces hommes de la *fotowwat* comme les Amis de Dieu, *Awliyâ' Allâh*, *Awliyâ-e Khodâ* en persan, concorde littéralement avec celle de toute une école, de tout un groupe mystique chez nous en Occident au XIVe siècle. Je pense à toute la mystique rhénane, à tout ce que désignent des termes comme *die Gottesfreunde*, *die Gottesfreundschaft*, les « Amis de Dieu », l'amitié divine. C'est une chose d'autant plus frappante qu'au cœur de cette mystique rhénane nous voyons justement un phénomène de chevalerie se constituer, au moment où le célèbre Rulman Merswin entretenait une longue correspondance avec le mystérieux « Ami de Dieu du Haut-Pays », sur l'identité duquel je ne me prononcerai pas ici, mais que l'on peut se représenter comme ayant été « l'ange » de Rulman Merswin. Rulman constate que le temps des cloîtres est passé et qu'il faut par conséquent procéder à une autre sorte de fondation spirituelle.

« Le temps des cloîtres est passé », c'est un peu ce que les hommes étaient venus dire à Abraham. On cherche donc un état qui ne sera ni celui du laïque ni celui du clerc. Or, c'est exactement aussi l'idéal que propose Wolfram von Eschenbach dans ses grands poèmes. C'est là que je vois se nouer un phénomène de chevalerie spirituelle commun à l'Orient et à l'Occident, à l'Islam et à la Chrétienté. On peut alors dire que cet épisode, que tous les auteurs se transmettent les uns aux autres en récits, en images, en paraboles, est une histoire vraie. Cela parce que, plus l'on progresse, plus on éprouve que les paraboles sont peut-être les seules histoires vraies.

Abraham fit monter ce groupe sur le navire de la *ṭarîqat,* de la voie mystique. Il lança le navire en pleine mer de la *ḥaqîqat,* de la vérité métaphysique, et le fit aborder à l'île de la *fotowwat,* où le groupe établit sa demeure. Nous avons là un cas exemplaire du thème de la navigation, thème particulièrement subtil. Embarqué sur le navire du soufisme, le seul moyen de débarquer en pleine mer de la *ḥaqîqat,* c'est d'aborder l'île de la *fotowwat.* La *fotowwat,* la chevalerie spirituelle, est ainsi inséparable du soufisme. Quant à son origine, le soufisme est la voie de la réalisation de la vérité théosophique, de la *ḥaqîqat,* et par là même il est la voie, la *ṭarîqat*; ici, il est le navire qui conduit et permet d'aborder à certaine île de l'océan : l'île de la *fotowwat* en plein océan de la *ḥaqîqat*.

Abraham a donc été l'initiateur, le père de tous les chevaliers mystiques de la foi. Et s'il le fut, c'est en somme par une résolution qui anticipait sur la célèbre sentence du VIe Imâm, Ja'far al-Ṣadîq : « L'Islam a commencé expatrié et redeviendra expatrié comme il l'était au début. Bienheureux ceux qui s'expatrient pour la foi. » Ici nous avons déjà tout le thème gnostique de la *quête,* le thème de l'étranger, l'*allogène*. Nous allons voir peu à peu ce que signifie cet expatriement, qui n'est pas une fuite.

La résolution d'Abraham et la sentence de l'Imâm Ja'far donnent tout son sens à l'expédition des pèlerins vers l'île de la *fotowwat*. Abraham, écrit Ḥosayn Kâshefî, fut le premier qui choisit de se séparer de ce monde et de l'appareil de ce monde, de ses vanités, de ses ambitions. Il décida de se séparer de la masse, de la tribu, de tourner le dos à son pays natal, d'assumer les peines et les fatigues du voyage, de l'expatriement, du « pèlerin pour Dieu ». *Javânmard,* c'est le pèlerin par excellence, le chevalier errant, notre *homo viator*. Il eut le courage d'engager le combat contre les idoles, à un tel point que ses ennemis eux-mêmes rendirent hommage à sa *fotowwat*. Dans un verset qorânique (21/61) les hommes disent : « Nous avons vu un jeune homme (*fatâ,* un chevalier) médire de nos Dieux; on l'appelle Abraham. » Ainsi, la forme de manifestation initiale de la *fotowwat,* à la fois comme dérivant et comme se différenciant du soufisme, ce fut la personne d'Abraham. Et notre auteur ajoute : « Cette science de la *fotowwat* est un parfum émané de la science de la *ṭarîqat*. Parce qu'il y a une foule de gens, migrateurs du désert de la négligence et de l'inconscience, incapables de retenir autre chose que des mots dépourvus de sens, qui se donnent l'air de *Ahl-e fotowwat,* qui se font passer pour des chevaliers de la foi et prétendent connaître la vérité ésotérique de cette science, alors ceux qui savent ont mis un voile pour la dérober au regard du profane. »

La *fotowwat* est essentiellement ésotérique. Quant à l'idée de la transmission, déterminant l'idée du cycle de la *fotowwat* inauguré par Abraham, notre auteur la conçoit exactement sur le même type que la transmission de la prophétie, de la Lumière mohammadienne métaphysique, (*Nûr moḥammadî*), laquelle se transmet de prophète en prophète jusqu'au dernier prophète et, dans le shî'isme, se concentre sur la personne du prophète et la personne de l'Imâm : le prophète chargé de l'exotérique, et l'Imâm chargé de l'ésotérique. Ici nous avons une représentation analogue. Abraham transmet la *fotowwat* à Ismaël et à Isaac, et d'Isaac elle est transmise à Jacob; elle passe par les éminents personnages dont les noms sont dans la Bible comme dans le Qorân : Josué, Joseph, etc. Elle passe par le christianisme, nommément en la personne des Sept Dormants mentionnés dans le Qorân. Il est très important de constater que cette chevalerie englobe dans l'idée shî'ite de la *fotowwat* à la fois Juifs, Chrétiens et Musulmans.

Cette lignée ininterrompue de la *fotowwat* est réglée par la même norme que la lignée de la gnose (*silsilat al-'irfân*). Jamais elle ne reste privée d'un support en ce monde. Elle peut établir sa demeure chez un prophète comme chez un « Ami de Dieu » (un *wâlî,* par excellence l'Imâm). Lorsqu'elle est manifestée chez un prophète, le prophète la transmet à son Imâm. Ainsi en fut-il du Sceau des prophètes la transmettant à l'Imâm 'Alî.

Le schéma des cycles de la prophétie, de la *walâyat* ou Imâmat et de la *fotowwat* présente alors les recoupements suivants. Il y eut le cycle de la prophétie dont la première manifestation fut Adam; le pôle fut Abraham; le Sceau fut le prophète Moḥammad comme « Sceau des prophètes ». Abraham, pôle du cycle de la prophétie, fut l'initiateur du cycle de la *fotowwat;* le pôle de la *fotowwat* fut le Ier Imâm; le Sceau de la *fotowwat* est et sera le XIIe Imâm, l'Attendu, l'Imâm désiré, à la fois présent et invisible aux yeux des hommes. Le pôle et le Sceau du cycle de la *fotowwat* sont donc identiques aux deux figures de l'Imâmat mohammadien qui forment le double Sceau du cycle de la *walâyat,* laquelle est l'ésotérique de la prophétie et dont le cycle commença avec Seth. Le pôle de la *fotowwat* est en effet le Ier Imâm, Sceau de la *walâyat* universelle; le Sceau de la *fotowwat* est le XIIe Imâm, qui est simultanément le Sceau de la *walâyat* mohammadienne. Abraham, qui est le pôle de la prophétie, est à l'origine, l'initiateur de la *fotowwat.* On peut méditer très longuement sur ce schéma.

Tous les prophètes antérieurs à Moḥammad sont envers lui, en tant que Sceau de la prophétie, dans le même rapport que sont envers le XIIe Imâm les « Amis de Dieu » postérieurs au Sceau de la prophétie. Il s'ensuit qu'un même rapport définit la position de tous les chevaliers spirituels, tous les *javânmardân,* à l'égard du XIIe Imâm, l'Imâm présentement caché, l'Imâm attendu, l'Imâm désiré, qui est le Sceau de la perfection finale de leur *fotowwat.* Cela indique du même coup qu'il y a entre l'idée de la *walâyat* et l'idée de la *fotowwat* un lien intime. La *fotowwat* est vraiment l'éthos caractéristique, la manifestation par excellence, de la *walâyat.* Car la *fotowwat* consiste en ce que chacun, là même où il est, soit le chevalier de l'Imâm, le compagnon du XIIe Imâm. Cette éthique rend chacun responsable de l'avenir de la parousie, qui n'est pas quelque chose qui surgira un beau jour, de l'extérieur, sans que rien ne l'ait préparé. La parousie s'accomplit à l'intérieur de chacun des chevaliers, chacun des *javânmardân*. Tout ce cycle de la *walâyat* ne s'accomplit pas seulement dans la hiérohistoire totale; il s'accomplit d'abord à l'intérieur de chaque croyant, à l'intérieur de chaque fidèle.

L'idée shî'ite de la *fotowwat* est donc celle d'une communauté de *javânmardân*, de chevaliers, qui englobe toute la tradition abrahamique. L'archétype, le chevalier par excellence, c'est pour un shî'ite le Ier Imâm. Un *ḥadîth* des plus connus le répète : « Point de chevalier sinon 'Alî; point de glaive sinon *Dhû'l-fiqâr* » (symbole de l'herméneutique qui tranche les ambiguïtés de la religion littérale). Ce verset, je l'ai entendu chanter, et c'était très impressionnant, au cours d'une cérémonie anniversaire de la naissance du Ier Imâm, une des plus grandes fêtes shî'ites. Il y avait là toute une assemblée de soufis. On improvisait des poèmes, des prônes. Un jeune Mollâ improvisa un grand poème héroïque à la louange du Ier Imâm. Après chaque strophe toute l'assemblée reprenait en chœur le *ḥadîth* que je viens de citer. On était vraiment dans l'éthos de la *fotowwat*.

Je viens de rappeler que le père de la *fotowwat* étant Abraham, la *fotowwat* englobe tous les héros de la Bible avec les chevaliers chrétiens représentés par les Sept Dormants que mentionne le Qorân. Ce qui est très frappant, c'est qu'à cette perspective correspond en Occident l'idée d'une chevalerie œcuménique qui englobe, elle aussi, les chevaliers de Chrétienté et les chevaliers d'Islam. Cette idée est exprimée par excellence chez Wolfram von Eschenbach, chez qui l'épopée héroïque des chevaliers du Temple se transmue en l'épopée mystique des Templiers du Graal. Par une marche convergente, Sohravardî, en rapatriant en Islam iranien l'épopée des héros de l'ancien Iran, accomplit le passage de l'épopée héroïque à l'épopée mystique et spirituelle.

Nous voyons ainsi se lever un horizon dont l'intérêt est tout autre qu'un intérêt archéologique ou exotique. Le cycle de la prophétie est clos; il n'y aura plus de prophète après le Sceau de la prophétie. Ici le sentiment shî'ite se différencie de l'Islam majoritaire, du sunnisme, en posant une interrogation pathétique : qu'en est-il alors du sort de l'humanité, puisque tout le monde est d'accord pour dire que par essence l'humanité ne peut se passer de prophète? La réponse à cette interrogation passionnée, c'est précisément l'affirmation du cycle de la *walâyat,* inauguré au moment même de la clôture du cycle de la prophétie.

Ce que je viens d'analyser concernant la *fotowwat,* montre de quel type d'homme l'idée de la *walâyat* propose la réalisation. C'est l' « Ami de Dieu », le chevalier spirituel, juvénile à jamais, dont le mode de vie personnelle prépare *eo ipso* la parousie de l'Imâm, de l'Homme Parfait comme épiphanie divine. Le cycle de la *walâyat* comme cycle de l'initiation spirituelle à l'ésotérique du message prophétique, c'est le cycle de la *fotowwat.* La chevalerie spirituelle, c'est cette initiation au secret de la *walâyat.* Ces chevaliers, ces *javânmardân,* forment autour de l'Imâm, qui est leur pôle, de génération en génération, la lignée de la gnose jamais interrompue, mais ignorée de la masse des hommes.

Cette lignée, c'est la « tradition » même. Mais pour prendre rang dans cette lignée, pour y prendre rang tour à tour, il faut que chacun d'eux passe par une nouvelle naissance (une *seconde* naissance). Le cas de leurs prédécesseurs ne peut jamais leur être un alibi ni suppléer à leur insuffisance. Toute cette tradition de la *fotowwat* est vraiment le contraire d'un cortège funèbre; elle est une perpétuelle renaissance. Lorsqu'on oppose tradition et renaissance, c'est une opposition qui reste au niveau des antagonismes d'une raison rationaliste. Prendre rang dans cette lignée, c'est entrer dans le *Malakût* dans le monde de l'Ange. Les auteurs shî'ites, de même que les auteurs ismaéliens, citent avec prédilection l'Évangile de Jean. Les conséquences en sont capitales. Les shî'ites ont été « johannites », en se référant à cette sentence provenant directement de l'Évangile de Jean : « Ne peut entrer dans le *Malakût* quiconque n'est pas né une seconde fois ». Et bien qu'ils soient ignorés de la masse des hommes, c'est par ces « Amis de Dieu » que l'humanité continue de persévérer dans l'être; c'est par eux que le monde de l'humanité terrestre communique encore avec le monde supérieur invisible.

Je viens d'esquisser en bloc quelques idées essentielles sur ce thème de la *fotowwat*. Nous avons rencontré au passage le concept de *walâyat* qui est le plus difficile. Je voudrais y insister un tout petit peu, avant d'aborder ce que j'ai à dire concernant l'éthos et l'éthique de ces chevaliers spirituels. Je voudrais insister sur le rapport de la *fotowwat* et de la *walâyat*, car c'est cela qui peut nous introduire à une vérification de l'éthos commun aux chevaliers de la foi en Iran zoroastrien préislamique et en Iran islamique shî'ite. La chose m'apparaît essentielle. Ce terme de *walâyat* j'ai mis des années pour le comprendre. Car si personne ne s'attend aux questions que vous vous posez, encore faut-il se les poser.

Nous avons *walâyat* et *wilâyat*, qui ont la même orthographe, à l'exception d'une voyelle. *Wilâyat*, tout le monde sait ce que c'est; un long article lui est consacré dans « l'Encyclopédie de l'Islam ». C'est un terme véhiculant une notion soufie fondamentale, qu'on a en général traduit par « sainteté ». Soit! ce peut en être une conséquence. Mais il y a depuis des siècles, en Occident, un concept canonique de la sainteté que ne recouvre pas le terme de *wilâyat*. Nous ne pouvons que provoquer des ambiguïtés, lorsque nous employons les mots à la légère.

D'abord, au lieu de *wilâyat* il faut lire ici *walâyat,* et nous allons voir ce qui différencie shî'isme et soufisme; sur ce point même se pose la grave question du rapport de l'un avec l'autre. La *walâyat,* c'est d'abord la qualification des Imâms, ce qui fait d'eux des Amis et des Proches de Dieu, *Awliyâ' Allâh*. Le mystère de cette prédilection divine, de cette sacralisation, est au cœur même de la mission prophétique. On distingue le *Rasûl* et le *Walî*. Le *Rasûl,* c'est l'envoyé avec un Livre, un nouveau Livre. Il peut aussi arriver que le *Walî* soit envoyé, en tant que *nabî morsal,* mais alors envoyé sans avoir mission de révéler un nouveau Livre. Il arrive aussi qu'il ne soit nullement envoyé et reste un *Walî* pur et simple. Le *Walî,* c'est l' « Ami de Dieu », non pas le « saint »; c'est celui qui est sacralisé par ce charisme divin, cette élection divine; c'est le *Gottesfreund*. La sainteté dérivera sans doute de la *Gottesfreundschaft,* mais la notion première, fondamentale, est celle de l'Amitié ou prédilection divine. Tout *Rasûl,* tout envoyé avec un Livre, est un *Walî* chez qui se surajoute la mission prophétique; mais tout *Walî* n'est pas forcément un *Rasûl*. Il y a une multitude de *Walîs* qui n'ont jamais été des « envoyés ».

Au sens propre du terme, *walâyat* se rapporte aux douze Imâms. Mais d'une part le mot *walâyat* désigne cette prédilection divine, cet amour de Dieu dont l'Imâm est l'objet comme étant, au cœur même de la prophétie, l'ésotérique de celle-ci. D'autre part, il désigne le sentiment du fidèle shî'ite, du *javânmard,* à l'égard de l'Imâm. C'est donc l'amour, l'attachement, la dévotion, l'élan chevaleresque au service de l'Imâm (l'équivalent du terme arabe *walâyat* est le persan *dûstî*). Nous allons voir quelles en sont les racines théologiques. Ce sentiment du chevalier, du *javânmard* à l'égard de l'Imâm, est une participation en quelque sorte à cet amour éternel dont l'Imâm, ou mieux dit le plérôme des Quatorze Immaculés, des Quatorze Aiôns de lumière, est l'objet de la part de l'Inconnaissable, du *Deus absconditus,* dont on ne peut même pas énoncer le Nom ni les attributs.

Très fréquemment le mot *walâyat* dans nos textes est accouplé au mot *maḥabbat* (amour, dilection). En Occident les orientalistes ont bien connu le problème posé par les soufis : est-il légitime d'employer le mot *maḥabbat* à l'égard de Dieu, ou bien est-ce une profanation ? Comment prononcer le *tawḥîd,* l'Attestation de la transcendance de l'Unique, et en même temps parler de *maḥabbat ?* Les soufis ont discuté à perte de vue sur ce point. Personne ne semble s'être avisé de la confusion entre *walâyat* et *wilâyat,* ni du fait que les deux termes *walâyat* et *maḥabbat* soient accouplés à la façon d'un doublet. Là même, pourtant, se révèle le fait qu'en dehors du soufisme, l'Islam peut être une religion d'amour; mais il s'agit alors du shî'isme. Cela parce que cet amour s'adresse non pas à un Dieu transcendant et terrifique, ni à un *Deus absconditus,* inconnaissable et imprédicable, mais aux figures qui en sont les théophanies. L'idée de théophanie est essentielle pour l'*imâmocrentrisme* shî'ite.

L'idée d'un service chevaleresque envers un Dieu inconnaissable et inaccessible n'aurait pas de sens. Le service chevaleresque ne se conçoit qu'à l'égard d'une figure théophanique personnelle, *Deus revelatus,* un Dieu révélé. Il y a cette différence que le concept shî'ite de la *walâyat,* par son encadrement métaphysique et par la fonction cosmogonique et anthropogonique dévolue aux Imâms, a véritablement un sens et une fonction cosmiques, tandis que la *wilâyat,* la « sainteté », se rapporte essentiellement aux états subjectifs du soufi. Il y a là une très grande différence. Sans doute, reste-t-il à savoir comment l'on est passé de *walâyat* à *wilâyat.* C'est la grande question. Poser cette question, c'est poser, aux yeux d'un shî'ite, toute la question des rapports entre le shî'isme et le soufisme, à savoir : comment le soufisme est né dans le shî'isme, comment il s'en est séparé; comment les soufis sunnites (qu'ils le veuillent ou non) sont aujourd'hui en quelque sorte, je l'ai entendu dire bien souvent, les représentants du shî'isme *in partibus Sunnitarum.* Ce sont des aspects qui ont été encore très peu envisagés. Mais lorsque nous posons la question des rapports entre le prophète et le *Walî,* c'est bien la question du rapport entre la mission prophétique (*nobowwat*) et la prédilection divine (*walâyat*) que nous posons; ce n'est pas le rapport entre le « prophète » et le « saint ». Nous risquons de tout fausser en mésusant de ce terme.

Ce qui est au cœur de la mission prophétique, comme sens ésotérique de cette mission et par là-même au cœur de la *fotowwat,* nous constatons que c'est bien la *walâyat,* cette *Gottesfreundschaft* dont nous trouvons d'autre part l'idée chez nos mystiques rhénans et nos chevaliers johannites du XIVe siècle. Nous avons entendu Rulman Merswin déclarer que le temps des cloîtres était passé et qu'il fallait penser à autre chose, à cette éthique du chevalier qui n'est ni le clerc ni le laïc. Et c'est ainsi qu'est née la fondation de l'Île Verte à Strasbourg, au XIVe siècle.

Ainsi nous voyons se préciser l'idée du cycle de la *nobowwat,* auquel succède le cycle de la *walâyat.* L'homme ne peut se passer de prophète; tout le monde est d'accord sur ce point, aussi bien les philosophes comme Avicenne que les sunnites et les shî'ites. Mais alors que va-t-il arriver, le dernier prophète, le Sceau des prophètes, étant désormais venu ? Bien souvent dans des textes plus ou moins apologétiques j'ai pu lire cette réflexion que la perspective offerte par l'Islam était désespérante. L'homme n'a plus rien à attendre. Tout est accompli avec le dernier prophète. Il n'y a plus d'avenir religieux proprement dit. Tout autre, en tout cas, est la perspective shî'ite. Ce qui pour elle est clos, c'est le cycle de la prophétie *législatrice.* Si le cycle de la *walâyat* s'impose comme succédant au cycle de la prophétie, c'est pour la raison première et fondamentale que la révélation divine comporte un ésotérique, quelque chose d'intérieur, de caché, et que cet ésotérique précisément ressortit au ministère de l'Imâm, ou mieux dit l'Imâm *est* lui-même cet ésotérique. C'est donc une nécessité herméneutique profonde, radicale, qui différencie sunnisme et shî'isme, une herméneutique qui postule plusieurs « niveaux de signification ».

Retenons donc que la *walâyat* est l'ésotérique du message prophétique, et que la chevalerie spirituelle est la forme que prend le dévouement au service de cette *walâyat,* c'est-à-dire au service de la cause de l'Imâm. D'emblée, si plusieurs de nos auteurs shî'ites ont identifié le XIIe Imâm, l'Imâm attendu, avec le Paraclet annoncé dans l'Évangile de Jean, nous pouvons entrevoir l'importance du fait. Les conséquences en vont très loin. Il m'est arrivé d'en parler avec d'éminents théologiens shî'ites qui, certes, connaissaient le terme de Paraclet, puisqu'il figure dans leurs traditions, mais sans soupçonner le sens que prirent en Occident théologie et philosophie du Paraclet. Il m'est arrivé aussi d'en parler avec des collègues en France, des thélogiens chargés de l'enseignement du Nouveau Testament. Bien entendu, ils n'avaient jamais entendu parler d'une herméneutique shî'ite du Paraclet. Il y a quelque chose de pathétique, de désespérant, dans cette ignorance réciproque. Car, du côté shî'ite, nous avons des hommes qui, encore au siècle dernier, ont parfaitement connu les versets de l'Évangile de Jean relatifs au Paraclet, ainsi que le chapitre XII de l'Apocalypse. L'un d'eux identifie la femme revêtue du Soleil avec la personne de Fâṭima, fille du Prophète et origine de la lignée des Imâms; quant à l'enfant enlevé dans le désert, il est identifié avec le XIIe Imâm, occulté présentement à la vue des hommes. Il ne s'agit plus ici de rassembler les pièces d'un procès historique entre Islam et Christianisme. Il s'agit de l'avenir. Nous avons à lire ensemble le même Livre, et nous avons à comprendre ensemble comment le Paraclet nous annonce l'avenir qui nous est commun à tous, « croyants du Livre » (*Ahl-e Kitâb*), héritiers ensemble de la tradition abrahamique.

Il m'apparaît qu'il y a là quelque chose d'essentiel pour comprendre ce que signifie le cycle de la *walâyat*, quelque chose de si essentiel que les positions établies à l'aveuglette s'en trouvent bouleversées. La question se posera de savoir quand commence le cycle de la *walâyat*. Certains admettent qu'il commence dès la mort du Prophète; d'autres, qu'il ne peut commencer qu'avec la parousie du XIIe Imâm. De toute façon, ce que marque le cycle de la prophétie, de la Loi, c'est la descente (*nozûl*), la descente dans l'obscurité, la marche de l'humanité exilée du paradis, et se détournant de plus en plus du paradis. Ce que marque le cycle de la *walâyat* du Ier au XIIe Imâm, c'est la remontée (*ṣo'ûd*) vers le paradis. Ce n'est point par hasard que l'ismaélisme se désigne lui-même comme étant le « paradis en puissance », le paradis virtuel. C'est sur l'ensemble de ce cycle que sont répartis les *javânmardân*. C'est le cycle de la « réjuvénation » qui éclatera avec la parousie de l'Imâm ; c'est ce que les zoroastriens appellent *frashkart,* la transfiguration du monde.

Suggérons ici encore, pour opérer un recroisement très rapide, combien nous sommes proches et combien la comparaison s'imposera avec l'idée des « âges du monde » que Joachim de Flore et les joachimites ont été les premiers à méditer : le règne du Père, le règne du Fils, le règne de l'Esprit.

Dès lors nous allons pouvoir approfondir ce thème en donnant, avec Berdiaev, un sens existentiel beaucoup plus qu'un sens chronologique à ces périodes dont les frontières extérieures restent indécises, parce que tout en vivant extérieurement dans le temps de la *sharî'at,* l'on peut d'ores et déjà appartenir au monde de la *walâyat.* C'est cela même être un *javânmard.* De même aussi il y a ceux qui, tout en vivant sous le « règne du Fils », appartiennent d'ores et déjà au « règne de l'Esprit ». L'Église de Jean est déjà présente parmi nous, invisible, inconnue des hommes, exactement comme les *javânmardân* sont inconnus de la masse des hommes. Tous professent ce même *incognito,* et ce n'est pas ce qu'il y a de moins frappant. Le « règne de l'Esprit », l'Église de Jean, ce n'est pas la révélation d'un nouveau Livre. De même la réjuvénation du monde, la parousie du XIIe

Imâm, ce n'est nullement que le XIIe Imâm doive apporter un nouveau Livre, une nouvelle *sharî'at*. Ce ne serait nullement là l'avènement du *ta'wîl;* une nouvelle Loi ne marquerait nullement l'avènement de l'ésotérique. Non pas, ce qu'apporte le XIIe Imâm, c'est la révélation du sens caché de toutes les révélations.

Le sens de cette réjuvénation est non pas de tourner le dos à l'origine, mais de nous ramener à l'origine, à l'*apokatastasis,* à la réinstauration de toutes choses en leur fraîcheur, en leur beauté originelle. Le mouvement est en sens inverse de ce que l'évolutionnisme se représente comme une progression indéfinie sur la voie d'un temps rectilinéaire. Plus nous progressons, plus nous nous rapprochons de ce dont nous étions partis. Je crois que la meilleure comparaison que nous puissions proposer, c'est ce qu'en musique on a appelé le « miracle de l'octave ». À partir du son fondamental quel que soit le sens dans lequel nous progressions, c'est toujours vers ce même son fondamental, à l'octave que nous progressons. De même, dans la chambre aux miroirs, lorsque nous nous trouvons au centre et que nous sommes entourés par les miroirs. Quel que soit le pas que nous fassions à partir du centre, l'image se rapproche de nous. De même, quel que soit le pas que nous risquions, la parousie, la réjuvénation, s'approche inéluctablement. Cette marche n'est pas seulement une marche vers la réjuvénation; elle *est* le mouvement même de cette réjuvénation.

Tels sont les quelques points qu'il me fallait rappeler. Au cours de notre second entretien nous nous efforcerons de dégager toutes les conséquences de la notion d'« Ami de Dieu » et de l'éthique qu'elle impose avec l'enracinement de son concept dans la conscience religieuse iranienne préislamique. Nous aurons ainsi l'occasion d'entrevoir quelle différence présente l'éthique zoroastrienne aussi bien que shî'ite, à l'égard de celle du bouddhisme aussi bien qu'à l'égard de celle du christianisme en général.

II

Essayons de cerner de plus près ce concept des « Amis de Dieu », de comprendre comment leur éthos et leur éthique ont leurs racines dans la profondeur de la conscience religieuse iranienne préislamique, c'est-à-dire zoroastrienne.

Ce terme d' « Amis de Dieu » (*Gottesfreunde*) est vraiment l'équivalent littéral du terme arabe « *Awliyâ' Allâh* ». J'ai été de plus en plus attentif, au cours de mes recherches de ces dernières années, à ce qu'il y a de commun justement dans l'éthique professée de part et d'autre. Comme je le rappelais tout à l'heure, cette notion de *Gottesfreunde* évoque pour nous toute la mystique rhénane du XIVe siècle et le lien de celle-ci avec l'idéal de la chevalerie. J'ai évoqué allusivement ce qu'il y avait de commun entre l'éthique d'un Wolfram von Eschenbach et celle d'un Rulman Merswin, et je pense spécialement aussi à Henri Suso, le chevalier de la *Sophia*. Quant au point d'attache en chrétienté de cette notion d' « Amis de Dieu », c'est l'admirable verset de l'Évangile de Jean : *Jam non dicam vos servos, sed amicos.* « Je ne vous appellerai plus des serviteurs, mais des amis » (cf. 15/15). Nous avons ici même le passage du *servus Dei* à l'*amicus Dei,* ce qui veut dire à un rapport caractéristique entre la divinité et l'homme, un rapport qui est désormais un rapport de chevalerie. Je viens d'évoquer Henri Suso comme chevalier de la

Sophia. Ce qui est remarquable, c'est qu'en arabe nous ayons exactement la même transition entre *'Abd-Allâh, servus Dei,* serviteur de Dieu (le nom couramment donné au Prophète révélant l'exotérique de la Loi), et *Walî-Allâh, amicus Dei,* ami de Dieu (le nom couramment donné à l'Imâm investi de l'ésotérique). Nous avons ici une équivalence littérale. D'où la nécessité de la triple *shahâdat* attestant l'Unité divine, la mission du Prophète, la *walâyat* de l'Imâm comme Ami de Dieu (*Walî-Allâh*). Par cette triple Attestation, Dieu (*Allâh*) n'est plus le potentat terrifique, mais celui dont la « cause » est « ma propre cause ».

Nous comprendrons ainsi d'emblée l'importance de cette triple *shahâdat.* Le croyant shî'ite n'est intégralement un croyant que par cette triple *shahâdat :* transcendance divine, mission exotérique des prophètes, mission ésotérique des Imâms. Il en résulte que l'attestation, la *shahâdat,* telle que la profèrent et professent les croyants sunnites majoritaires s'arrête au *servus Dei,* tandis que la profession de foi des fidèles shî'ites progresse jusqu'à l'*amicus Dei.* Il en résulte aussi que l'emploi de l'expression *Awliyâ' Allâh* pour désigner l'ensemble des soufis dans l'Islam sunnite où l'Imâm comme *amicus Dei* n'est plus nommé, est un emploi en porte-à-faux. Le passage de *'Abd-Allâh (servus Dei)* à *Walî-Allâh* (*amicus Dei*) apparaît donc aussi caractéristique que décisif; mais il nécessite la troisième partie de la *shahâdat* ou profession de foi. Celui qui en professant la *walâyat* de l'Imâm, devient lui-même un « Ami de Dieu », se trouvera désormais au service chevaleresque d'un Nom divin. D'où la multitude des Noms divins avec lesquels sont formés les noms courants en Islam. En arabe : 'Abdol-Karîm, serviteur du Généreux, 'Abdol-Nâṣir (Nasser), serviteur de Celui qui donne la victoire, etc. En Islam shî'ite, au service des Imâms : 'Abdol-Ḥosayn, 'Abdol-Reẓâ, etc. D'où aussi, peut apparaître comme une aberration la manie laïcisante d'abréger les noms courants en Islam. Lorsque quelqu'un qui est 'Abdol-Nâṣir (Nasser), serviteur de Celui qui donne la victoire, devient purement et simplement Nasser, celui qui donne la victoire, il y a là comme une sécularisation qui est une profanation.

Nous pouvons dès lors mieux comprendre les raisons et l'enjeu de la métamorphose du rapport entre Dieu et l'homme, lorsque ce rapport devient un rapport de dévouement chevaleresque, un service de chevalier. Nous évoquions à ce propos tout à l'heure, l'œuvre de Wolfram von Eschenbach.

Ce rapport de chevalerie entre l'homme et son Dieu met en cause ce que nous avons l'habitude d'envisager comme formant une bipolarité, à savoir la bipolarité que connotent les termes de monothéisme et de polythéisme. C'est peut-être une habitude qui simplifie les choses à l'excès. Il y a le monothéisme exotérique qui est le monothéisme courant, le monothéisme abstrait, comme le désignait Hegel; c'est le monothéisme qui, sans considération de ce qui se passe *pour* et *par* la conscience humaine, pose l'existence abstraite d'un Dieu unique, Être suprême, *Ens supremum* qui est le « Tout-Puissant ». Envers un tel Dieu l'idée d'un rapport chevaleresque semble hors de propos. Mais l'on peut se demander si les deux termes – monothéisme et polythéisme – épuisent vraiment toutes les virtualités. On peut se demander si le monothéisme ne comporte pas des nuances que l'on néglige souvent de considérer, et qui pourtant modifient profondément la bipolarité en question. C'est ici qu'intervient toute l'éthique de la Perse zoroastrienne et avec elle celle de la Perse shî'ite.

La grande figure qui domine l'horizon religieux de la Perse zoroastrienne est celle d'Ôhrmazd (Ahura Mazda de l'Avesta); c'est le seigneur Sagesse, le Tout Sage, le Sage absolu, mais non pas le « Tout-Puissant ». Car Ôhrmazd a besoin de l'aide des Fravartis. Ce dernier terme connote une notion spécifiquement iranienne. On peut parler des Fravartis (*farûhar, farwahar*) comme des « anges gardiens », mais à condition de concevoir l'ange gardien comme le pôle céleste, le Moi céleste d'un être dont la totalité est bipolaire, constitue une bi-unité, à savoir celle d'une forme terrestre et d'une forme céleste qui en est la contrepartie supérieure. D'une manière plus générale, on peut dire que les Fravartis sont les entités métaphysiques, les entités subtiles de tous les êtres appartenant à la création de Lumière. Ôhrmazd n'eut pas seulement besoin de l'aide des Fravartis pour veiller aux remparts du ciel contre l'assaut d'Ahriman; il en a besoin perpétuellement sur terre. Il a fallu que les Fravartis acceptent librement de descendre sur terre pour livrer le combat en ce monde et venir ainsi en aide à Ôhrmazd, le seigneur Sagesse. Leur combat n'est pas une lutte contre un autre Dieu, mais la lutte contre celui qui est l'Autre; l'Autre tout court, l'Antagoniste, l'anti-dieu, l'anti-être, le négateur, le destructeur, *Ahriman*. Ahriman n'est pas le non-être comme simple *privatio boni*, mais précisément le non-être qui *est* non-être. Énoncer la proposition que « le non-être *n'*est *pas* » c'est *eo ipso* constater qu'il y a du *ne pas* être, du non-être, et c'est cet *être* paradoxal du non-être qui est la négativité pure; c'est le non sans oui, le refus, l'informe et la mort.

On ne peut qu'être frappé de la persistance, dans la conscience iranienne, de cette figure d'Ahriman éclose de la méditation du plus ancien prophète qui apparaisse à notre horizon : Zarathoustra ou Zoroastre. La religion zoroastrienne a envisagé dans toute sa force ce que signifie le Mal, comme ce que signifie la souffrance, ce que signifie la mort et quel combat il faut mener contre ces manifestations du non-être. Le nom et la figure d'Ahriman persistent jusque dans l'œuvre des philosophes iraniens de la Perse shî'ite. Je pense à Mîr Fendereskî, très grand philosophe du XVIIe siècle; je pense aussi à Rajab 'Alî Tabrîzî (XVIIe siècle) et à Ja'far Kashfî (ob. 1850).

Un penseur comme Ja'far Kashfî réalise le type parfait du gnostique shî'ite. Il accepte intégralement le postulat et les conséquences de la théologie apophatique, de la *via negationis* (*tanzîh*) du shî'isme. Dieu est inconnaissable et il est inconnaissable précisément parce qu'il n'a pas de contraire. Nous constatons ici un décalage, une altération dramaturgique qui déjà se fait jour chez les Zervanites dont parle Shahrastanî (XIIe siècle), et plus nettement encore dans la théosophie ismaélienne. Ce n'est plus au niveau du Principe suprême que fait éclosion l'Antagoniste, mais au niveau de l'être qui en procède ou au niveau de sa théophanie, c'est-à-dire au niveau même où Dieu devient connaissable. L'*Absconditum* se révèle par sa théophanie primordiale; celle-ci porte différents noms. C'est la première Intelligence (*'Aql*), le *Noûs* des néoplatoniciens; c'est le *Protoktistos* (le premier être créé) des gnostiques; c'est la Réalité mohammadienne éternelle (*Ḥaqîqat moḥammadîya*), le plérôme initial des Quatorze Éons de lumière (les « Quatorze Immaculés »). Cette création initiale de Lumière produit à son tour un monde et *eo ipso* elle fait surgir un anti-monde, un contre-monde. Le schéma que nous donne Ja'far Kashfî est très frappant. Chacun des plans du monde de

Lumière est symbolisé par une lettre de l'alphabet arabe. Chacun des plans de l'anti-monde qui monte de l'abîme, est symbolisé par une lettre correspondante de l'alphabet arabe, mais écrite *à l'envers*. C'est le monde à rebours, le monde qui ébranle même l'assise du monde de Lumière. Notre auteur précise. Lorsqu'il fait nuit, nous sommes dans les ténèbres, nous ne savons même pas qu'il y a là un mur. Lorsque le soleil se lève, le mur donne de l'ombre, mais c'est l'ombre du mur, ce n'est pas l'ombre du soleil. Un être de lumière ne fait pas d'ombre. L'intégralité d'un être de lumière, c'est cet être de lumière plus sa Fravarti, ce n'est pas cet être de lumière plus son ombre. Il y a là quelque chose de capital à retenir.

Le combat mené aux côtés d'Ôhrmazd par les Fravartis, par nous tous – tous les êtres ont une Fravarti – est un combat de chevaliers aux côtés de leur suzerain, de leur seigneur. On ne trahit par sur un champ de bataille son suzerain ou son seigneur. Ce combat doit durer jusqu'à l'achèvement de l'*Aiôn*, jusqu'à ce qui, en termes zoroastriens, s'appelle *frashkart*, c'est-à-dire transfiguration ou *réjuvénation* du monde. Cet *eschaton* advient au terme de douze millénaires, et c'est l'idée de ce cycle que les historiens des religions désignent comme « théologie de l'*Aiôn* ». Nous allons en retrouver l'équivalent dans la théologie des Douze Imâms de la Perse shî'ite.

Les consonances ne peuvent être méconnues. Il y a bien des années que j'ai été frappé par une déclaration d'Eugenio d'Ors, énonçant, dans un livre malheureusement introuvable aujourd'hui, que l'éthique du zoroastrisme aboutissait à un Ordre de chevalerie. On peut en effet considérer que l'idée de la chevalerie s'enracine en profondeur dans une éthique zoroastrienne, par conséquent eschatologique. De cet *éthos* nous retrouvons la trace chez le *javânmard*, le chevalier shî'ite. Je ne puis retenir ici que quelques traits essentiels.

Il y a en premier lieu les termes dont se sert Zoroastre pour annoncer le *Saoshyant*, le Sauveur, qui doit paraître au dernier millénaire. Il l'annonce en des termes dont nous retrouvons l'équivalent exact dans la manière dont le prophète de l'Islam, Moḥammad, annonce la venue du XIIe Imâm. De même que le *Saoshyant* est une sorte de Zarathoustra *redivivus*, de même le XIIe Imâm, l'Imâm actuellement caché, « invisible aux sens, mais présent au cœur de ses fidèles », est une sorte de Moḥammad *redivivus*.

Il y a consonance entre certaines invocations. Une strophe de l'Avesta est répétée fréquemment par les fidèles zoroastriens : « Puissions-nous être de ceux qui opéreront la réjuvénation du monde. » Ce vœu anticipe sur l'avènement du *Saoshyant*, à l'avènement duquel le fidèle zoroastrien a, en tout cas, le sentiment de coopérer d'ores et déjà présentement au cours de sa vie. Parallèlement la piété eschatologique shî'ite se manifeste dans une salutation qui accompagne rituellement toute mention du XIIe Imâm. Chaque fois que l'on nomme le XIIe Imâm, que ce soit en écrivant ou en parlant, on l'accompagne de ces mots : « Que Dieu en hâte pour nous la Joie. » Cette joie, c'est la joie de l'avènement de l'Imâm, c'est la Joie tout court (lorsque l'on prononce un discours, si l'on mentionne non pas allusivement, mais par son nom le XIIe Imâm, il faut toujours laisser un intervalle de quelques secondes pour permettre à toute l'assemblée de proclamer en chœur : « Que Dieu en hâte la Joie. » Le moment est très impressionnant). L'anticipation de cette *joie* est pour l'Iranien shî'ite l'équivalent de l'anticipation du *frashkart* pour le croyant zoroastrien de l'ancienne Perse. La prière de pèlerin que nous citerons tout à l'heure pour finir affirmera le désir du fidèle shî'ite de « revenir » pour livrer aux côtés de l'Imâm le suprême combat.

Il y a enfin l'idée commune d'un cycle, de cette « théologie de l'*Aiôn* » à laquelle nous faisions allusion, il y a un instant. Dans le zoroastrisme, ce cycle est celui des Douze Millénaires, au terme desquels apparaît le dernier *Saoshyant*. (Il y a trois *Saoshyant* successifs, mais nous ne pouvons insister ici sur le détail de cette sotériologie.) D'autre part, dans le shî'isme, les Douze Imâms sont également typifiés comme douze millénaires, dans une tradition (un long *ḥadîth*) qui les représente aussi comme douze Voiles de lumière, dans lesquels la Lumière mohammadienne (*Nûr moḥammadî*) séjourne progressivement au cours de sa descente vers le monde. Ensuite cette Lumière remonte à son origine, régresse à travers ces douze Voiles de lumière. Son atteinte au douzième de ces Voiles est le signal de la parousie de l'Imâm, préparant la Résurrection de l'*apokatastasis*.

Au cours de notre précédent entretien, tout en évoquant le souvenir de Joachim de Flore et des joachimites, j'ai signalé que plusieurs de nos penseurs shî'ites ont identifié le XIIe Imâm à venir avec le Paraclet annoncé dans l'Évangile de Jean. Or, chez un spirituel shî'ite du XVIIe siècle, Qoṭboddîn Ashkevârî, un homme de l'Azerbaïdjan, élève de Mîr Dâmâd, le grand philosophe qui fut à l'origine de l' « École d'Ispahan », voici que nous trouvons le XIIe Imâm identifié avec le *Saoshyant* zoroastrien.

Nous nous trouvons alors devant une conjonction extraordinaire. D'une part, la figure dominante de la chevalerie zoroastrienne, le *Saoshyant*, est identifiée par un shî'ite avec le XIIe Imâm, qui est le Sceau de la chevalerie shî'ite. D'autre part, le même Imâm est identifié avec le Paraclet, qui est le Sceau de l'Église johannique, Église encore invisible et encore à venir. Par cette interférence entre le *Saoshyant,* le XIIe Imâm, le Paraclet, ne voyons-nous pas s'esquisser l'idée d'une chevalerie commune, depuis les frontières de l'Iran jusqu'à notre Occident ? une double tradition iranienne rejoindre celle de nos traditions qui sans doute conserve le secret spirituel le plus précieux de toutes nos traditions occidentales ?

Il y a autre chose, à savoir la situation théologique propre au shî'isme. Le shî'isme, comme toutes les gnoses, professe que la divinité est inconnaissable, insondable, imprédicable, ineffable. Le shî'isme professe une théologie apophatique ou négative, une *via negationis* radicale. Lorsque nous nous référons aux Noms et aux Attributs divins, à quoi se rapportent donc ces Noms et ces Attributs ? En fait ces Noms et ces Attributs se rapportent aux *théophanies,* par excellence au *plérôme* de ceux que l'on appelle les « Quatorze Immaculés », c'est-à-dire les Douze Imâms, le prophète Moḥammad et sa fille Fâṭima, celle-ci correspondant, par plus d'un trait, à la *Sophia* connue dans d'autres systèmes de gnose. Les noms et attributs divins ne peuvent se rapporter à l'Essence divine, puisqu'elle est inconnaissable, insondable; ils ne peuvent se rapporter qu'à des figures théophaniques. Les Imâms sont les supports des Noms et des Attributs. Il y a de multiples *ḥadîth* dans lesquels plusieurs des Imâms affirment : « C'est Nous qui sommes les Noms; c'est Nous qui sommes les Attributs. » Il y a donc une anthropomorphose divine, sans laquelle nous n'aurions aucune orientation possible, et qui est à différencier rigoureusement de ce que l'on appelle couramment « anthropomorphisme ». C'est par ignorance de la première (investissement des Noms et Attributs divins dans les figures théophaniques) que l'on tombe dans le second (rapportant à l'essence divine en soi les Noms et Attributs). Là même se trouve la raison pour laquelle les hérésiographes sunnites ont si souvent accusé les shî'ites de cryptochristianisme. L'imâmologie shî'ite montre en effet maintes correspondances avec la christologie de la théologie chrétienne. Les théologiens et théosophes shî'ites se sont trouvés devant les mêmes problèmes que leurs collègues chrétiens, mais toujours pour les résoudre dans le sens qui avait été rejeté par les Conciles. Nous comprenons alors d'autant mieux pourquoi, aux yeux des shî'ites, le croyant sunnite qui rapporte à la déité elle-même les Noms et les Attributs, tombe, alors qu'il veut l'éviter à tout prix, dans la pire des idolâtries métaphysiques.

Simultanément aussi, nous comprenons d'autant mieux pourquoi c'est là-même au niveau de l'imâmologie et de la théophanie que s'institue le rapport chevaleresque entre le fidèle et l'Imâm. Le Tout-Puissant, le Dieu inconnaissable et inaccessible, l'*Absconditum,* n'a pas besoin des services du chevalier. Les Imâms, ces théophanies fragiles comme le sont en notre monde toutes les apparitions de la beauté, de la bonté et du divin, ont besoin de l'aide, du service, du dévouement total de leurs fidèles. Tous ensemble, les Douze Imâms sont une seule et même essence. C'est pourquoi chaque fidèle peut choisir pour axe de sa dévotion et de son dévouement l'un des Douze Imâms, voire Fâṭima elle-même, car chacune des figures théophaniques est aussi totalement les autres. Si, pour surmonter la bipolarité que nous mettions précédemment en doute, nous cherchons un moyen terme entre monothéisme et polythéisme, nous le voyons se profiler dans quelque chose que nous pouvons dénommer « kathénothéisme » : le *Tout*, l'Unique, dans le *chaque*. Ma *fotowwat*, comme forme de ma *walâyat* pour l'Imâm, annonce *eo ipso* la forme que prend pour moi la théophanie.

Cela revient à dire que la *walâyat*, l'amour, la dilection professée au service des Imâms, revêt essentiellement la forme et le sens d'un dévouement chevaleresque. Aussi le shî'isme est-il par excellence la forme de la religion d'amour en Islam. Mais je crains que dans les livres produits jusqu'ici en Occident, nous ayons à chercher en vain cette qualification et cet aspect du shî'isme. Un grand précepte domine l'éthique shî'ite : « *tawallâ wa tabarrâ* », s'associer avec tous les amis de l'Imâm, rompre avec tous ses ennemis, n'avoir rien de commun avec eux. C'est cela même la *walâyat* à l'égard de l'Imâm, et sa manifestation par excellence est la *fotowwat*. Dans cette manifestation même, nous pouvons entrevoir ce qu'il y a de commun entre l'éthos iranien zoroastrien et l'éthos iranien shî'ite. C'est un trait fondamental caractérisant en propre l'Islam iranien.

C'est ici justement que nous pouvons pressentir la différence radicale, d'une part entre cet éthos zoroastrien et shî'ite, éthos de la chevalerie zoroastrienne et de la chevalerie shî'ite, et d'autre part l'éthos du bouddhisme ainsi que l'éthos de ce que, pour être bref, nous désignerons comme le christianisme exotérique. Le bouddhisme auquel nous faisons allusion, c'est essentiellement le bouddhisme hînayâniste. Dans le bouddhisme, dans le sentiment du sage bouddhiste, c'est l'être, l'exister qui est lui-même souffrance (*leben ist leiden*). Souffrance, vieillesse, maladie et mort : tels sont les avertissements qui éveillèrent l'expérience du jeune prince Siddhârtha. Le récit en a fait le tour du monde, grâce au célèbre roman spirituel intitulé *Barlaam et Joasaph.* Il faut trouver le gué, le gué à franchir pour échapper à la roue infernale du *saṃsâra.* Qu'il me soit permis d'évoquer un souvenir de mes premières années de jeune philosophe orientaliste. Je fis alors du sanskrit pendant deux ans. Sous la direction de l'éminent maître Alfred Foucher, nous expliquions à l'époque les *çlokas* du manuel de Bergaigne. Je me rappelle encore l'un d'eux, car je ne l'oublierai de ma vie. *Tena adhîtaṃ, çrutaṃ tena, tena sarvam anuṣṭhitam...* (je cite et transcris de mémoire plus de quarante ans après). « Il a tout appris, il a tout entendu, il a tout expérimenté, celui qui, tournant le dos à l'espérance, a trouvé le repos dans l'abandon de tout espoir. » Je me rappelle quelle protestation il y avait au cœur du jeune philosophe que j'étais : *Non possum, non possum.* Je ne peux pas accepter cela.

Venons au christianisme, celui que, pour être bref, nous désignerons comme christianisme officiel et exotérique. Ici, nous faisons face au Dieu tout-puissant. Le Dieu tout-puissant qui peut se servir du diable pour éprouver ses fidèles. C'est pourquoi l'attitude fondamentale du fidèle est de se résigner à la volonté de Dieu, aux épreuves que Dieu lui inflige. Souffrance, maladie, deuil, tout cela ce sont autant d'épreuves que Dieu lui envoie et qu'il lui faut accepter. Mais la théologie finit par se trouver dans une situation sans issue. Il faut qu'à un moment ou l'autre éclate le scandale de *La réponse à Job* du regretté C.-G. Jung.

Renouons maintenant avec l'éthique zoroastrienne. Il ne s'agit pas de renoncer, de se résigner, il s'agit de faire face. Ohrmazd ne se sert pas d'Ahriman pour éprouver ses fidèles, pas plus que les Imâms ne se servent des négateurs. Aussi bien l'exil, la sortie d'Abraham, ne sont-ils pas une fuite devant le monde. C'est sortir de ce monde, pour se retourner et combattre. Et cela, parce que ni l'être comme tel, ni la manifestation de l'être comme telle, ne sont une blessure infligée à un Absolu en qui il faudrait se hâter de se résorber. Car cette volonté de résorption ne fait qu'aller à l'encontre de la volonté du « Trésor caché » qui aspira à se manifester pour être connu et sortir de sa solitude. Drame intradivin, certes, mais toute la vocation du chevalier spirituel est non pas d'abolir ce drame, mais d'y assumer son rôle, parce qu'il a conscience d'être l'une des *dramatis personae.* Le sentiment de ceux de nos amis qui sont plus ou moins fascinés par la sagesse indienne est, certes, que la loi même de l'être, c'est la souffrance. Il faut en finir avec ce qui l'engendre, il faut retrouver cet état d'absolu dont les lèvres prononcent peut-être trop fréquemment le mot, sans que la conscience soit bien avertie de ce dont il s'agit. En revanche pour l'éthique zoroastrienne, ce n'est pas l'être, ni la manifestation de l'être, qui sont une blessure; mais l'être et la manifestation de l'être ont *subi* une blessure; cette blessure c'est l'invasion d'Ahriman, laquelle se produit, dans le zoroastrisme, lorsque paraît la création lumineuse d'Ôhrmazd, et dans la gnose shî'ite, lors de l'épiphanie de l'Imâm, à l'origine des mondes.

Le sentiment de la chevalerie zoroastrienne comme de la chevalerie shî'ite n'éprouve point la souffrance, la vieillesse et la mort comme des épreuves que Dieu infligerait à l'homme. Toutes ces choses négatives ne sont pas des épreuves qu'un Dieu tout-puissant nous envoie; ce sont des défaites que le Dieu de Lumière subit dans chacun de ses membres de lumière. Faire front contre ces défaites, ne jamais se résigner, c'est cela le sens profond de la chevalerie zoroastrienne. Pour marquer brièvement le contraste, j'ai fait allusion, il y a un instant, à un *ḥadîth* célèbre qui a été commenté par tous les gnostiques en Islam. « J'étais un Trésor caché. J'ai voulu être connu. J'ai créé le monde afin d'être connu par mes créatures (ou selon une variante d'interprétation : afin de me connaître dans la connaissance de mes créatures). »

Ce *ḥadîth* est la meilleure réponse que l'on puisse donner à ceux qui trop facilement aspirent à la réintégration des phénomènes et du Multiple dans une Unité indifférenciée, un Informel dont on ne peut guère préciser devant quoi il nous laisse. Ce *ḥadîth* leur répond en effet : vous trahissez le vœu, vous vous opposez au vœu le plus secret du Trésor caché. Vous violez, vous rejetez et déniez la théophanie au lieu de vous mettre à son service, au lieu de vous dévouer à elle contre toutes les forces négatives qui s'opposent à elle. Vous voulez supprimer sa manifestation même qui est le monde du Multiple, et vous venez la prier de rentrer dans son silence, dans son incognoscibilité. – C'est pourquoi notre *ḥadîth* nous permet de saisir sur le vif ce qu'il peut y avoir de commun entre l'éthique zoroastrienne et l'éthique shî'ite.

Il ne s'agit pas de faire se résorber le monde, mais de le mener à l'*apokatastasis* : au *frashkart,* transfiguration et réjuvénation, dans la terminologie zoroastrienne; *Qiyâmat,* résurrection, dans la terminologie shî'ite. Mais seuls les « juvéniles », les *javânmardân,* peuvent coopérer à cette réjuvénation.

Et c'est le rôle des « Amis de Dieu », le rôle des *javânmardân* à tous les degrés où ils peuvent être placés en ce monde, à tous les rangs de leur *javânmardî,* de leur chevalerie. Il y a une phrase admirable d'un de nos grands mystiques iraniens du XIIe siècle, Rûzbehân de

Shîrâz, parlant de ces Amis de Dieu : « Ce sont les yeux par lesquels Dieu regarde encore le monde. » « Regarde » : pensons à toutes les résonances du mot en français. Ces « Amis de Dieu » sont les yeux par lesquels Dieu regarde, c'est-à-dire « concerne » encore le monde, et tous nos spirituels sont d'accord sur ce point : c'est par eux, c'est grâce à leur communauté *incognito,* grâce à leur pôle mystique qui est l'Imâm, que le monde de l'homme continue de subsister. Il y a là une fonction de salut cosmique qui est infiniment plus grave et a infiniment plus de portée que toute fonction sociale.

Nous avons effleuré ce sujet à propos d'un roman initiatique ismaélien situant ces Amis de Dieu comme contrepoids divin à l'infirmité de la masse des hommes, contrepoids exigé par l'équité divine même, devant la *massa perditionis* des inconscients et des ignorants. J'ai eu l'occasion d'en traiter récemment encore, lors de la session estivale du « Centre d'études de civilisation médiévale » de l'Université de Poitiers (juillet 1971). Je ne pouvais qu'être en sympathie avec la générosité d'un étudiant me déclarant : « Mais je me sens solidaire de cette *massa perditionis* », et ne pouvais que lui répondre : « Certes, vous en êtes solidaire. Mais pouvez-vous concevoir une solidarité plus profonde, une responsabilité plus grave pour vous, que celle d'être les *yeux* de cette masse aveugle ? » C'est ainsi que le dialogue nous permet souvent de faire éclore des virtualités que nous ne soupçonnions pas.

Au premier rang donc de ces chevaliers, de ceux qui sont « les yeux par lesquels Dieu regarde encore le monde » nous mettrons, d'accord avec nos auteurs, les « philosophes ». Oublions le statut des philosophes dans les Universités de nos jours! Il s'agit du *theosophos,* au sens étymologique du mot, le « Sage de Dieu »; c'est lui qui participe au premier rang à ce combat. Un grand problème fut discuté au cours des siècles par la philosophie scolastique, à savoir comment faut-il entendre l'union de l'âme avec l'Intelligence agente ? Il peut se faire que cette question apparaisse aux esprits « modernes » comme un problème abstrait, technique, lointain. En fait il y a ceci : nos philosophes identifient l'Intelligence agente dont ils ont reçu l'idée en héritage des philosophes grecs avec l'Esprit-Saint, c'est-à-dire avec l'ange Gabriel, qui est à la fois l'Ange de la connaissance et l'Ange de la révélation. Cette identification nous annonce un élément commun entre la vocation du philosophe et la vocation du prophète, l'élément qui précisément les met, l'un et l'autre, au premier rang de la chevalerie spirituelle. De quelque manière que l'on explique ou que l'on se représente l'*unio mystica* qui s'accomplit entre l'âme humaine du philosophe et l'Intelligence agente, c'est grâce à elle que se maintient la communication entre le monde supérieur du *Malakût,* le monde de l'Ange, et notre monde. C'est grâce à elle que l'humanité persévère dans l'être, parce que l'humanité, qu'elle en ait conscience ou non, ne peut vivre sans cette communication. C'est donc celle-ci qui définit le service chevaleresque du philosophe comme « Sage de Dieu », comme *theosophos* ; c'est ce service qui fait de lui un *javânmard,* un chevalier spirituel par excellence. Tel est le philosophe tel que l'ont conçu les *Ishrâqîyûn,* les théosophes de la Lumière, disciples de Sohravardî, et avec eux les théosophes shî'ites.

Et il apparaît que cela s'accorde aussi avec la pensée profonde des Kabbalistes juifs, professant que « Dieu a besoin que sa présence (la *Shekhina*) réside dans le *Temple* ». C'est tout le thème pathétique développé par nos collègues juifs, le thème de l'exil de la *Shekhina*. Ce thème n'est-il pas en résonance avec le motif de l'exil, de l'expatriement, comme forme de résistance à Ahriman ? Pensons au célèbre *ḥadîth* de l'Imâm Ja'far déclarant : « L'Islam a commencé expatrié et redeviendra expatrié comme il était au début. Bienheureux les expatriés ! » Pensons au *Récit de l'exil occidental* de Sohravardî. Pour que cesse l'exil de Dieu, il faut que l'homme s'exile du monde dont Dieu est exilé. C'est ainsi que nous sommes reconduits à l'admirable traduction que l'un des Kabbalistes a donnée du verset d'Isaïe 63/9 : « Dans toutes leurs angoisses, c'est lui (leur Dieu) qui a été angoissé. » Je crois que tout ce que peut suggérer l'idée de *javânmardî* se trouve dans cette traduction, même si elle fait quelque difficulté pour les philologues.

J'en prendrai volontiers à témoin la direction suivie par la philosophie iranienne depuis quatre siècles. À son origine, l'un de ses plus grands maîtres, Mollâ Ṣadrâ Shîrâzî (mort en 1640), à qui nous devons une véritable révolution métaphysique : une métaphysique de l'être qui ébranle la vénérable métaphysique des essences, pour y substituer la métaphysique de l'*exister*. Ce sont l'acte et le degré d'existence qui déterminent ce qu'est un être, sa *quiddité*, au lieu de se surajouter à une essence immuable, définie une fois pour toutes et indifférente à l'acte d'exister ou non. Cette métaphysique de l'être postule le principe du mouvement intrasubstantiel ; elle introduit l'idée de mouvement jusque dans la catégorie même de la substance. Mollâ Ṣadrâ est le philosophe des métamorphoses, des transsubstantiations, des palingénésies. De cette métaphysique est également solidaire toute une métaphysique de l'imagination comme Imagination active. Alors que jusqu'à Mollâ Ṣadrâ, presque tout le monde concevait l'imagination comme une faculté organique, liée à l'organisme physique, pour Mollâ Ṣadrâ l'Imagination active est une faculté transcendante, une faculté spirituelle, qui n'est nullement liée au sort de l'organisme physique, parce qu'elle est en quelque sorte le corps subtil, le véhicule subtil de l'âme. L'âme n'a même pas besoin des sens pour accomplir les perceptions qu'on appelle sensibles. C'est en fait l'Imagination active qui les accomplit.

Très brièvement dit, il y a trois modes d'existence au niveau respectif de trois mondes. Il y a le mode et le monde de l'existence sensible, physique, et il y a le mode et le monde de l'existence intelligible. Entre les deux, et c'est capital, il y a ce monde dont nous avons perdu la trace en Occident, ce monde intermédiaire qu'il m'a fallu appeller le monde *imaginal* pour le différencier de l'imaginaire. À l'irréalité de l'imaginaire se substitue la réalité plénière de l'imaginal, *mundus imaginalis* (*'âlam al-mithâl*). C'est le « huitième climat », le monde des visions (celles d'un Swedenborg) et des résurrections, où toute chair est *caro spiritualis*. C'est l'enjeu et le lieu du combat des *javânmardân*. Un corps *imaginal* (*jism mithâli*) n'est pas un corps imaginaire; un corps subtil n'est pas un corps irréel. Le corps n'est pas l'antagoniste, l'antithèse de l'esprit. Le corps peut exister au niveau du monde sensible, au niveau imaginal, au niveau spirituel, intelligible, et il y a même à la limite un corps divin. Nous voyons s'évanouir ainsi tous les dilemmes, spiritualistes ou matérialistes, esprit et corps, dans cette métaphysique de la transsubstantiation et des métamorphoses. L'idée en est essentiellement liée à l'idée de la parousie du XIIe Imâm et de la réjuvénation du monde. Car la possibilité de cette réjuvénation présuppose justement une métaphysique telle que celle de Mollâ Ṣadrâ.

On voit alors en quel sens le philosophe, plus exactement dit le théosophe, est bien celui qui accomplit le service de chevalerie spirituelle par excellence, le service du *javânmard.* Le philosophe-théosophe remplit ce service, parce qu'il est celui grâce à qui les univers spirituels continuent de regarder, c'est-à-dire de « concerner » les hommes. De même que chaque prophète est appelé un *fatâ,* chevalier de la foi, et que son combat est un combat de chevalier de la foi, de même, sans la philosophie prophétique de ces théosophes, l'humanité serait définitivement sourde, aveugle, sans mémoire de son être préexistentiel et ne serait plus qu'une humanité amnésique. La perte de cette vue intérieure et de la mémoire, c'est cela le « service » inversé, satanique, de la philosophie profanée et sécularisée.

A la différence de celle-ci, la philosophie prophétique pose une vocation commune au philosophe et au prophète, car c'est sur le même *intellectus sanctus,* le même intellect saint chez l'un et chez l'autre, que l'illumination de l'Ange de la connaissance et de la révélation effuse, si bien que le philosophe se reconnaît chez lui dans ce « monde imaginal », le *mundus imaginalis,* auquel je viens de faire allusion, et qui est le monde des réalités spirituelles singulières et concrètes où se déploient les visions des prophètes. Ce qu'il y a de plus déplorable peut-être dans notre philosophie occidentale depuis Descartes, c'est que nous soyons restés frappés d'impuissance devant le dilemme de la *res extensa* et de la *res cogitans,* et que nous ayons ainsi perdu le sens du métaphysique concret, du monde où sont écrits les secrets des mondes et des intermondes, perpétuellement présents. Si le philosophe de la philosophie prophétique y a accès en compagnie du prophète, c'est parce que chez lui la faculté intellective et la faculté imaginative sont en communication par le même intellect saint, le même *intellectus sanctus.* Alors l'expérience théosophique du philosophe ne s'exprime pas seulement en doctrine théorique. La doctrine devient *événement* de l'âme, événement réel. Le théosophe devient le *javânmard,* le chevalier de l'épopée mystique, et avec lui la métaphysique se transforme en épopée mystique. C'est tout le secret de la littérature mystique persane, cela même qui nous permet de comprendre l'œuvre de Sohravardî dont les récits mystiques s'inscrivent entre de vastes épopées comme celles de Ḥakîm Sanâ'î et celles de Farîdoddîn 'Aṭṭâr, chefs-d'œuvre de la littérature universelle trop peu connus malheureusement jusqu'ici en Occident.

Ce fut un service de chevalier, de *javânmard,* que le rapatriement par Sohravardî des Mages hellénisés en Perse islamique, et la reconduction des « prophètes grecs », les néoplatoniciens, à la « Niche aux lumières » de la prophétie. Telle fut l'œuvre qu'il mena de propos délibéré au XIIe siècle. Le théosophe devient ainsi le chevalier d'une épopée mystique, qui est une assomption de l'humanité « progressant » vers son origine absolvante, quittant comme Abraham le pays de sa naissance au monde de l'exil et s'expatriant de cet exil. C'est à cette épopée que fut convoquée toute une chevalerie spirituelle, une chevalerie de la foi participant à la tradition abrahamique. Il y a solidarité, interconnexion, entre la marche de la philosophie prophétique et la marche de cette épopée mystique. De par leur convergence prend naissance une chevalerie spirituelle se levant à tous les horizons du « phénomène du Livre Saint » et dont le service divin, grâce auquel l'humanité persévère encore dans l'être, ne peut se dire qu'en récits visionnaires et en épopées de l'âme, non pas en théories générales, moins encore en idéologies abstraites.

C'est pourquoi visions des prophètes et épopées mystiques sollicitent la même herméneutique que l'herméneutique spirituelle du Livre. C'est de cette façon qu'il convient de lire notre épopée mystique médiévale en Occident, à savoir tout le cycle du saint Graal, car c'est à la condition de la comprendre ainsi que notre épopée du Graal nous livre le secret de sa chevalerie spirituelle. C'est pourquoi aussi, la chevalerie dont le monde a pour symbole la Table Ronde, est une élite universelle, qui se recrute aussi bien en « païennie » (nos vieux auteurs désignaient par là l'Islam) qu'en chrétienté. Le monde qu'elle typifie est un monde parfait, un *plérôme*. On y pénètre en se dépouillant de toutes les attaches et ambitions du monde profane, et tel est le sens du mot *tajrîd* en spiritualité soufie. Les liens de fraternité qui en unissent les compagnons font d'eux une confrérie qui constitue l'élite de l'humanité et qui, dans sa hiérarchie comme pour la discrimination de ses héros, ne reconnaît que les qualifications spirituelles.

Lorsque l'épopée de Wolfram accueille la chevalerie d'Islam, je crois que sa marche intérieure est symétrique à cette marche de l'épopée mystique qui permit à Sohravardî de rapatrier et d'accueillir en Perse islamique les Mages hellénisés de la Perse zoroastrienne et les héros de l'Avesta. Dans l'ensemble des œuvres de Wolfram est développé le thème de la chevalerie « païenne », c'est-à-dire islamique, égale en éclat et en valeur à la chevalerie chrétienne, au baptême près. Les meilleurs représentants de cette chevalerie orientale, c'est-à-dire de cette chevalerie d'Islam, sont eux aussi, également dignes d'une place à la Table Ronde. Il y a des prolongements de l'œuvre de Wolfram qui semblent avoir été trop longtemps quelque peu négligés par les médiévistes, et il incomhe à un iranologue de le regretter. Je pense spécialement à l'immense épopée d'Albrecht von Scharfenberg, le nouveau *Titurel* (dont on doit l'édition récente à Werner Wolf). Car dans cette épopée le service du chevalier s'exhausse au niveau d'une action sacramentelle, de même que la *javânmardî,* dans les corporations de métiers, exhausse tous les actes de métier au niveau d'actes liturgiques, d'actes ayant un sens sacramental, l'éthique du *javânmard* conduisant à la sacralisation de tous les actes et activités de la vie. Cette transfiguration, c'est cela précisément la *javânmardî,* l'esprit de chevalerie qui opère la *réjuvénation* des êtres et des choses.

Pour finir, je voudrais rappeler ici deux textes. Nous savons que toute religion s'exprime par excellence dans les songes et dans les prières de ses fidèles. C'est dans les songes et dans les prières qu'il faut chercher les secrets les plus profonds d'une communauté religieuse. Le cycle de la *walâyat* s'accomplit dans chaque chevalier, dans chaque *javânmard,* comme retour à l'origine, à la jeunesse primordiale des êtres et des choses. Ou mieux dit : l'histoire intérieure spirituelle de chaque chevalier, de chaque *javânmard,* est la marche même par laquelle s'opère la réjuvénation, la parousie. Je vais en rappeler deux exemples.

Un premier exemple est un rêve, un songe admirable. Il me fut raconté, il y a quelques années, par un de mes jeunes amis et élèves iraniens, un garçon qui à l'époque n'avait pas trentre ans, et ne laissait soupçonner à personne le secret de sa vie spirituelle, la discrétion sur ce point étant aussi bien le fait de la majorité des Iraniens. Il est aujourd'hui fonctionnaire d'une haute administration, vêtu et vivant comme tout le monde, sans que personne ne se doute qu'il a son oratoire où il poursuit sa vie spirituelle. Il y a entre autres lieux de pèlerinage célèbres en Iran, la ville de Qomm, à quelque 140 kilomètres au sud de Téhéran, gardant le sanctuaire où a été ensevelie Fâṭima, la jeune sœur du VIIIe Imâm. C'est un des lieux de pèlerinage shî'ite les plus fréquentés. Ce jeune Iranien était à l'époque étudiant en Suisse. Il pouvait y vivre comblé par le confort de ce pays; il n'avait cependant qu'un rêve, c'était d'accomplir le pèlerinage de Qomm. Ce pèlerinage, il ne pouvait pas l'accomplir *in corpore,* puisqu'il était ici, en Suisse, mais il l'accomplit en rêve. Il m'a laissé le texte d'un de ses rêves, qu'il me permit d'ailleurs de publier. J'abrège ici ce récit extraordinaire.

Notre ami se met donc en route pour le pèlerinage de Qomm avec un de ses camarades. Sur la route de Téhéran à Qomm, en plein désert, il se trouve subitement seul, séparé de son camarade. Il a un long combat à livrer contre des dragons. Finalement les dragons disparaissent; il les voit emportés par un torrent dans l'eau duquel il se trouve lui-même immergé. Je n'insiste que sur la fin du récit parce qu'elle nous dévoile le secret qui nous intéresse ici. Notre ami se trouve soudain à proximité de la ville sainte de Qomm; il aperçoit le dôme d'or étincelant du sanctuaire et les minarets de l'enceinte sacrée. « M'étant dirigé vers la ville, j'arrivai à un carrefour plafonné en voûte. Là on me désigna la maison de l'Imâm attendu (l'Imâm caché, le XIIe Imâm). La porte en était grande ouverte. Une courte distance de quelques centaines de pas me séparait de la maison de l'Imâm. À ce moment-là je m'éveillai de mon rêve. »

S'il ne s'était pas éveillé et qu'il ait rejoint la maison de l'Imâm, notre ami eût vécu sa propre mort. Il achève ainsi son récit :

« J'ai gardé de ce rêve une impression profonde. L'essentiel m'en apparaît comme étant la distance qui me séparait de la porte ouverte de la maison de l'Imâm. Car depuis lors, le sentiment que j'ai de ma vie, en songe ou à l'état de veille, c'est qu'elle consiste à parcourir cette distance, parce qu'elle est la mesure exacte de ma vie. Elle règle le temps et l'harmonie de mon existence tout entière, elle est le temps et l'espace réels que j'éprouve sur cette terre. »

Il faut être un jeune shî'ite pour éprouver pareille chose et pour l'identifier en soi-même, pour concevoir l'Imâm et la maison de l'Imâm comme étant la distance qui le sépare de l'ultime accomplissement de sa « réjuvénation ». La mesure intérieure de sa vie est l'accomplissement en lui-même du cycle de la *walâyat*, dont le parcours le reconduit à la source, à l'origine.

Après le récit de ce rêve, qui nous situe au cœur de l'éthique du chevalier de la foi, du chevalier shî'ite, je voudrais citer maintenant un autre texte, celui d'une prière de pèlerin au XIIe Imâm. Le XIIe Imâm, nous le savons, marque l'achèvement des douze millénaires typifiés dans la personne des Douze Imâms, de même que le *Saoshyant* zoroastrien marque l'achèvement des douze millénaires de l'*Aiôn*. L'acte final que déterminent respectivement l'apparition du *Saoshyant* et la parousie du XIIe Imâm peut être désigné comme *frashkart*, réjuvénation, *apokatastasis*, le sens des mots est le même. Cette réjuvénation est accomplie avec l'aide des compagnons du *Saoshyant* d'une part, avec celle des compagnons du XIIe Imâm d'autre part. C'est cette « éthique de compagnon » qui s'est perpétuée de la Perse zoroastrienne à la Perse shî'ite. Le vœu secret le plus profond de ces croyants, c'est d'être un compagnon du *Soashyant* ou un compagnon du XIIe Imâm, et c'est cela même qui donne à chaque chevalier de la foi la dimension d'un héros eschatologique. Car même la mort physique prématurée ne peut interrompre ni résilier sa participation au dénouement final. Je dis « prématurée », parce que la mort de tous ceux qui meurent avant la parousie et qui sont d'ores et déjà des compagnons de l'Imâm, est une mort prématurée. Ils appartiennent déjà au cycle de la *walâyat*, ils appartiennent déjà, dirions-nous en termes chrétiens, à l'Église de Jean.

Compagnons du *Saoshyant* et compagnons du XIIe Imâm dorment actuellement d'un sommeil mystérieux, en attendant leur réveil. Chacun de ceux qui craignent de mourir « prématurément » exprime son vœu secret dans une prière de pèlerin qui s'adresse au XIIe Imâm et qui est vraiment la prière d'un chevalier, d'un compagnon du XIIe Imâm. Le vœu de ce compagnon est de combattre aux côtés de l'Imâm pour opérer la résurrection finale, la « réjuvénation » du monde; son éthos le plus intime en est déjà l'accomplissement anticipé, puisqu'il consiste en la reconquête d'une juvénilité éternelle comme étant à jamais un *javânmard*. Cette prière peut être récitée quand on se rend en pèlerinage à l'un des sanctuaires du XIIe Imâm, à Samarra en Iraq, là-même où il disparut, ou bien à Jam-Karân, lieu de son sanctuaire en Iran. Mais point n'est besoin de se transporter *in corpore* dans un sanctuaire de l'Imâm. Ce pèlerinage, chacun peut l'accomplir chez soi, dans son oratoire personnel. Voici ce que dit cette prière où nous retrouvons aussi bien ce qui caractérise l'éthos de la chevalerie shî'ite que celui de la chevalerie zoroastrienne. Il nous faut malheureusement abréger ici ce long texte.

« Salut sur toi, ô khalife de Dieu et khalife de tes

pères les bien guidés. Salut sur toi, héritier des héritiers spirituels des temps passés (...), Rejeton de la Famille Immaculée, Mine des connaissances prophétiques, Seuil de Dieu à qui l'on n'accède qu'en le franchissant, Voie de Dieu que l'on ne peut quitter sans s'égarer (...). Tu es celui qui conserve toute connaissance, celui qui fait s'ouvrir tout ce qui est scellé (...). Ô mon suzerain! je t'ai choisi comme Imâm et comme Guide, comme protecteur et comme précepteur et je ne désire personne d'autre que toi.

« J'atteste que tu es la vérité constante en laquelle il n'y a point d'altération; certaine est la promesse divine te concernant; si longue que soit ton occultation présente (*ghaybat*), si éloigné le délai, je n'éprouve aucun doute; je ne partage pas l'égarement de ceux qui, par ignorance de toi, disent des folies sur toi. Je reste dans l'attente de ton Jour, car tu es l'Intercesseur sur lequel on ne discute pas. Tu es l'Ami que l'on ne renie pas (...).

« J'en atteste Dieu! J'en atteste ses Anges! Je te prends toi-même à témoin de mon vœu : il est intérieurement tel qu'il est extérieurement, il est dans le secret de ma conscience tel que ma langue le profère. Sois donc le témoin de ma promesse envers toi, du pacte de fidélité entre toi et moi (...), tel que me le commande le Seigneur des mondes. Dussent les temps se prolonger, dussent les années de ma vie se succéder, je n'en aurai sur toi que plus de certitude, pour toi que plus d'amour, en toi que plus de confiance. Je n'en attendrai que davantage ta parousie, et ne m'en tiendrai que plus prêt encore pour le combat à mener près de toi (...).

« Si ma vie dure assez pour que je voie se lever ton Jour éclatant et briller tes étendards, alors, me voici, moi, ton chevalier. Qu'il me soit donné de rendre à tes côtés le suprême Témoignage! Mais si la mort m'atteint avant que tu n'aies paru, alors je te demande à toi ton intercession, la tienne et celle de tes pères, les Imâms Immaculés, afin que Dieu me mette au nombre de ceux à qui il accordera de revenir (*raj'at*) à l'heure de ta parousie, lorsque ton Jour se lèvera, afin que mon dévouement pour toi me conduise au terme de mon désir. »

Je crois que nous avons là un texte vraiment des plus émouvants. Il présente, en outre, ceci de remarquable qu'il peut être récité aussi bien par le croyant naïf, se représentant les choses telles que la lettre les lui présente, que par l'ésotériste le plus profond. Déjà Mollâ Ṣadrâ Shîrâzî formulait cette observation profonde que l'ésotériste est beaucoup plus près du croyant naïf que du théologien rationaliste, parce que le théologien rationaliste, gêné par les données qui concernent en fait le monde *imaginal,* ne sait qu'en faire et cherche refuge dans l'allégorie et l'interprétation allégorique. En revanche, l'ésotériste est à même de percevoir, de déchiffrer, à tous leurs niveaux de signification les symboles qui enchantent la foi naïve; leur vérité comprise au niveau spirituel, en devient, à ce niveau, la vérité littérale.

Dans le texte que nous venons de lire, l'ésotériste peut aussi bien déceler les symboles du combat que comporte la *quête* de la connaissance et de la conscience de soi, jusqu'au-delà de l'*exitus* physique, *post mortem,* tout cela se prolongeant dans d'autres univers. Il y a en effet une devise qui est inlassablement répétée par tous nos Sages, une devise qui récapitule tout le thème de la quête, cette quête dans laquelle sont engagés tous ces *javânmardân,* tous ces chevaliers théosophes et mystiques. C'est cette devise : « Celui qui se connaît soi-même, connaît son Seigneur. » Elle comporte une variante typique : « Celui qui connaît son Imâm, connaît son Seigneur. » Dès lors, l'Imâm prend la place du Soi. L'Imâm devient la figure, le symbole par excellence du Soi, mais non pas d'un Soi abstrait, impersonnel ou collectif, mais du Moi céleste, Moi à la seconde personne. Ce Moi qui est la contrepartie céleste du moi terrestre est connu de toutes les gnoses. Dans la gnose manichéenne il est désigné comme le « Jumeau céleste ». En bref nous pouvons dire l' « Ange » ou, en termes zoroastriens, la *Fravarti*. Et c'est la *quête* à la rencontre de ce Moi céleste que décrivent les vastes épopées mystiques de 'Aṭṭâr, les récits d'initiation de Sohravardî, toute une part énorme de la littérature mystique persane. D'autre part nous savons que précisément cette quête est l'un des sens cachés de toute notre épopée du Graal.

Nous pouvons dire, je crois, que de part et d'autre une même chevalerie spirituelle s'exprime dans deux symboles dont la forme extérieure peut-être diffère, mais qui indiquent et qui guident une même *geste* intérieure. Une seule question importe pour le *javânmard,* pour le chevalier spirituel shî'ite. Cette question, c'est celle-ci : *Où est l'Imâm* ? c'est-à-dire l'Imâm caché, « l'Imâm invisible aux sens, mais visible au cœur de ses chevaliers ». De même, pour Parsifal, pénétrant dans le domaine du Graal, une seule question importe, parce que de cette question va dépendre la réjuvénation du monde, cette question : *Où est le Graal* ?

Ascona, août 1971

INDEX GÉNÉRAL

Farâbî (al-), 44.
Fâṭima, la fille du Prophète, 230, 241 ss.; – Mère de son père » *(Omm abî-hâ)*, 160.
Faust, 14; second F., 117.
Fayz (Moḥsen), 48.
Feki (Habib), 90 n.
Festugière (A. J.), 51 n., 55 n.
Filius philosophorum, 39, 72.
fiṭrat, nature foncière initiale de l'homme, 175, 211 ss., 214 ss.
fotowwat, compagnonnage, chevalerie spirituelle, II, 108, 130, 207-225, 228, 243; – (éthos de la), 138 n., 139 n., 208-260; – (cycle de la), 216, 222; – et *walâyat*, 222-225.
Foucher (Alfred), 244.
frashkart, transfiguration, réjuvénation du monde, 231, 238 ss., 246, 250, 256.
Fravarti(s), 60 ss., 237 ss., 260.

Gabriel (ange), Esprit-Saint, 17, 44, 64, 248; – Intelligence Agente, 44; – Ange archétype, 80; – Ange de la connaissance, 217, 248; – Ange de l'humanité, 18, 31, 46; – Ange Sraosha, 44.
Galahad, 214.
Ghazâlî (Abû Hamîd), 37.
gnose, 12, 32, 68, 147; – connaissance salvifique, 161, 165; – (quête de la), 94 ss., 137 ss., 149, 161, 163; – hébraïque, 169; – ismaélienne, 33, 85, 111, 114 ss., 127, 160, 167, 185, 192, 195; – manichéenne, 260; – shaykhîe, 37; – shî'ite, 84, 177; – valentinienne, 67.
Gôg et Mâgôg (*Yâjûj* et *Mâjûj*), 28, 38.
Gottesfreunde, 108, 218, 226, 233; cf. Amis de Dieu.
Graal, 133, 135, 155, 202-205, 224, 253, 260.
Guide *(al-Hâdî)*, 79 ss.; cf. Amis de Dieu, Imâm.
Gurnemanz, 135.

Ḥallâj (Manṣûr Ḥosayn al-), 37.
Ḥamîdoddîn Kermânî, 112 n.
ḥaqîqat, vérité spirituelle, 215, 219 ss.
Ḥaydar Amolî (Sayyed), 8, 128 n., 217.
Hegel, 235.
Henning (W.), 23 n., 76 ss.
herméneutique, 86, 94, 155, 166; – spirituelle, 84, 177, 253; – des symboles, 178; – typologique, 111 n., 179; – du *ẓâhir* et du *bâṭin*, 121 n.; – du Paraclet, 230; – des songes du Pharaon, 116, 128; – (le maître de l'), 127.
Hermès, 9, 11; – identifié avec la Nature Parfaite, 51-71; – (le meurtre d'), 71, 79; – (le mythe d'), 41-80.
hermétisme (l'), 8, 19, 73.
hermétiste (liturgie), 58; – (tradition), 51.
hexaéméron, 102 n., 104 ss., 108, 180, 195.
hiérogamie, 43, 69 ss., 73 ss.
hiérohistoire, 103 n., 105 n., 179 ss., 198 n.
ḥikâyat, à la fois « histoire » et « imitation », 28 ss., 49; – comme exégèse tropologique, 37.

Michel, Michaël (archange), 14, 175.
Mîr Dâmâd, 8, 24, 240.
Mîr Fendereskî, 237.
Mithra, 37; (liturgie de), 61.
Moḥammad, le Prophète, 88, 182 ss., 187, 195, 212, 215, 222, 239, 241; cf. Sceau des prophètes.
Moḥammad al-Bâquir, Ve Imâm des Shî'ites, 123 n.
Moi (le), IV, VI; – de Lumière, 40, 64; – de splendeur, primordial, 63, 69; – supérieur, céleste, 53, 59, 75, 236, 260.
Moïse, 39, 120, 181, 187, 189, 213; – et le Buisson ardent, 24, 27.
monothéisme abstrait, 32, 42, 173, 235; – et polythéisme, 242 ss.
Mozaffar 'Alî Shâh, 37.
mundus imaginalis, 'âlam al-mithâl, V. 250 ss.
Musulmans (les), 181-183, 221.

Nadîm (al-) Fihrsit, 76.
naissance (nouvelle), 59, 62, 70, 74, 78, 87, 94, 141 ss., 152, 159, 224.
Nâṣir-e Khosraw, 104, 112 n., 123 n., 180.
Nasr (S.H.), 183 n.
Nature (la) Parfaite, II, 19.41-80; *al-Ṭibâ' al-tâmm* chez Sohravardî, 43; – en alchimie 51-71, 73; – à la fois Enfantante et Enfantée, 50; – comme Soleil du philosophe, 54; (le psaume à), 49.
Niẓâmî, 20.
Noé, 26 ss., 37; (l'Arche de), 170.
Nom (le mystère du), 135-149, 174; – « Verbe de Dieu », 83, 88.
nominalisme, 174.
Noms divins (les), 40, 143, 234, 241 ss.
Noûs (le), Ange ou Nature Parfaite, 54; – cosmique, 24, 61, 64-69; – de Lumière, le grand *Noûs,* 63, 66; – des néoplatoniciens, 237.
Nouvelle Jérusalem (la), 83.
Novalis (F), II, 34, 60.
Nûr 'Alî Shâh, 36.
Nyberg (H. S.), 65 n., 78.

occultation, *ghaybat,* 188 ss.
Ôhrmazd, 60, 236, 238, 244 ss.
Orient de la Connaissance, 10; « Orient moyen ou intermédiaire » de Sohravardî, 21; cf. *Ishrâq, mundus imaginalis.*
Ors (Eugenio d'), 238.
Ostanès, le mage perse, 9, 33.

palingénésie, 8.
paraboles (les), 16.
Paraclet, 196 ss., 201, 229 ss., 240 ss.
Parole (la) perdue, IV, 81-88, 99, 101, 116, 118, 127, 129, 157, 167 ss., 172 ss., 175, 177, 184, 187, 195, 203-205; – divine, 95, 109; – de Vérité, 98; (ésotérique de la), 147, 182; les Paroles de Dieu *(kalimât Allâh),* 102.
Parsifal, 132, 135, 260.
Pasteur d'Hermas, 53.
pédagogie ismaélienne, 95, 117, 155, 166; – spirituelle, 191.

Pelliot (P.), 62.
péripatéticiens, 8, 12.
phénoménologie, 34, 165.
physiognomonie (*'ilm al-sîmâ)*, 167.
Picatrix (= Hippocrate), 51.
Platon, II, 9, 12, 214.
plérôme des Imâms, 170; – des Quatorze Immaculés, 227, 237, 241; – suprême, monde parfait, 120, 178, 253.
Plutarque, 79.
pneuma physique, vital, 27.
Poimandrès, 53.
pôle *(qoṭb)*, 216.
Présence divine, 169; (perpétuelle), 10.
prophètes (la mission des), 180, 189 ss.; – législateurs, 193; (vision des) 251, 253; – grecs, les néoplatoniciens, 252.
prophétie (cycle de la), 105 n., 187, 210, 222, 224, 231; – intérieure, ésotérique, 194 n.
Puech (H.-C.), 76 n., 150 n.
Puer aeternus, 14, 43, 69, 72.

Qaf (la montagne de), 19, 38 ss., 41.
Qairawân, 23.
Qâẓî Sa'îd Qommî, 131 n.
Qorân, 81, 85, 87, 105, 109, 181, 221, 223.
qorâniques (citations), d'après l'éd. Flügel, 2/28 : 217; 2/151 : 160; 2/249 : 170 n.; 2/257 : 124 n.; 3/98 : 124 n.; 4/71-72 : 130; 4/77 : 23; 5/4 : 116; 7/171 : 212; 7/178 : 129; 9/26, 9/40 : 170 n.; XIe sourate : 27 ss.; 11/43 : 26; 11/44-45 : 27; 11/83 : 27; 12/49 : 116; 13/39 : 103 n.; 16/62 : 119; XVIIIe sourate : 27 ss., 120; 18/92 : 28; 18/95-96 : 38; 20/39 : 170 n.; 21/61 : 220; 27/22 : 25; 28/30 : 24; 31/39 : 116; 39/43 : 24; 41/35 : 38; 42/9 : 119; 48/4,18 : 170 n.; 54/4 : 129; 55/29 : 183; 58/22 : 107.
Qosṭâ ibn Lûqâ, 143 n.
Quête, queste, 27, 80, 94 ss., 136, 192, 220, 259 ss.; (éthique de la), 124, 149-171; – de l'Imâm, du Saint Graal, 88, 155, 202-205.

Rabb, le seigneur personnel, et *marbûb* (le rapport entre), 144.
Rajab, 'Alî Tabrîzî, 237.
Reitzenstein, 53 n., 58 n., 62 n.
Religion, cf. *Dîn*.
Résurrection, 36, 93 ss., 116, 164, 240, 250; – (attente de la), 70; – (aube de la), 74; – (jour de la), 105 n., 205; – *Qiyâmat,* 105 n., 246.
Révélation, divine 176 ss.; – littérale, 177.
Ritter (Helmut), 51 n.
Rosenkreutz (Christian), 24.
Ruska (Julius), 53 n.
Rûzbehân Baqlî Shîrâzî, 69, 246 ss.

Saba (le pays de), 24, 33, 38; Reine de, 25.
Sabéens de Ḥarrân (les), 11, 56, 104.
Sabzavârî (Mollâ Hâdî), 8.

Table des matières

Cet ouvrage a été réalisé sur
Système Cameron
par la SOCIÉTÉ NOUVELLE FIRMIN-DIDOT
Mesnil-sur-l'Estrée
pour les Éditions Fayard
le 24 octobre 1983

35-10-7072-01
ISBN 2-213-01295-4
Dépôt légal : octobre 1983
N° d'éditeur : 6692
N° d'imprimeur : 0162
Imprimé en France

35-7072-8